卢咏 著

公益筹款

FUNDRAISING

FOR

A

CAUSE

社会科学文献出版社
SOCIAL SCIENCES ACADEMIC PRESS (CHINA)

谨以此书

献给我的父亲卢汉龙先生和母亲胡森女士，

是你们让我学会了努力、坚持和感恩。

感谢我的先生高昆，

生命因与你分享而美好。

TO MY PARENTS

HANLONG LU AND SEN HU

for teaching me the value of hard work, persistence,

and being thankful

AND TO MY HUSBAND

KUN GAO

Life is beautiful because we are sharing it together

目　录

第一部分　从最根本的说起

第二部分 设立专业的筹款项目

第三部分　资金从哪里来?

第五部分　组建和管理筹款团队

第六部分　赢得高额捐赠

第七部分　金钱与道德

第一部分　从最根本的说起

第一章 公益是一种投资[*]

在曼哈顿中城，坐落着纽约图书馆美丽雄伟的主楼，它有着一百多年的历史，为繁忙的商业中心增添了难得的清雅和书卷气质，更为寸土寸金的城市开辟了一个众人可以共享的公共空间。纽约图书馆是非营利机构，它的运作方式体现了政府和社会部门协作的典型：2/3的经费来自于各级政府（联邦政府、纽约州政府和纽约市政府）的资助，由纽约市政府出大头；1/3的经费来自于民间筹款，以个人捐赠为主。

作为纽约地区重要的文化机构，愿意为图书馆提供捐赠的社会名流自然不在少数，千百万美元以上的赠款是司空见惯的，从主楼、门厅到各类阅览室到处印刻着历年来主要捐赠者的名字。然而，图书馆的管理人员告诉我，最让图书馆倍感珍贵的一份捐赠却只有50万美元。这笔赠款来自于一位东欧移民。当年落泊的他踏上美国国土时一文不名，没有工作，且不识英文。图书馆向所有公众免费开放，提供丰富的研究资源和一流的学习环境，这里成了他的庇护所。他在这里刻苦学习英语和其他知识，后来终于找到了体面的工作，成为一个能

---

* 本章部分内容摘自笔者所著《第三力量：美国非营利机构与民间外交》，社会科学文献出版社出版，2011。在此有改动。

3

够自力更生，并且对社会有用的人。他在去世前几乎将所有的财产捐给图书馆，这50万美元代表了他真挚的感恩之情，也表达了希望更多人能够继续享用这一公共资源的美好愿望。

这便是公益的力量。

公益力量的来源是相当个人主义的。它与每个人的生活经历、教育环境和性情喜好息息相关，它的动人之处就在于不受到外力的强迫，自觉自愿，它满足人类表达爱心、兴趣和维护个人或团体利益的基本需求。因为人类的需求是有层次的结构整体——需求不仅来自需要帮助的人，也同样来自希望帮助别人和希望对社会做贡献的人。

公益的力量又是极具公共性的。它的直接回报就是维系了个人与社会（他人）的良好关系。公益是促进社会和谐稳定的平衡器，它将私人的财富转化为公共的资产，缩小贫富差距，减少机遇不平等，让更多的人分享到经济发展的成果，实现社会资源的"第三次分配"。

公益是超越政府公权和市场私权的第三力量。公益筹款便是要通过专业管理和有效运作，有的放矢地协助捐赠人把这种力量运用到社会最需要的地方中去，尽可能扩大公益投资的社会价值回报，从而既满足了公共需求，也迎合了捐赠人的兴趣和利益。

一　兴趣和利益

市场经济是一种非单一的经济体制，它来源于对多重制度和多元价值的综合选择。市场经济体制下的社会也并不是什么事情都讲物质利益，而全然不受道德情操驱动的世界。在英语中，"利益"和"兴趣"都是一个词——"interest"，可见，在西方文化意识中，人的利益既包含追求纯粹利己的物质目标，也包含追求满足自己非物质精神兴趣的目标。三大部门共生共存，构建起一个符合完整人性的社会体系：商业部门体现谋求私人利益最大化的需要，政府部门体现对公共需要的满足，而非营利部门（也称"社会部门"或"第三部门"）则是介于两者之间，它将私人兴趣和公共利益统一起来，以私人非物质需要最大化为驱动力来实现不同公共利益的需要。

非营利部门的根本特点在于，它不具备政府强制性的行政管理权来支配资源，也无法依赖于市场追求利润最大化的驱动力。因此在非营利部门，人类最基本的两大情感元素——恐惧和贪婪几乎都不起作用。那么，是什么使得非营利部门能够动员大量资源，去完成政府和市场不宜做或者做不到的事情呢？这归根结底源自于人类的慈善之心和志愿精神，这是人类区别于动物原始本能的习得性能力。非营利部门运作的驱动力是人的非物质需求的最大化。

无论在西方还是东方，或者世界任何一个角落，慈善之心和志愿精神是彼此相通的，人除了追求纯粹利己的物质目标之外，也都要追求非物质的精神目标。发展非营利部门，是为了创造让人们理性表达善意、爱心、兴趣和利益的渠道和机制，这符合人性的最基本需求，也符合市场经济发展的必然趋势，是政府包容和信任公民的表现。一个充满活力、以民间公益为驱动力的非营利部门将最终有利于社会的和谐发展和长治久安。

二　公益无价

商业投资的对象是产品和服务，投资者试图获得最大的利润回报，满足自我的物质利益。政府用管理和服务换取公众的信任和委托，政府将纳税人的钱投入到公共项目上，目的在于让公众从中得到福利。公益投资的对象则是社会事业，捐赠者用善款换得的不是利润，而是社会价值回报，他们试图满足公众的特定需求，创造积极的社会影响，同时获得自我精神上的满足感以及其他无法用金钱来精确衡量的益处。

非营利机构所努力制作的产品，不是一件衣服，也不是一道法规，它的努力所换取的是一个被改变了的人。比如，学校的"产品"是一个德智体全面发展的青年人，医院的"产品"是一个痊愈的病人，智库的"产品"是一个受到政策研究启发和影响的政治领导人，社会救助团体的"产品"是一个在自然灾害过后重树信心重建家园的人，等等。从表面上来看，学校、医院、智库和救助团体仿佛是截然不同的机构，但是，这些提供服务产品的社会机构在本质上有着一个共通点，那就是：它们的存在是为了改变人与社会。人们的生活随着它们的影响力而发生着共同的变迁，人类由此获得进步。这便是公益投资所能带来的价值。

公益在社会生活中发挥着举足轻重的作用。现代公益不仅包括以扶贫济困、救急救难等传统的人类服务为主的慈善行为，也包括人们对教育、宗教、科学研究、文化艺术等非物质领域的公共需求，以及从发展层面对社会公共事务的关注，如环境和动物保护、平等、人权、公共政策、国际关系等也成为公益性的诉求。因此，公益既为社会生活带来直接和及时的益处，也对社会的进步产生系统和长远的影响。

从基本层面来看，公益能够帮助减轻人类的痛苦，主要是通过人道主义救死扶伤、济贫帮困等传统的慈善方式。公益也能够促进人们发挥潜能，这包括在教育、宗教、文化艺术、医疗保健、公共福利、环境保护、国际关系等领域的努力。公益还有助于人们建立社区和归属感，人们通过参与慈善达到心灵的满足和自我存在价值的社会认可。公益更是社会事业的"风险投资家"，它把慈善资金捐助给那些具有创意的项目，鼓励非营利机构不断探索解决社会问题的新方法。成功的公益创举具有社会企业家的冒险精神，他们站在时代的风口浪尖，高瞻远瞩，充满活力，看得见政府和商业部门还未察觉到的趋势，勇于实践和承担责任风险。这些都是公益所带来的比较直观的社会价值。

从宏观角度来看，公益有利于促进社会和谐发展。这一独特角色主要体现在两大方面：满足多样的公共需求和缓解社会矛盾。

政府所提供的往往是覆盖全体社会大众、以公平为基础的标准化服务，这些服务反映着公共政府的受托人职能，旨在满足大多数公民的一般需求。然而现代社会却充满着各种"分众利益"和"个别兴趣"，政府无法顾全这些多元化的利益和多样化的兴趣，也没有必要和能力亲自提供服务来满足这些特殊群体的需要。但是政府可以让出公共空间来，鼓励民间公益的力量去表达和实现这种需求。

非营利机构是因地制宜的，是特殊主义的，它所提供的服务因目标受众的不同而不同，在地域分布上也是不平衡的。各类非营利机构进入公共服务领域后，可以与政府分担责任，使政府从具体的经营事务中解脱出来，以一种监督人和出资者的身份审视公共服务的质量和社会效益。而非营利机构同时也可以利用自身灵活多样的服务优势，与政府的基础性公共服务形成互补，完成许多政府提供不足，不宜直接提供或直接提供成本过高的服务。这样，整个社会的公共服务面就会得到扩大，服务质量同时也可得到提高。

社会稳定的基础是保持利益均衡。这不仅表现在收入分配方面，还表现在利益的诉求和表达方面。公益慈善行为把分散在社会上的资源整合起来，主要靠非营利部门这一"互惠机制"将私人财富回馈社会。同时，公民参与志愿活动可以提高公民意识、参与意识和社会责任感，增加社会成员之间的沟通、信任和社会资本存量。这也就是在满足"施恩"与"受恩"不同需求的同时，一定程度上缓解了由富与贫之间差别所带来的弊端，是调节社会不平等的一种社会功能设置。

促进公益，也能够使得个人和团体得以追求他们各自的兴趣和利益，有利于社会多元而和谐地发展。一个社会如果没有真正的"发言权"，政府就很难改进政策。非营利机构为利益表达理性化、制度化、规范化提供了合适的渠道。当个人要保护自己和社区的权益不受侵犯时，就能以文明有序的方式组建公益项目，对涉及自身和社区利益的公共性问题，如环保、弱势群体问题等，向政府提出建议、要求或施加影响。这一过程将潜在的社会不安定因素转化为安全、合法甚至能为社会进步作出贡献的积极力量。

在这里，我们更可以从英语"Civilization"一词中体会一下"公益"与"文明"之间的内在联系。"Civilization"通常被翻译为"文明"，其实这个词来源于 civil –，含有"公益"的意思，也和我们所熟悉的"公民"（citizen）一词有关。因此，在西方语境中，公益具有文明的价值，现代公益事业是现代文明社会的一个重要组成部分。

三　公益投资的回报

最能反映美国文化本质的，不是好莱坞大片，不是麦当劳快餐，而是浓厚的捐赠文化。在美国的大街小巷，随处可见印刻着的人名——马路、树木、建筑物，甚至是路边供游人歇息的长凳子，人们用这些记录来表达对捐赠者的感谢。在纽约或其他财富集中的大城市，几乎每天都有各种慈善筹款晚宴，企业高管和社会名流云集，是都市社交夜生活的重要组成部分。在郊区和农村，各类慈善筹款活动是社区聚会的重要场合，人们在这里担任志愿者、捐赠者或参与者，与亲朋邻里好友一起享受欢乐时光的同时也在建设社区。

个人捐赠始终占美国民间慈善总额的绝大部分（2012 年，来自个人的捐赠约占善款总额的 88% [1]），是非营利部门最重要的经费来源之一，远远超过来自企业或独立基金会等其他民间捐赠渠道。捐赠绝非富人的专利，数据表明，不管是穷人还是富人，超过 70% 的美国家庭定期向公益机构提供捐赠。家庭年收入在 5 万 ~7.5 万美元之间的中产阶级平均将 7.6% 的可支配收入捐给非营利机构，而年收入 10 万美元以上的家庭平均捐出 4.2%，[2] 中产阶级和低收入群体的捐赠一般占到总捐赠额的 50% ~80%。可见，只要温饱有保证的人，大多每年都捐钱或从事义务劳动，这已成为一种生活习惯和生活方式。

当我和中国朋友讨论美国公益慈善时，人们问得最多的一个问题是：美国人为什么要捐钱？人们之所以乐善好施，这里有多方面的原因，既有无私的因素，也有自私的动机，体现着人性的两面性，是兴趣和利益共同促成的结果。作为筹款者有必要对此加以深刻理解。

先说无私的因素。这植根于文化道德传统。在美国，慈善行为的自由是个人自由的表现方式之一，被视为做人的基本权利，私人开展公益活动的权利受到法律的保障。纵观美国的建国史，这片土地上先产生志愿性民间组织，后建立中央政府，具有"大社会、小政府"的政治社会传统。人们没有事事指望政府的习惯，而是喜欢发挥社会企业家的自主权，以创新和实践的精神来解决社会问题。钢铁大王、慈善家安德鲁·卡内基（Andrew Carnegie）百年前的名言"在巨富中死去是一种耻辱"深入人心。根据卡内基的观点，成功的企业家

---

① 赠予美国基金会（Giving USA Foundation）：《赠予美国 2013 年年度公益报告》（*Giving USA 2013：The Annual Report on Philanthropy for the Year 2012*）。

② 《美国慷慨度差别》（"America's Generosity Divide"），《公益期刊》（*The Chronicle of Philanthropy*），2012 年 8 月 19 日。

应该在有生之年捐献出财富，将企业家的精神和能力用到社会事业中去，回报社会曾经给予他们圆了"美国梦"的机遇。这也是深受美国社会精英认同的人生哲学。

此外，以基督教为主导的宗教信仰可能使得美国人比较容易看轻现世的身外之物，并且增强了认为凭借来自上帝的力量，个人就能改变世界的信心。"上帝使人成为道德自由的代理人"，清教徒认为，人要为自身的蒙恩得救负责，为自己在人间的行为和命运负责，他们同时也肩负着强烈的社会责任感，有着改变外部社会的使命。这些价值观既服务于宗教目的，也服务于世俗目的，它们是西方文化根深蒂固的一部分。除了基督教之外，在美国盛行的其他宗教——天主教、犹太教和伊斯兰教等也都强调慈善施舍，有的教派的传统习俗还指明要求将个人收入的一定比例（如 1/10）捐给教会。无论怎样，美国人本质上是信奉基督教的，许多人呼吸着基督教的空气却未意识到它。[①] 这种共同价值观形成了人们感到有必要捐钱的群体氛围。

在价值观和道德底线的基础上，公益为人们提供了展现自我最佳形象和自我实现的机会。根据马斯洛的人类需求理论，人们在达到生理和安全需要之后，需求会逐步向社会交往、获得尊重和自我实现的层次提升。被誉为现代管理之父的彼得·德鲁克（Peter F. Drucker）曾这样论述道：

> 非营利机构的任务远远不局限于拿多余的钱做好事。捐赠是最有必要的，因为无论捐给哪家非营利机构，这一行为本身就满

[①] 《超越东西方——吴经熊自传》，周伟驰译，社会科学文献出版社，2013，第102页。

足了捐赠者自我实现的需求，让他们能够为自己的理想而活，为自己的信仰而活，为自己心中最佳的形象而活。人们每天清晨在镜中便可以看到一个自己想看到，或应该看到的自己：一个有责任心的公民，一个有爱心的邻居。[①]

概括而言，慈善所起到的这种交往和自我实现的功能会给人们带来精神上的巨大回报，这或许是捐赠背后最为关键的心理暗示。

接下来讨论个人利益动机上的因素。诚然，从事公益慈善可以得到许多财富所买不到的东西，为人们的工作和生活带来实际的益处。

第一，乐善好施是社会普遍看重的品质。对于高收入群体而言，通过公益行为有助于改变贪婪谋取商业利润的形象，可以从一介商人加入受人尊敬的意见领袖的行列，可以扬名甚至名流千古，从而得到心理上的满足。

第二，参与公益还能让人们踏入上流精英社会。当一个人成为非营利机构的捐赠者和理事会成员之后，就有可能建立高层次的人际网络，积累社会资本，反过来有利于他的企业和事业的进一步发展。可以说，对公益的投资是在经营社会关系。

第三，资助公益事业能将财富转化为权力，将个人的想法变为公共的议程。在美国的政体中，民间组织是平行于政府的权力机制，是多元政治体系中的组成部分，它给予人们参与政治、影响决策的机会。有钱并不意味着具有政治权力，但是人们可以通过创办和支持非营利机构来表达他们的观点，推动他们的社会目标的实现。

---

① 彼得·德鲁克（Peter F. Drucker）：《管理非营利机构》（*Managing the Nonprofit Organization*），纽约，Collins Business 出版社，1990，第 107 页。

最后，慈善捐款可以免税，这一点增加了人们慷慨解囊的理由。普通人如果捐 100 美元，他的实际支出其实低于 100 美元，受赠机构却能得到 100 美元的完整收益。对于高收入群体来说，钱如果不捐掉，就必须缴纳大笔的税金，过世后，子孙后代还须缴纳大量的遗产税。缴税是强制性地承担公民义务，而捐赠则是自愿性地服务社会，其意义就很不一样。

企业为什么要捐赠呢？商业公司具有鲜明的经济底线，它们存在的目的是要获得利润，因此它们的公益行为多少与经济利益挂钩。与非营利机构合作能为企业带来两个层面的益处。

第一个层面上的益处是"有形"的经济效益。公益行为是现代企业整体战略的有机组成部分。非营利机构的公益慈善性本身就是一种品牌，从商业角度来讲具有潜在的经济价值。通过与非营利机构的合作，企业能够直接增加销售量和市场份额，提高总体利润。例如，在广泛运用的事业关联营销中，商家在销售产品时亲切地告诉顾客，顾客购买商品的一部分钱将捐给某家非营利机构，于是，企业在为非营利机构提供经费支持的同时，也为自身带来了触手可及的中短期市场推广效应。

第二个层面上的益处是"无形"的着眼未来的品牌效应和潜在市场。公益行为是企业长期的社会投资。企业通过选择合适的项目提供资助，与具有影响力的非营利机构建立合作关系，以捐赠者的重要身份出现，得以深入参与非营利机构举办的活动，从中建立和巩固与当地政府、社区或媒体领袖的关系，扩大社会网络资源，这直接有利于企业在当地的发展，是最佳的公关战略之一。并且，企业通过体现其社会责任感，能够提升公众形象，吸引消费者的青睐，提高消费者的忠诚度，培育潜在市场，鼓舞公司士气，进而有利于吸引优秀员工的加入、投资者的支持和商业伙伴的合作兴趣。

四　创造良好的"投资"环境

既然公益是一种投资，对改善公共生活和推动社会发展能够起到很多有益的作用，那么，营造怎样的环境才能够吸引这种投资，并让它规范有效地运作呢？

发展公益需要一些重要的条件和配套机制。第一，市场经济能得到健康的发展。市场经济在创造财富的同时使财富自由涌动，才有可能让财富和资源得以重新聚集和合理配置。没有经济增长，社会财富匮乏，非营利机构筹款和可持续发展都会成为问题。

第二，私有财产一定要能得到有效的保护。如果在一个社会里，私人或企业的财产得不到社会认可和法律保护，人人唯恐"露富"，是很难对公益事业慷慨解囊的。

第三，建立现代金融系统对公益机构的健康运作十分重要。19世纪初，美国东北部新英格兰地区富裕的马萨诸塞州聚集了包括哈佛大学和麻省综合医院在内的规模宏大的非营利机构，这些机构的捐赠基金是当时最集中的资本市场资金来源，为这些公益资产进行战略投资服务使得马萨诸塞州成为现代投资银行诞生的摇篮。一个国家金融业的成熟程度和公益机构的可持续发展具有连带关系。这一点在中国金融业的发展中一定也会逐步体现出来。

第四，公益的进一步发展还有赖于健全的法制环境。开展公益活动是权利，也是义务。在美国，对非营利部门的监管采取民间和政府相结合的方式，形成比较明确的公益慈善制度，并有配套的司法制度。政府对非营利部门的税收优惠不仅鼓励人们捐款，同时也建立起了政府监管非营利部门和捐赠者的机制作用，他们要获得减免税资格，双方都需要在慈善资金上接受国税局的监督。各州也都有非营利

机构的相关注册要求和立法，机构一旦出现丑闻，执法严格，甚至会促动新法案的出台。

第五，公益发展的最后一个重要条件是社会的诚信程度。非营利筹款以自愿性、非强制性为基础，所以在捐赠者中建立信誉是机构的安身立命之本。非营利机构要在捐赠者心目中建立信用度，证明其社会价值，获得公益投资，就必须要提高专业化水平。如何设计能够打动捐赠者的机构远景和战略？如何接触和培养捐赠者？筹款与用款有哪些内在联系？如何管理善款？怎样才算做到接受捐赠者的问责？如何接受监管，提升透明度？这一连串的问题都需要专业的管理知识和经验。非营利机构不仅要借鉴商业公司的一些最佳管理实践，还需要根据自身的特点总结出属于第三部门的管理方式。非营利机构还需要建立组织内的自律，提高治理能力，创造一种公平、可信和有效的机构形象。专业的管理过程才能带来"善款必能善用"的公信，为希望参与慈善捐助的人提供基本的信心和行动指南，人们才可以放心地捐钱。

从下一章起就开始系统介绍有关筹款的含义和专业管理过程。愿爱心奉献成为一种真正的乐趣，让公益切实地创造出社会价值。

第二章 "要钱"并不可耻

至今，十多年前的一番对话仍令我记忆犹新。

那时我在华盛顿的一家外交政策智库工作，这一智库在美国属于独立的民间非营利机构，没有固定的政府拨款。一天，一位负责筹款的同事向我询问该如何将他的头衔翻译成中文，"Director of Development"。如果直译的话是"发展（部）主任"，意译的话便是"筹款（部）主任"。在当时来看，前者可能会令中国人摸不着头脑，后者则"听上去不雅"。

那位同事虽是美国人，估计也听到过不少类似的反馈，他连连摇头说："千万不能翻成筹款主任，否则中国人会以为我是'丐帮帮主'，以讨钱为生。"

我差点没大笑出声。确实如此，在十几年前的中国，"筹款"是一个听上去似乎不太高雅的尴尬词儿，而且还没有这一正式行当的说法。

最后我们决定把它译为"合作发展（部）主任"。这样意境比较到位，发展必须筹措经费，捐款人就是合作者。

无论在东方还是西方的文化中，向人要钱都是一件令人感到羞于启齿、浑身不自在的事情。我们通常所受的教育和周遭的社会习俗告诉我们，别人赚多少钱，拥有多少财富，打算选择怎样的生活方式，如何花钱，皆属于个人隐私，贸然去打听是相当不礼貌的。然而，对于公益性的非营利机构而言，筹款是发展的命脉，是一件必须要去做的工作。缺乏经费，机构就无法正常运作，更无法大展手脚做自己想做的事情，为社会提供更有效的服务。对于捐赠者而言，倘若没有人向他们筹款，并提供专业的捐赠渠道，他们即便有意资助慈善事业，却也往往只能面对茫茫人海，迷失了公益投资的方向。

现代公益事业和人类早期的慈善有很大的不同。在别人困难的时候帮助他们，这是人的天性使然，所谓"善心"人皆有之，所以慈善行为由来已久。然而，古代的慈善单纯以有钱或有能力的人的个人行为来运行，比如施粥、义诊、灾年开仓放粮、救济穷人等，它给予他人及时的帮助，"施"与"受"的关系比较直接。现代慈善则不一样。由于社会越来越复杂，资源越来越分散，需求和问题也越来越纷杂，"施"与"受"之间的信息难以对称，甚至许多议题没有明确的受助对象（如环境保护、人文艺术等），所以现代慈善已成为一种社会公益事业。公益事业不仅停留在帮助个人的层面上，而且将慈善行为制度化和专业化，使之成为一种现代社会服务形式，以科学系统的方式来满足公共需求。公益事业由专业机构和专业人士来开展，这样募集资金就成为一项十分重要的专业化任务。"劝募"就成为非营利机构必须具有的发展能力。

美国大量研究调查发现，大多数人为非营利机构捐钱的主要直接动因十分简单，就是"有人问我要了"。试想一下教会为什么总能募集到很多善款？其中一个重要原因就是做礼拜的时候牧师在一次次地邀请大家提供奉献。

筹款者的工作是将社会公益事业的资金需求同人们参与慈善的需求、兴趣和愿望穿针引线匹配起来。筹款者是公益行为背后理性的操作者、服务者和推动者。

本书所要展现的，便是有关公益筹款的理念、科学和艺术。

一 筹款为公益指明道路

非营利机构成千上万，为社会提供各类服务。在民间公益最为发达的美国，目前约有多达190万家大大小小的非营利机构，它们涵盖各个公共服务领域，包括教育研究、医疗保健、扶贫帮困、社会保障、环保倡议、人文艺术、宗教活动、国际事务，等等。如此众多的机构都在筹款。那么，捐赠者会如何取舍，把钱捐给谁呢？

每家非营利机构又是彼此不同，各具特色的。它们或许是服务的对象不同，或许是在项目上各有创新，或许是满足了某一特定社区的特殊需求，或许是机构领导者具有格外的人格魅力。无论各自的特点是什么，一家非营利机构能够在自由竞争的市场机制中生存下来，必有它存在的特殊社会价值，这种价值就为它向公众募款提供了理由。

筹款对于非营利机构和捐赠者来说都是一项争取来的特权。美国印第安纳大学公益学院创始人汉克·罗索（Hank Rosso）认为，筹款是一种为实现公益目的而服务的手段，一个机构倘若没有公共服务性的目的，就没有筹款的道德权利。他在阐述筹款的哲学时这样写道：

> 非营利机构的管理者通过满足特定的社会需求，通过创造出有价值的项目，并且通过对社会问责最终赢得向公众筹款的权利。公众没有必须捐钱的义务，他们具有接受请求或拒绝请求的权利，无论是捐还是不捐，我们都应当尊重他们的这一自主权。[1]

---

[1] 于杰·登博尔（Eugene R. Tempel）编《在筹款中获得卓越》（*Achieving Excellence in Fundraising*），旧金山，Jossey-Bass 出版社，2003，第二版，第16页。

非营利机构在开口筹措资金之前，必须扪心自问这样一些基本的问题：我是谁？我为什么存在？我会怎样来实现我的目标？我和其他类似机构相比有何特色？别人为什么要给我捐钱？拿到捐助后如何接受社会和捐赠者的问责？大凡在非营利机构的宗旨（mission）中都应当阐明"我是谁"和"为什么存在"这两大问题。筹款者的首要任务就是帮助他人清晰地了解机构的宗旨和战略，将机构的价值观投射到广阔的社区中去，从而力求博得众人的共鸣和支持。

捐赠人需要在五花八门的公益机构及其项目中作出明智的"投资"选择，他们也十分希望能够获得清晰的解释和诚恳的引导。专业筹款者能做好这一工作，这是社会对他们的功能期待。专业筹款者在提出捐赠请求时绝不会也无须怀有任何歉意，这不是在乞讨施舍，相反，他们应该满怀自信和自豪。因为在这一刻，他们代表的不再是普普通通的自己，而是代表他们所属的机构，以及机构所负载的崇高宗旨，这一切都充满尊严、成就和强烈的使命感。同时，筹款者也是在为他的"客户"——可能捐赠者提供一项参与公益事业的服务，他们要向对方显示，捐赠将是一件多么令人愉悦的事情，它是一份特别的权利和机遇，而绝非负担。提供捐助之后，捐赠者能真正从一个"外人"变成机构内部支持者中的重要一分子，像"合伙人"一般共同为某项有意义的事业而努力，并一起分享事业的成功和荣誉。筹款正是这样一种值得尊敬、富有自豪感的专业服务行为。

二 从尴尬中走出来

在我接触过的众多非营利机构中，有一个大家容易犯的通病就是，已经花了大量的时间和精力与可能捐赠者进行沟通，培养感情，建立关系，对方也已对机构十分了解，满怀热情和感动了，机构却一拖再拖，迟迟不敢或者不愿开口提出捐赠请求，从而进入"无休止"地培养捐赠者的停滞状态，最终资金还是没有到位。仔细分析下来，害怕或者羞于"要钱"的原因不外乎以下两大类型。

第一种类型可概括为"具体的害怕因素"。例如，"我不知道该怎么开口""我不知道对方想什么""他为什么要捐钱给我们？""我们会不会要得太多了？""对方问到有关我们机构的一些具体问题，我答不上来怎么办？"显然，这种恐惧感是完全能够通过精心准备，有意识地增强工作技巧和积累经验来加以克服的。

常言道"知己知彼，百战不殆"。一位专业筹款者最基本的功课就是要尽可能充分地了解可能捐赠者，这包括可能捐赠者的成长环境、创业历史、他目前的财力、他的金钱观、他的慈善兴趣、他过去的捐赠情况，甚至性格、脾气，等等。了解得越多越全面，就越有助于消除筹款过程中的惶恐之心。那么，如何找到这些信息呢？总体而言，信息来自于两大渠道，一是背景研究，二是对筹款者的接触沟通。有关这方面的具体操作方法，笔者将在以后的章节中介绍。

此外，筹款者必须对自己正在效力的非营利机构了解透彻，将机构的基本情况烂熟于心。机构有哪些最新的动向和项目，新上任领导者的履历，网站上打出的新近的宣传标语是什么，种种细节都要掌握。倘若在可能捐赠者面前露出对机构的公开信息不熟悉，甚至还不如对方知道得多，则会贻笑大方，显然是不够专业的表现了。

在提出捐赠请求的过程中，有许多战略、技术和技巧，更需要筹款者长期实践磨炼得来的因地制宜的宝贵经验，这些内容也将在下面的章节中探讨。总之，以上这些造成害怕筹款的具体因素，都是可以通过学习和历练来得以克服的。

第二种类型则是更深层次且更普遍性的因素，即人们害怕遭到拒绝的心理本能，可称之为"无形的害怕因素"。这属于观念和心态问题，关系到社会和个人对筹款这一职业的正确理解。

筹款可以理解为"担责邀请"（responsible invitation）。有专业精神和职业操守的筹款为可能捐赠者带来的是有关做慈善的教育和引导，筹款者所做的工作是在满足可能捐赠者实现自我需求和愿望，为他们希望能造福社会提供机会和平台，协助他们为自己的人生赋予更大的意义。筹款中至关重要的一点是筹款者应该把自身"放在一边"，让机构和宗旨"进来说话"。我有一位在大学从事筹款的朋友，他在这一行干了很多年，做得十分成功，他说："我出去见捐赠者，就仿佛头戴我们机构的名字，别人看到的是机构，我只是代表它出来说话的。"成功的筹款者需要时时警醒他不是在为自己"要钱"，而是代表机构及其宗旨，这是筹款专业素养的基础。

明确了这一点，就再也不必担心遭到拒绝了——因为别人拒绝的不会是你这个人。发出邀请被拒绝是最平常不过的事情了，你一定要有这样的心理准备，不需要有退却的恐惧。尽管有些人拒绝了你的邀请，但是还有其他许多人会欣然接受这份盛情。更何况，那些拒绝捐赠的人说不定过一段时间又会愿意捐赠。他在说"对不起，不行"的时候，背后或许有千万种理由，甚至是难言的苦衷，这都不是筹款者所能控制驾驭的原因，而且同筹款者本人没有半点干系。例如，可能捐赠者的公司经营不善，他担心日后现金流的问题；可能他的一个大客户没有按时付款，他必须等资金到位之后再分配用于慈善的开支；可能他马上需要将最小的孩子送到一家昂贵的私立学校；可能他正打算离婚，上了法庭，烦恼缠身。应当感到内疚的不是筹款者，其实更可能是那些拒绝捐赠的人。等到可能捐赠者的工作生活状况有所变化，他还是完全有可能重新考虑接受"邀请"的。筹款者的素养在于不要去为对方此刻无法提供资助而烦恼丧气，而是应当鼓足干劲,一往无前,一方面继续跟对方保持联系,同时不断拜访其他更多的可能捐赠者,不断地发出"邀请"。

有些人特别害怕向自己的朋友或熟悉的人提出捐赠请求,唯恐这么做会"伤了感情"。这一担心更是没有必要。既然是朋友,彼此之间就必然存有共同的兴趣和价值观,他们往往是最有可能提供捐赠的人。当你从事一项有影响力的公益事业时,如果不主动邀请朋友共同参与,分享成功的喜悦,反而是不近人情了。当邀请朋友一起捐赠时,其实是在传达这样一个讯息:

> 作为朋友,我很高兴与你分享我目前正在为之努力的这一公益项目的进展情况,我真诚地希望你愿意加入我们,为这一项目提供建议和捐赠,我们的合作将对我们的社区产生深远的影响。但是如果你出于任何原因眼下无法提供捐赠的话,我自然也十分理解。

在美国,朋友之间,特别是同样层次级别的人之间相互提出募款请求(peer-to-peer solicitation)极其寻常,是有效筹款的基本原则和必经之路。美国黑石集团(Blackstone Group)是全球最大的私人股权投资和投资管理公司之一,2013年,其创始人兼董事长苏世民先生(Stephen A. Schwarzman)为清华大学投入1亿美元的捐赠,创办苏世民学者项目(Schwarzman Scholars),旨在培养了解中国文化的未来世界领导人。苏世民先生除了自己的捐赠承诺之外,同时领导大规模筹款活动,在全球争取更多的资金来支持为这一项目而建立的永久性捐赠基金。在筹款中,他就巧妙地运用了自己与其他世界顶尖企业领袖和慈善家的朋友关系。这或许也是一种团队思想的体现:邀请有相同价值观的人一起合伙参与一项美好的社会事业,比一个人单打

独斗，孤芳自赏，要有意义得多。公益的分享就从捐赠的共同担责开始了。

三　筹款是非营利管理的核心

在中国，"管理"一直是带有行政色彩的词汇，而且往往是和政府的行为相联系的，有统治的意思。但是，在市场经济发达的西方社会，管理的主要含义是指企业和所有现代社会机构的经营管理（management），和私人部门（private sector）有关。相对于政府公共部门而言，商业部门和非营利部门皆属于私人部门，其运行以私人理性为基础。非营利机构同商业公司一样，完全依靠市场在资源配置中起决定性作用的原则来运行，它们面对着有限的社会资源，也面临着同行之间甚至和商业公司之间对资源、信誉和客户的激烈竞争。因此，非营利机构必须运用现代管理的理念和方法，维护并提升它们在社会服务市场中的地位。

从运营角度来讲，非营利部门同商业和政府部门的最大区别在于它们经费来源的不同。商业公司通过投资者的投资，以及产品和服务所产生的利润分配后的积累获得资金，政府通过税收获得资金，而非营利机构则主要通过筹款和提供社会服务所收取的费用获得资金。所以筹款无疑是维持非营利机构生存与发展的命脉。

从学校、医院到博物馆，从百年老店到连像样的办公室也没有的草根组织，在我工作过或采访过的众多美国非营利机构里，领导者几乎全部将资金视为影响机构发展成败的最关键因素，说"成也资金，败也资金"并不为过。行业内一般认为，非营利机构的领导者应该至少将一半精力投入到筹款中去，理事会的最基本职责就是监督财务和保证机构的经费运转，如果做不到这些，便不是称职有效的领导层。

  财务压力仿佛始终是美国非营利机构领导者的最大关注点和终极挑战。美国有关高等教育管理状况的调查显示,半数以上的大学校长每天都要花时间在筹款和预算方面,这一比例超过其他任何工作领域(见图 2-1)。在美国,一半以上的大学是私立的、不以牟利为目的的非营利机构,包括哈佛、耶鲁等常青藤名校①。无论是非营利性的私立大学还是获得政府拨款的公立大学,来自民间的捐赠都是重要的经费来源。在大学校长看来,衡量业绩的最重要指标就是预算平衡,也就是"投入"和"产出"的匹配。这一共识从 2005 年开始进行年度调查以来就未曾动摇。许多校长认为,他们工作中最大的挑战是如何利用有限的资金来完成众多的机构目标,我想其实任何一位非营利机构管理人恐怕都会有类似的感慨和"抱怨"。

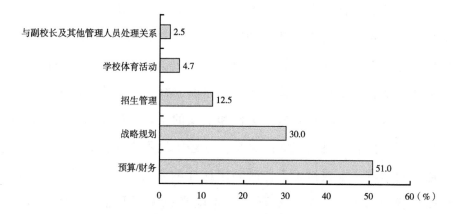

图 2-1 美国大学校长日常工作重点(2013 年调查)

  资料来源:《大学校长在想什么:2013 年对四年制大学校长的调查》(*What Presidents Think: A 2013 Survey of Four-Year College Presidents*),《高等教育编年刊》(Chronicle of Higher Education)特别报告,2013。

---

 ① 美国只有很少一部分私立大学是商业性的,其中多是专科院校,它们以牟利为目的,属于商业公司。

从这里我们可以体会到，当一个社会以市场的方式来支配资源的时候，非营利机构实质上也像商业公司一样进行市场经营，获取"利润"，以财务盈亏作为衡量机构运作的健康程度是通常的办法。然而，非营利机构同商业公司的最关键区别在于，非营利机构不存在所有者和股东，机构经营和筹款所得的利润是不能用来分红的，只能用到机构自身的活动和发展中去，这种利润更确切的意思是"财务盈余"。市场化经营和公共筹款并不意味着非营利机构变得"商业化"，因为机构所获得的财务盈余不是为了让经营者本人牟利，而是为了能让机构具备更多的资源，进一步提高服务水平，更好地实现宗旨，通常的说法就是用于"再发展"，用于"越做越大"。

市场化经营为社会部门引入了自由竞争机制，使得机构不得不把服务对象和捐赠者的需求放在第一位。跟政府提供公共服务比起来，市场经营正是非营利机构的最大优势。有了竞争和比较，有了财务和生存压力，才会避免产生惰性和官僚性，才可能更有效地捕捉需求，精打细算，满足公众的各种需求——不仅是人们对社会服务的需求，还包括捐赠者渴望参与慈善事业、志愿回馈社会的非物质需求。

尽管筹款对于非营利机构运作和发展的重要性毋庸置疑，但是我们也不应夸大它与机构成败的关系。曾经听过不少非营利机构的执行总监在向理事会汇报讨论工作时动用这样的开场白："如果我们能有更多经费的话……"如果从募款的角度来说无可厚非，但也使人们很容易将机构存在的各种问题归咎于"缺乏资金"，仿佛资金是造成所有问题的罪魁祸首，也是解决一切问题的灵丹妙药。仔细想来，有钱固然好办事，但是人们需要更多地反省一下，为什么其他类似机构能筹到钱，我们却不能？资源总是有限的，筹款的中心任务就是要在有限的善款资源中开拓到更大的份额。事实上，在很多情况下，人们常挂在嘴边的"经费危机"只是表象，是生病的症状，而不是病根子。

那么，病根子可能是什么呢？或许是机构缺乏清晰的宗旨和适宜的战略；或许是项目过时，已经不再符合社会的需求；或许是理事会不团结，缺乏组织管理，造成领导力空缺；或许是用人不当，效率低下；或许是不懂得如何向公众传播和展示成果业绩。总之，失败的真正原因很有可能在治理结构和战略管理上出了问题，从而限制了其筹款的能力和执行力。

商业公司需要向潜在客户推销产品或服务，与此类比，非营利机构不仅要向服务对象，还要向捐赠者推广自己。捐赠者不是服务的直接受益者，要让他们慷慨解囊，正如同营销者希望客户购买一件价格昂贵、可要可不要的奢侈品一般，必须要提供非常地道的售前和售后服务，让客户如沐春风，获得极度的心理满足感。倘若产品本身质量低劣，品牌管理混乱，售后服务恶劣或根本没有售后服务，营销者哪怕再能干，再有技巧，也很难说服对方购买，即便幸运地卖掉一次，也难以获得回头客。有时听到筹款专员这样抱怨："这个机构自己都没想明白到底要做什么事情，叫我拿什么出去'卖'呢？"真是陷入了"巧妇难为无米之炊"的困境。可见，缺乏资金经常不是一个孤立存在的技术层面的问题。

下面，就让我们重点分析非营利机构成功筹款所必须具备的关键要素。

第三章　筹款之四大基石

筹款的关键要素是什么？让我们先来分析两个成功事例。

第一个例子：2011 年 4 月，美国费城交响乐团申请破产保护。乐团随即发起题为"用心倾听"的筹款活动。在理事会和领导团队的努力下，短短两个月内募得 1120 万美元的捐款。乐团同时获得捐赠者的承诺，如果在年底前能再筹得 1630 万美元的话，捐赠者将额外匹配 1750 万美元的捐款。除了理事会成员的参与之外，乐团还获得了不少地方上的慈善家及其基金会的鼎力相助，例如，致力于提高费城地区生活质量的威廉·佩恩基金会（William Penn Foundation），热衷于支持文化艺术事业的企业家约瑟夫·纽博（Joseph Neubauer）的家族基金会，以及传播业企业家杰瑞·兰法（Gerry Lenfest）[1] 等。2012 年 6 月，乐团总共筹到近 4000 万美元，基本达到了近期目标，为机构重组奠定了资金基础，从而走出了破产困境。

第二个例子：自 2008 年起，美国耶鲁大学提出其办学战略重点之一是要让更多的学生能够享有一流的教育资源。为此，耶鲁需要扩

---

[1] 杰瑞·兰法加入了盖茨和巴菲特联合发起的"捐赠承诺"行动，承诺将自己的过半财产捐献给公益事业。

建两所本科住宿学院，这样本科录取的学生人数可以每年提高15%左右，从而达到为更多合格的学子提供教育机会的目的。为了这一项目，耶鲁制定了筹集5亿美元的目标。当时美国经济正受到华尔街次贷危机重创，学校不得不紧缩预算，扩建项目被暂时搁浅，但是与可能捐赠者的接触和沟通工作仍在有条不紊地进行着。2013年9月，耶鲁大学成功获得了来自老校友、金融家查尔斯·约翰逊（Charles B. Johnson）2.5亿美元的巨额捐赠，这成为耶鲁建校史上获得的最大一笔赠款。刚宣布这件喜事后，校长立刻接到了约翰逊先生一位朋友的电话，表示愿意出资500万美元以表支持。约翰逊先生这一引领性的捐赠使得筹款目标唾手可得。据了解，到三个月后的2013年年底，耶鲁已经完成了筹款总目标的84%以上（超过4.2亿美元），新住宿学院有望及早落成。

上面两个例子都体现了一些共同点。首先，这两家非营利机构都给出了令人信服的筹款理由（case for support，又称case），即为什么要捐钱。费城交响乐团在劝募时强调自己代表费城的文化品牌，也是当地不可或缺的经济支柱。它坦诚反省交响乐艺术在现代社会所面临的生存挑战，指出自己与其他主要交响乐团相比在经营和筹款收入方面的差距，同时给出机构转型的明确计划及其进展情况，增强筹款的紧迫感和必要性。而耶鲁大学提出的发展目标则是极具战略眼光的：名牌大学的精英教育不应只属于极少数人，研究型大学绝不忽视对本科生的课堂教育。而且，它的扩招计划也直接触及支持者后代教育的直接利益，能够获得人们的共鸣。

其次，两家机构都抓大放小，找到了能够提供关键资金、引领捐赠的领导者（leadership）。对费城交响乐团而言，是理事会成员和费城地区的慈善家仗义疏财，雪中送炭，力挽狂澜于不倒。

对耶鲁大学来说，是忠实校友的大笔捐赠才使得整个筹款计划的实施成为可能，同时也起到了一呼百应，鼓舞其他捐赠者加入的效果。

再次，两家机构都具备数量充足的可能捐赠者（prospective donors，又称 prospects）。费城交响乐团的核心捐赠群体不仅包括理事会和本地慈善家，还包括所有关心费城兴荣的人，以及所有古典音乐爱好者。耶鲁大学的主要捐赠者群体包括校友、学生家长、理事会，所有希望自己子女获得耶鲁教育的人，还有所有关心高等教育事业的人。这些都是可以动员起来的潜在资源。

最后，两家机构都有一套经过深思熟虑的筹款计划（plan）。费城交响乐团对摆脱债务和机构重组所需的基本费用明确于心，清楚在最短的时间里应该向哪里筹措到这笔资金，并巧妙地运用配套捐赠（matching gifts，又称 challenge matches）的方式来鼓励更多的捐赠。同时，乐团也制订了中长期发展计划，除机构重组之外，也要为捐赠基金筹款，从而保证机构的可持续发展。耶鲁大学对扩建新住宿学院的开销算了清晰的账目，根据需要确定筹款目标和时间表，并根据外部经济环境的变化作出调整，在快要达到筹款目标之时才对外公布这一项目，这些都是有战略规划的表现。

任何一家非营利机构要想成功筹款，都必须在四个方面打好基础：筹款的理由，即机构为何值得捐赠及捐赠所能产生的积极影响；筹款引领者，即为机构提供关键性捐赠，并大力协助筹款的人；可能捐赠者，即机构天然具备或有意争取到的支持者群体；筹款计划，即目标、战略步骤，以及培养捐赠者和提出捐赠请求的方式。这四大基石共同构筑起筹款的运作框架（见图 3-1），缺一不可。下面将分别介绍。

图 3 - 1　成功筹款需要四大基石

一　筹款的理由

在筹款中，项目为先。要说服他人慷慨解囊，最重要的是要有好的项目，要有"卖点"。

非营利机构的"卖点"体现在筹款的理由中。任何机构在筹款之前，不仅需要在机构内部对筹款的目标达成共识，而且要在外部唱出一致的声调，让公众清晰地了解机构为何值得捐赠，以及捐赠后所能产生的积极影响。缺乏明确的筹款理由，非营利机构事实上便失去了向公众筹款的权利。

捐赠者在考虑如何分配善款时，就仿佛投资者在决定怎样运用他的财富去投资。投资者可以将资金投入到共同基金，也可以投入到对冲基金，等等，有着各种不同的选择，在做出选择之前，投资者需要了解每种投资载体的影响、风险、回报及其运行情况。同样，捐赠者面对形形色色的非营利机构及其公益项目，他们也有"知情权"，需要在了解的基础上作出决定。非营利机构的筹款理由就如同为可能捐赠者准备了一份详尽的"菜单"，让他们能在短时间内一目了然，这家非营利机构的工作重点是什么，有哪些项目需要资金，项目的内容是什么，各个项目落实所需资金是多少，捐赠后能获得哪些认可和益处等，从而引导他们做出符合个人兴趣的公益"投资"选择。

跟商业性投资有所不同的是，公益投资带有浓重的个人兴趣和情

29

感色彩成分。因此，这份为捐赠者提供的"菜单"，不仅要清晰明白，还要有强烈的感召力。在很多情况下，捐赠的兴趣始于人们对筹款理由中所提出的社会问题的情感反应。在可能捐赠者的生活中，这一社会问题有多切实？如果捐赠者现在不采取行动，会有怎样的后果？致力于解决这一社会问题，对捐赠者意味着什么？筹款理由既要有紧迫感，也要有未来感，向人们传递能使他们产生共鸣的价值观，将他们吸引过来，让他们兴奋起来，激发起他们的社会责任感，是走向获得捐赠的第一步。

筹款的理由要打动人，就必须超越眼前的资金需要，甚至超越非营利机构本身的存在。它应该指出一个迫切有待解决的社会问题或一个急需满足的公共需求，阐明为什么每个人都应当支持这一公益事业。它需要展示这家非营利机构解决这些问题的独特能力，以及不断顺应需求变化的雄厚实力，解释为何这家机构能够比同行更为出色地服务于这一慈善目标，成为公益投资的最佳选择。概括地说，非营利机构项目的有效性决定了筹款理由的信服程度。

当我为非营利机构提供筹款咨询时，通常为客户做的第一件事就是帮助他们创作一份"筹款理由陈述书"（case statement）。这份文件的读者主要是可能捐赠者对象，材料本身必须有独特的吸引力和强大的说服力。它的制作通常要花费大量的时间和精力，因为这其实是一个在梳理、调整和确定机构远景目标和战略重点的过程，它是筹款中最基本、最重要的营销和传播工具。

筹款理由陈述书不拘于形式。它可以是制作精美的册子，可以是图文并茂的 PPT 文档，也可以是精简鲜明的一页纸，完全根据捐赠者的特点进行调整，因地制宜，重在效果。2012 年，美国最大的女青少年活动组织女童军协会（Girl Scouts of the USA），以其百年诞辰纪念为契机，发起美国历史上规模最大的"为女孩而战"的目标为

10 亿美元的公益募款活动，力求集中社会资源，加强各界对女孩和妇女问题的关注。它的筹款理由陈述书不仅需要表明其纽约总部的筹款需求，还要兼顾全国各地 110 多家分部各自不同的筹款重点。它巧妙地设计了一本总陈述书，提供有关女童军的总体介绍、百年大计和筹款目标，然后把册子底面做成文件夹的形式，可以放入分部的材料，具体阐明各分部的项目重点及捐赠需求，并有样板文件，分部可以根据自身特点作修改。陈述书在兼顾地域差别的同时，统一了这一全国性机构对外传播的基调，为各地的女童军团队提供了有用的筹款工具。

筹款理由陈述书是一切与筹款有关的传播、营销和公关材料的基础。无论是向基金会筹款时撰写的项目建议书，通过直邮分发的劝募信，还是有关筹款的网页、电子期刊、演讲稿、新闻稿，甚至是面对面提出捐赠请求时的用语，都是在筹款理由陈述书的基础上演变和发展起来的。筹款理由陈述书不是一份静止不动的文件，而是需要经常调整更新，因为社会环境和机构的战略重点是在变化的。我们将在第六部分讨论如何赢得高额捐赠时，更深入地介绍筹款理由的提炼技巧、创作过程及筹款中会用到的其他重要传播工具。

二　筹款引领者

这里所指的筹款引领者，不是非营利机构的工作管理人员，而是指那些能够为机构提供关键捐赠，并且能够利用自身社会资源为筹款提供大力协助的人。

筹款引领者通常是志愿者。他（们）可能是理事会成员，也可能是机构的老朋友。成功的筹款是要让合适的人，在合适的时机，以合适的方式，向合适的可能捐赠者，为合适的公益目标，提出合适的捐赠请求，而筹款引领者就是那个"合适的人"。对一个具体的机构与项目而言，筹款归根结底是领导者发起的一项工作。

作为筹款引领者首先要身体力行，为非营利机构率先提供高额捐赠，表明他对机构的鼎力支持。在此基础上，他用自己的努力和影响力为机构吸引、带动更多的捐赠者。前面所提到的清华大学苏世民学者项目中的苏世民先生、哈佛大学住宿学院扩建项目中的查尔斯·约翰逊先生，以及费城交响乐团的理事会成员，都是这些筹款倡议的引领者。筹款中最能起到作用的一句话就是这些引领者对别人说："请一起加入我们"。如果筹款工作长期缺乏坚定的领导力和号召力，整个过程便很有可能动力不足，步履维艰，陷入僵局。

在很多情形下，机构的大部分资金来自于少部分人。筹款工作需要"抓大放小"，这种规律称为"捐赠金字塔"（见图3-2）。提供高额捐赠的人在金字塔的顶部，可能屈指可数，多数人则提供小额的捐赠，集中在金字塔的底部。帕雷托法则（Pareto principle，也称为二八定律或80/20法则）在筹款中同样适用，即80%的赠款可能来自于仅20%的捐赠者。筹款的重点通常应该是那些在金字塔顶部的人。这也说明争取到筹款引领者对筹款成败的重要性。

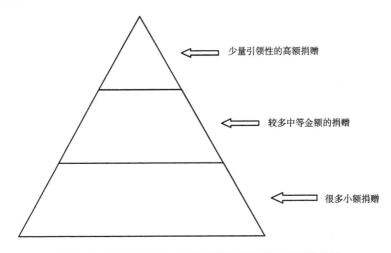

少量引领性的高额捐赠

较多中等金额的捐赠

很多小额捐赠

图3-2　捐赠金字塔：赢得高额捐赠是筹款成功的关键

　　筹款引领者对整个筹款工作的引领作用不单在于他捐款的数量，更在于他对这项工作所开展的示范作用，以及他为这家机构或项目的公信度加分。当人们知道某某在倡导一项公益事业，或他为某机构、某项目捐助了多少多少钱的时候，无形之中增加了人们对这个机构和这个项目的信心，也驱动了人们要和他有一样行动的社会动机。

　　当然，筹款引领者的支持绝不是天上掉下来的馅饼，而是机构经过长期努力，与他们不断接触，建立信任的结果。人们看到的往往是机构获得高额捐赠时的喜悦，却并不知晓成功背后所付出的艰辛劳动。人们的支持程度总是由小变大的。成功的筹款者正是在不断提升捐赠者对机构的信任感，逐步增加他们捐助心理的舒适程度和资助额度，最终让他们爬上金字塔的顶部，成为捐赠引领者。在第五章中，我们将全面分析这种动态管理捐赠者的过程。

三　可能捐赠者

　　有效地筹款自然也离不开数量充足的可能捐赠者——那些对机构有着切实或潜在兴趣的人。非营利机构需要深入了解自己的支持者群体（constituency）。

　　任何非营利机构都具备一定数量的可能捐赠者。一些非营利机构有其客观存在的，容易确认并接触得到的可能捐赠者。比如学校的可能捐赠者是学生和校友，许多教育机构还将学生家长和祖父母作为可能捐赠者。医院的可能捐赠者是充满感激之情的病人。博物馆等文化艺术机构的可能捐赠者包括参观者、会员和受众。即便是缺乏天然可能捐赠者的非营利机构，也总是可以找到对机构感兴趣的支持者的，关键是要努力挖掘并发展可能捐赠者群体。确定和培养可能捐赠者是

筹款工作的核心。

到哪里去寻找可能捐赠者呢？可能捐赠者群体包含那些需要非营利机构提供服务产品的人，那些为机构执行服务和管理项目的人，那些治理机构的人，以及那些支持机构公益目标的人。可能捐赠者群体是关心机构健康运作的"利益相关者"（stakeholders）。要发展捐赠者群体，非营利机构就必须花费资源去寻找他们，确认他们，为他们提供信息，将他们融入到机构的活动中来，建立和他们之间的友谊。这一切所花费的时间、精力和钱财最终会得到数倍的回报，因为他们反过来会成为机构宝贵的捐赠者、志愿者和倡导者。为公益目标建立广泛的社会合作是所有非营利机构存在的根本价值之一。

非营利机构的支持者群体包括所有对某一公益目标怀有兴趣和热情并愿意为之服务的人，因此支持者群体也可理解为"有兴趣的当事人"（interested parties）。有兴趣的当事人包括目前和机构有关的人、过去和机构有关的人，以及未来有可能会有兴趣的人。所有支持者群体都包含各式人等——兴趣浓厚或兴趣平淡的，关系亲密或关系疏远的，他们与机构的疏密程度影响到机构能否实现公益目标。筹款者必须全面了解支持者群体中的各种兴趣和需求。

捐赠者群体模型（图3-3）为我们在视觉上提供了寻找可能捐赠者的依据。图中向外扩散的圆圈代表了非营利机构的"能量"，越靠近中心部分，能量越大，与机构的关系也最为密切。能量随着圆圈往外而逐步减弱。这就如同将一颗石子丢进水里一般，石子的作用力由中心向四周逐步消散。因此，非营利机构的核心捐赠者群体位于模型的中央。

在理想状态下，非营利机构的理事会、管理层和高额捐赠者（major donors）应该处于捐赠者群体模型的中央。这三大组成部分为

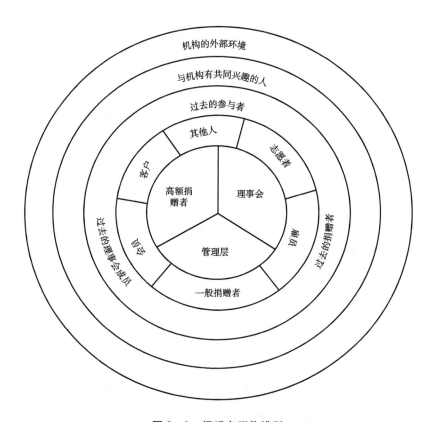

图 3 - 3　捐赠者群体模型

来源：美国印第安纳大学筹款学院（The Fundraising School），2002。

机构提供最主要的"能量"，直接影响着机构的前途和命运。而对于大型非营利机构而言，他们的组织结构可能更为复杂，有时位居中央的还会包括其他核心群体，如校友理事会和顾问委员会等。

模型的第二圈包括为项目执行和筹款出力的志愿者、享受机构服务的客户、一般雇员、一般捐赠者、会员性机构中的会员，以及其他与机构有关的人群（如雇用的专业服务公司等）。这些组成部分对机构而言也很重要，是机构背后的支持大本营，这些人具有发展为重要捐赠者的极大潜力。

模型的第三圈是机构过去的参与者、过去的理事会成员和过去的捐赠者。机构应该与他们保持长期良好的沟通，力求赢回和再度点燃他们的热情。

模型的第四圈是和机构有着共同兴趣和利益的人，这些人可能对机构并不十分了解。尽管他们一开始的捐赠额度不会很大，机构却可以通过直邮等方式与他们接触，至少让他们先成为捐赠者。

模型的最后一圈是机构更大的外部组织环境，包括机构影响范围内所有的人。他们提供高额捐赠的可能性很小，却有可能提供年度性的、少量的捐赠，这为机构在一定程度上提供了一部分稳定的收入来源，所以也值得关注。

捐赠者群体模型告诉我们两大筹款原则。第一大筹款原则，筹款应该遵循"由内及外"的原则，从核心人员（理事会、管理层和高额捐赠者）开始，并且在核心人员的带动下向外部发展其他捐赠者。筹款工作的一大挑战是要保证这些核心人员位于模型的中央。运作不良的筹款项目就是将理事会和管理层放到模型的外围中去了。

第二大筹款原则是捐赠群体的流动性。支持者的兴趣和生活工作情况经常在变化。一位支持者今年可能是主要的高额捐赠者，位于模型的中央，明年却可能只是普通的捐赠者了。理事会成员都有任期，会换届。模型中每年发生 20% ~ 25% 的变动是十分正常的。捐赠者培养的有效性在于能够采取战略性的方式与模型中所有的组成部分保持一贯的联络。

筹款者的头等大事是通过收集信息确认哪些人是可能捐赠者。"合格"的可能捐赠者应当同时符合三个标准：与机构有关联（linkage）、有提供所需资金的捐赠能力（ability）以及对机构从事的工作有兴趣（interest）。同时具备以上三个条件的人群往往集中于靠近捐赠者群体模型中心的三圈以内。我们将在第七章讨论如何设立高额捐赠项目时详细阐明这些标准的含义，并分析谁最有可能捐多的钱。

四　筹款计划

成功筹款有赖于有效的计划和严格的执行——计划其实比执行更为重要，计划缜密合理，结果往往就能尽如人意。计划是筹款的另一大基石。

筹款是一个跨领域、多层次的过程。它的一系列步骤都相互联系，需要员工和志愿者共同参与。筹款专员的主要工作其实就是管理这一过程，成为所有参与者行动背后的促成人和培训员。

筹款计划包括很多方面。第一步是要分析市场需求。从本质上看，筹款是一种对资源的配置过程，用市场的原理来认识和筹划捐赠有助于提高筹款的科学性，所以分析捐赠市场的需求至关重要。这包括：哪里有钱？哪里会有我们机构可以募到的钱？在市场的检验中发展出能够引发捐赠者共鸣的筹款理由。

接下来要确定筹款目标。这里所说的目标既包括项目目标（program goals），也包括财务目标（financial goals）。从当前和长远来看，机构需要运行哪些项目？发展现有的项目需要多少资金？建立新项目需要多少预算？筹款目标不仅是为了满足机构目前的运作需求，也要满足机构长期发展的需求（如特别项目需求、资本需求和建立捐赠基金等需求），这些需求为筹款提供了理由。值得注意的是，在考虑机构预算时应将筹款工作本身所需消耗的人力和财力计算进去，"会花钱，才能赚到钱"，筹款是需要成本的，是必须投入一些"基础设施建设"的，关键是最终能否获得合理的回报。

随后要将筹款目标具体化，将每个目标转化为战略。即每个项目需要筹多少钱，需要各花多长时间，用什么方法来筹钱，以及确定志愿者和员工的职责。谁来引领筹款？是否需要建立一个领导委员会？谁来提供必要的管理和行政支持？需要多少可能捐赠者，他们分别提供大致多少捐赠额才能达到筹款目标？可能捐赠者来自于哪些渠道（个人、基金会、企业）？谁能提供引荐？针对不同的可能捐赠者需要采取哪些不同的筹款方式（直邮、电话、网络、特别活动还是面谈）？需要考虑哪些特殊战略来吸引捐赠（如配套捐赠，命名权，为捐赠者认可设立特别委员会等）？这些都是有待计划的内容。

筹款计划中还需要考虑与捐赠者和公众的传播沟通计划，以及如何做到接受捐赠者的问责，为将来获得更多的捐赠打下良好的基础。

筹款计划也可以具体到培养捐赠者和提出捐赠请求的战略和策略。筹款者需要把握什么时候才是提出募捐请求的最佳"火候"，怎么做和怎么说才能"投其所好"，让对方如愿地提供捐款。可以说，认真完美的准备是一切成功的开始。

综上所述，筹款理由、筹款引领者、可能捐赠者和计划是筹款的四大基石。我们还必须清晰地了解，非营利机构中谁应该负责和参与筹款，为机构奠定这些基础。这是第四章讨论的内容。

第四章　谁负责筹款？

想象一下你刚被一家非营利机构聘用为合作发展部主任，并第一次作为一位资深的管理人员和执行总监一起参加理事会会议。会议上，主持人指出筹款的重要性和紧迫性，解释了机构领导层几经筛选，努力寻找一位专业募款人员的过程，他热情地向与会者宣读你的简历，把你介绍给整个理事会，然后好像松了口气似的说："让我们热烈欢迎合作发展部主任的加入！他丰富的经验一定能够为我们带来可喜的筹款成果。现在，让我们转向讨论会议议程中的下一个问题。"机构领导层是如此庆幸他们找到了一名能干的专业人员，仿佛他们就此光荣地完成了任务，可以在筹款事务上高枕无忧了，接下来只需让这位专业人士承担起所有的筹款责任，静候佳音。而此刻的你，恐怕当初那种巨大的工作热情已然受到了一些打击。

这一令人哭笑不得的场面反映了许多非营利机构和筹款专业人员所面临的难题：一方面，非营利机构的理事们都是支持机构宗旨的热心人士，他们也明白机构需要筹款才能获得发展。但是另一方面，他们对筹款的本质和过程缺乏了解，存在不少误区，需要加强关于筹款的教育和切实的参与。

这些误区或许与"筹款"一词本身有关。筹款（fundraising）的字面意义是"募集资金"（collecting money），其过程仿佛始终只是向朋友或陌生人要钱，是一个对人而非对己的机械的技术性工作。而事实上，募集资金固然是筹款过程中的重要一环，并且经常是筹款的最终目标，募集资金却远远无法涵盖筹款的多面意义。

前面已经提到，美国非营利部门将筹款又称为发展（development），例如，筹款部门通常叫做"Development Department"，负责筹款的管理人叫做"Director of Development"。用"发展"来称呼"筹款"，这里的寓意耐人寻味，具有深刻的内涵。筹款是一个寻求进步、促进理解、赢得支持、建立合作、壮大事业的过程，它扩大了公益事业的参与者，为非营利机构建立起一个广大而忠诚的支持者群体。这不单是机构的发展，归根结底也是对人的发展，对支持者群体的发展。筹款的终极目的是加强机构提供公益服务的能力，并确保这种能力的可持续性。而这些目的其实都属于理事会的职责范围，理事会有着不可推卸的筹款责任。

筹款是一个跨领域、多部门、多层次的活动，从理事会到机构管理层，到每一位员工，都应当积极参与到这一过程中来，视筹款为己任。而专业筹款者的主要功能，就是管理这个过程，管理不同的人，为他们提供必要的筹款指导，为他们的筹款职能提供专业支持，让他们可以各司其职，从不同的角度为筹款出力，共同促成机构和人的发展。

一 筹款是理事会应尽的道德义务

拥有筹款引领者是筹款成功的基石之一，而理事会是非营利机构最重要的筹款引领者。要理解这一点，就需要领会在现代公益运作模式中非营利理事会的职责。

董事会（Board of Directors；在社会部门也通常称为理事会，Board of Trustees）是非营利机构治理的主体和最高权威。它由志愿者组成，受社会之托成为机构价值观和公益资产的"守护人"，它确保机构服务于公益目的，对机构的成败担负最终法律责任。

在西方非营利部门运作的现代观念中，非营利机构的资金是社会性的公共资产。哪怕是私人出资所创办的类似中国私募基金会这样的公益支持性组织，一旦个人的钱捐赠给独立的基金会后，就意味着这笔个人财产已转化为社会的财富，捐助者在理论上再没有对这笔钱的绝对支配权，即使他或他的家族成员是基金会的理事，可以有发言权和决策权。第一代捐赠者兼创办人在实际上主导权较大，时常还自任会长（即理事长或理事会主席）。例如，在微软创始人盖茨的比尔及梅琳达·盖茨基金会（Bill & Melinda Gates Foundation）里，盖茨和他的夫人担任联席主席，但是原则上他和他夫人不是唯一的决策者，基金会的资产由多人组成的整个理事会共同监管，确保其用于公益目的。基金会由专业人士管理，在尊重创办人的初衷和慈善兴趣的基础上，决定捐赠基金在资本市场的风险投资方式，并根据社会的需求按照正式的程序分配资金的捐助去向。例如，盖茨基金会的理事会聘用首席执行官负责基金会的日常运作，在全球有1000多名全职员工。这其实是在多元的社会中，将个人的财力和影响力转化为各种利益相互制衡的"多元政治"（polyarchy），对公共资源实行"多头治理"。

理事会成员身兼非营利机构的治理者、捐赠者、建立对外关系的外交家及参谋。具体而言，理事会应该担负起至少五项基本职责：制定机构政策与规划；监督财务；筹措资金；聘用、评价及更换执行总监以及联系社区。

在美国，对理事会的筹款职责有一个通俗的说法：要捐得出钱，募得到款，否则就只能下台（give，get，or get off），这也就是理事在募集资金方面要"有钱出钱，有力出力"的意思。理事会既然有权确认机构的战略重点，批准新的项目，通过成本预算，就有义务保证这些项目能有足够的资金得以运作，这不该只成为筹款工作人员的责任。成功筹款离不开理事会的领导，理事会也必须通过筹款来支持他们所服务的非营利机构，这是理事会应尽的道德义务。

筹款应该从理事会开始。其他可能捐赠者都想知道理事会成员是否全部捐了钱，捐了多少，并将理事会成员的资助额作为自己考虑捐赠的尺度。显然，倘若连机构最忠诚的"守护人"都不愿意捐钱表示支持，其他人就更没有理由倾囊相助了。纽约的慈善组织罗宾汉基金会（Robin Hood Foundation）由华尔街精英牵头成立，以"劫富济贫"为宗旨，致力于救济曼哈顿的穷困人口，被《财富》杂志评为"最具创新力和影响力的公益组织之一"。它在网页上清楚地告知公众，它的理事会支付了机构所有日常运行的行政管理费用，因此一切捐款都将直接用于扶贫项目，这就对潜在的捐赠者产生了极大的号召力。调查表明，3/4 的美国非营利机构总裁报告说，他们的理事会至少有 90% 以上的成员捐钱，这一比例在过去几年中保持稳定[①]。每年达到 100% 的理事会成员捐赠是非营利机构筹款的普遍目标，许多非营利机构还对理事会成员设有年度最低捐赠额度。要想加入非营利机构的理事会，不必言明的先决条件就是要为筹款作贡献，这是义务，而不是一种可以回避的选择[②]。

概括地讲，作为理事会成员，筹款责任包括三方面：（1）树立榜样，凭一己之力提供尽可能多的捐赠；（2）拥护机构的筹款目标，

---

① 理事资源协会（BoardSource）：《2012 年非营利机构治理指标》（*Nonprofit Governance Index 2012*），华盛顿特区，2012。

② 凯瑟琳·凯里（Kathleen S. Kelly）：《有效的筹款管理》（*Effective Fundraising Management*），纽约，Routledge 出版社，1996。

用自己的社会影响力加以推广；（3）利用自己的社会关系为机构介绍可能捐赠者，配合机构提出募款请求，帮助机构培养和感谢捐赠者，并接受捐赠者的问责。

理事会成员或许是普通人，但是他们作为非营利机构的理事，就意味着他们担负起了神圣而卓越的职责，并在这一过程中可以磨炼成为杰出而有勇气的人。参与筹款事务，成为发扬公益理想和价值观的声音，能够提升理事会成员本身的社会地位，有助于经营和扩大他们的社会关系，在服务社区的同时也充实了自己，成就了自我。理事会成员需要牢记筹款之真谛——筹款是温和地教会别人享受捐赠乐趣的艺术。捐赠是一种乐趣，说服别人跟你一起捐赠也是一种莫大的乐趣。

如何建立、发展和运作一个善于筹款的理事会（fundraising board），让理事会成员们在筹款中发挥更大的作用，真正成为筹款引领者，是几乎每一家非营利机构管理者和筹款专业人员都在努力追求的目标。我们会在第十八章管理志愿者中详细谈到相关的战略和方法。

二　筹款是机构负责人的首要任务

非营利机构的负责人也就是机构雇用的管理层的最高领导者。在美国非营利机构通常称为执行总监（Executive Director），有时中文翻译为总干事，但根据不同类型的非营利机构也有许多其他称谓。一些大型非营利机构的负责人称为首席执行官（Chief Executive Officer，CEO），在有些机构称为总裁（President）。同样是总裁类的职务，在学校便称为校长，在医院是院长，在博物馆是馆长，等等。他们是非营利机构的职业管理人。

非营利机构的执行总监负责机构的日常运作。他代表机构，连接理事会，面对机构所有利益相关群体、创始人、志愿者、员工和广大社区，是机构的枢纽和凝聚力所在。优秀的执行总监既要有战略性眼光，成为机构进步和变革的推动者，又要具备高超的公关和沟通能力，能够处理好与理事会和社区的关系，更要有很强的执行能力，高效完成预期的目标，同时熟悉机构所从事的业务，在专业领域有一定的信誉。执行总监与理事会共同承担对机构财务工作的监控任务，也共同承担筹款的主要工作。

筹款是执行总监的工作重心。在美国，多数执行总监都会具有筹款背景和经验，这是在物色执行总监时的一条重要标准。执行总监花在筹款上的时间和精力随机构的规模和成熟程度而异，一般认为应该至少花一半的工作时间在筹款之中。在小型的非营利机构，很多情况下没有专门的筹款工作人员，而是由执行总监兼任各种筹款事务，与理事会配合筹款，筹款就必然占用执行总监很大一部分精力。对于大型的、拥有几百位员工的非营利机构而言，它们具备相对专业的筹款部门和相对完善的筹款基础设施，执行总监就可以将一些筹款事务委托给合作发展主任及其团队。

需要强调的是，尽管筹款是执行总监的一大工作任务，他却不应该成为机构唯一的筹款者。筹款是一个需要"全民动员"的团队活动。理事会首先应该分担这一职责，机构的其他工作人员应当协助筹款，其他志愿者和机构支持者也应参与到筹款中来。执行总监是筹款的总领导者和管理者，但筹款不是他一个人的工作。

执行总监和合作发展主任是亲密的"战友"关系。在小型的非营利机构中，他们是机构筹款的共同领导者和管理者（有时甚至就是合二为一的一个人）。在大型而复杂的非营利机构中，执行总监需要管理除筹款之外更多的事务，许多具体的筹款管理工作就交给合作发展主任来办理，但他们的合作关系依然是相当紧密的。他们需要相互协调，和理事会共同制订历年的筹款计划，一起培养可能捐赠者，提出捐赠请求。他们需要共同管理理事会的筹款行为,为理事会对外募款提供充分的信息和支持。合作发展主任要善于"管好"自己的老板,明白哪些筹款事务需要上司出面,帮助执行总监更好地利用有限的时间。比如,合作发展主任需要安排执行总监参与一部分高额捐赠者的会面,因为高额捐赠者希望亲自见到机构的第一把手,而对于定期直邮等大众化的筹款方式,就不必占用执行总监太多的时间。执行总监和合作发展主任应当彼此尊重,相互信任,他们能否建立起良好的合作关系,直接影响到机构筹款工作的有效程度。

三　每位工作人员都要为筹款服务

美国印第安纳大学公益研究院创始人汉克·罗索说:"有组织地筹款比无组织地筹款可以筹到多得多的资金。"在可能捐赠者眼里,非营利机构是否管理有序,是否专业,直接影响到他们是否会为机构捐钱。

筹款是一种营销,营销的成功离不开高质量的产品、良好的品牌公关和周到的客户服务。也就是说,筹款是建立在机构优势之上的动态管理过程,它不是孤立存在的行动,而是与机构各方面的运作效率密切相关的。筹款上的失利,往往反映出机构在社会中的孤立状态,凸显机构的某些弱点。机构内所有工作人员都必须心怀"客户",树立起对外"营销"的观念,一起为筹款服务。

非营利机构要在现代社会中生存发展,就必须以一个开放体系(open system)运作①。这是筹款的根本机构基础。非营利机构依赖于一个友好的、支持性的外部环境来为其提供人力、财力和物力资

---

① 丹尼尔·凯茨(Daniel Katz)、罗伯特·康(Robert L. Kahn):《机构的社会心理》(*The Social Psychology of Organizations*),纽约,Wiley出版社,1978。

源，同时满足外部环境对其产品和服务的消费需求。环境在不断地变迁，捐赠者的兴趣也会随之变化，非营利机构的管理机制必须能够灵活应对外部变化，在忠于自我公益价值观的同时，赋予宗旨符合时代的诠释和变通。无法适应或影响外部环境的机构，最终提供的是人们不再需要的服务产品，自然也就丧失了吸引捐赠的能力。筹款仿佛是衡量一个机构是否有存在的必要和发展活力的测试。

在实际运作中，筹款工作与非营利机构的财务部、项目部和对外传播/营销部都是紧密相通的，也与机构高层管理的工作息息相关。这些部门之间需要建立起良好的协作和配合。例如，对项目的规划不能局限于文字描述，而应该用经济语言来思考和表达，包括项目眼下和将来运作所需的经费，每年的预计收入，机构是否有特殊需求，是否需要建设资本，是否需要建立捐赠基金来满足长远需要，这些都为筹款提供必要的信息和基础。再如，机构的财务规划不能局限于一般的收入和支出估计，而应该进行完整的财务分析，包括为现有项目和特别项目所需筹措到的款项，机构所需的现金储备等。又如，机构对外传播的基调和内容也需要和筹款理由同步，无论是与捐赠者接触还是接受捐赠者的问责，其重要的工作内容之一就是为捐赠者提供机构信息，保持长期沟通，展现透明度，这些事务都需要两个职能部门通力合作。

综上所述，筹款不是简单地开口要钱，它是一个流动的、跨越多个技术领域的管理过程，需要机构所有支持者群体的参与。专业人员提供管理服务，志愿者提供人脉资源。专业筹款者就是要成为这一流动过程的管理者、组织者和协调者，让理事会成员、其他志愿者、执行总监以及各类行政、项目和支持性员工都融入到筹款的过程中来，共同协助筹款，为机构的发展做贡献。在下一章中，我们就来全面了解一下筹款过程的组成部分。

第五章 流动的筹款过程

曾经听说过这样一个有趣的筹款故事。

一家私立医院不得不削减用于筹款方面的开支，要解雇一部分员工。大家都私下认为，接下来可能会被开除的是一位资深的高额捐赠筹款专员。他在合作发展部已经工作了很多年，但是近年来他向捐赠者打电话及拜访的频率都在下降，工作效率似乎不高。

然而，合作发展部主任却坚决反对解雇这位筹款专员，主要原因是他和医院一位最有钱的捐赠者关系十分好。那位捐赠者是个年老的遗孀，多年来，这位筹款专员开车送她看病，陪同她在医院各部门穿梭就诊。当老妇人去世的时候，她将5000万美元的遗产捐给了医院，这一金额远远超出了人们当初的想象。而那位筹款专员15年来的年薪相当于每年7万美元左右，这样看来，医院的人力和感情"投资"完全没有白费。

筹款是跟人打交道、处理人际关系的行业，筹款的终极目标和过程都是要和捐赠者建立关系。建立关系和培养感情需要时间及过程，获得高额捐赠更需要长期的努力，筹款工作就好比为机构的未来投入一笔又一笔的长线投资一样，期待终有一日某项投资能够得到可观的捐赠回报。

本章的重点是要从科学系统的角度来研究这种建立和维护关系的过程，从而总结出可以普遍适用的筹款管理规则。

一 筹款的基本步骤

无论是面向草根大众积少成多的筹款，还是极具针对性的高额捐赠筹款，都要经历一个基本的过程（图5－1）。筹款过程主要包括六个步骤：（1）研究潜在捐赠者；（2）确定筹款的目标对象；（3）培养可能捐赠者；（4）培养成熟并开始介绍业务；（5）提出捐赠请求；（6）对捐赠者的认可和问责。从这里我们可以清晰地看到，整个筹款过程都是围绕着可能捐赠者而展开的，筹款者的一切工作核心就是要了解可能捐赠者，并让他们与非营利机构培养感情，建立关系。因此，筹款的流程也可以称为对可能捐赠者的管理，在业内也叫做"移动管理"（Moves Management）。

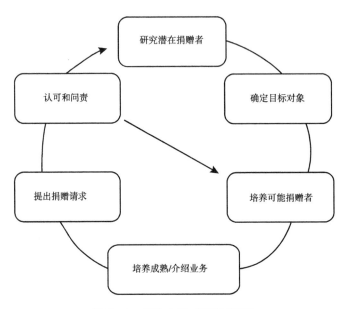

图5－1 筹款中的"移动管理"

　　"移动管理"可以理解为向可能捐赠者"做工作"的过程，筹款的目标就是要将一个最初写在纸上的可能捐赠者名单化为现实，在与可能捐赠者关系的不断推进中将他们"移动"起来。这意味着通过"做工作"，把可能捐赠者从研究阶段"移动"到培养阶段，再"移动"到培养成熟可以开始介绍业务的阶段，接着"移动"到可以提出捐赠请求的阶段，然后进入签署合同、结束筹款的阶段，最后"移动"到认可和问责阶段，使之最终成为真正的捐赠者。整个筹款流程是不断行动的过程，每一步骤都具有战略性和目的性，注重的是结果和效果。

　　"移动管理"不是"一次性"行为，而是一个循环往复的过程。当一位捐赠者为机构提供第一笔捐款之后，就有可能继续捐赠，甚至成为高额捐赠者，因此筹款的任务并没有到此结束，而是刚刚开始。我们在图 5 - 1 中可以看到，在获得赠款后向捐赠者认可和问责的同时，箭头又指向了"培养可能捐赠者"的步骤，这位捐赠者将再次放入我们的可能捐赠者名单上，成为将来争取更多捐赠的目标对象。适当的认可和高度的问责性事实上也是培养捐赠者不可或缺的一部分工作。筹款者切忌急功近利，做"一锤子买卖"，在人们提供捐赠后"杳无音讯"，不负责任地没有了下文，这样只会严重破坏捐赠者与机构之间的关系。筹款是一个不断做工作的流动的过程，捐赠者在这一过程中与机构的距离越来越近，越来越忠诚，支持的程度从无到有，由小变大，还有可能介绍更多的人来参与支持，非营利机构在筹款过程中就像是在滚雪球一样，要不断扩大支持者群体的力度和广度，从而把自己这个球越滚越大，实现机构的可持续发展。

　　筹款的第一步是要研究谁是潜在捐赠者，制订出可能捐赠者名单（prospect list）。这种收集信息、考察可能捐赠者与机构联系的研究工作称为可能捐赠者研究（prospect research）。在信息发达的今天，许多有关可能捐赠者的背景情况都可以通过网络和其他专业数据库获得。

有了初步的可能捐赠者名单之后，筹款专员需要作进一步评估和分析，按照提供捐赠的可能程度进行评级，例如最有可能提供捐赠的人的评级记为A，其次为B，以此类推。如果信息充分的话，还可以设定目标捐赠额及提出募捐请求的时间表。进行评估和分析的最有效方法是让理事会成员、机构管理层或其他支持者阅览可能捐赠者名单，看他们认识谁，对这些人/企业/基金会的背景了解多少，是否愿意提供引荐，从而对名单进行组织、调整和分类，确定最有可能提供捐赠的对象及初步的工作计划。

在确定了筹款的目标对象之后，第三步是对可能捐赠者的培养（cultivation）。所谓培养是对关系的培育，是要"精耕细作"的，要采取一系列步骤让可能捐赠者深入了解机构的宗旨和项目，培养感情，培养兴趣，让可能捐赠者对机构产生好感和认同感，最终愿意支持机构的工作。对捐赠者耕耘培养的过程是沟通交流的"双行道"，在让可能捐赠者了解非营利机构的同时，非营利机构同样也要更好地了解可能捐赠者的兴趣和需求，从而为提出有针对性的捐赠请求打下基础。缺乏足够的对捐赠者耕耘培养过程，非营利机构获得捐赠的可能性几乎为零。可以想象，提出捐赠请求的时机太早，对可能捐赠者的"培养"时间不足，对方对机构的工作还不甚了解，对筹款者本人也不熟悉，是不太可能倾囊相助的，而机构在对对方的兴趣和需求缺乏深入了解的情况下，贸然提出的捐赠方案恐怕也难以"投其所好"，最后只能以失败告终。

非营利机构的筹款人员、管理层、理事会和志愿者可以计划各种形式的活动为可能捐赠者提供了解和参与机构的机会。培养捐赠者所需采用的具体方式方法和所花的时间长短是因人而异的，有的办法对某位捐赠者奏效，却并不一定适用于另一位捐赠者，必须根据可能捐赠者的特点区别对待，甚至专门定制，这一点对于高额捐赠筹款尤其重要。

当捐赠者培养达到比较"成熟"的阶段之后，也就是当他们和机构有了比较长期的接触，对机构有了较深入的了解之后，机构就可以开始向可能捐赠者正式介绍有关机构业务方面的事务（briefing）。这其实是将泛泛的人际交流逐步转向比较严肃认真的有关机构运作的话题（a business conversation）。这可以包括向可能捐赠者介绍机构最新制订的战略计划、机构发展所面临的机遇和挑战、项目的运行情况，以及筹款的理由等，在提供信息的同时征求对方的意见。通过这样的对话，可能捐赠者可以更深入地了解机构的目标，也感觉自己是受到机构重视的一分子，拥有为机构发展献计献策的特殊机会。一些经常从事公益活动的有经验的可能捐赠者也自然能从这样的对话中领会机构的劝募用意，开始思考个人捐赠的问题。

筹款的第五步是向可能捐赠者提出捐赠请求（solicitation）。提出捐赠请求可以通过直邮、电话、网络和社交媒体等直接反应式法，也可以通过特别筹款活动的平台，但是对于较高金额的筹款，面谈往往是最为根本、最为有效的形式。在面谈之后还需跟进，等获得对方明确答复并留下书面承诺之后，筹款才算真正结束（close the gift）。一些数额较大、较为复杂的捐赠还需签署正式的捐赠合同。

在筹款结束之后，非营利机构所要做的第六步是要对捐赠者认可和问责（recognition and stewardship）。问责性的核心是要履行对捐赠者的承诺，将善款用到实处，感谢捐赠者，兑现捐赠认可的内容（如命名权等），以展现赠款的影响并鼓励更多捐赠者的加入。良好的问责性可以树立机构的声誉，促动平时的一般捐赠，并且培养下次的高额捐赠。有了与机构打交道的美好经历，捐赠者才有可能成为

"回头客"，为机构继续提供更多的支持。在接受捐赠者问责的基础上，机构应该将捐赠者重新当作未来的潜在捐赠者，继续培养他们和机构的关系，再次进入耕耘培养的步骤。这样便形成一个循环流动的筹款过程。

二　从获得捐赠到捐赠升级

筹款工作可以分为两大部分。一是要让从来没有给机构捐过钱的人成为捐赠者，并且使他们能够长期重复地提供捐赠（acquire and keep donors）。二是要让现有的捐赠者提供金额更大的捐赠，将捐赠不断"升级"（upgrade donors）。

每一家非营利机构都在努力建立一个广阔扎实的捐赠者基础库（donor base）。从财务上来讲，建立捐赠者基础库的回报功效是双重的。一方面，基础库拥有大量的、赠款额度较低的捐赠者，他们能够为机构提供相对稳定的收入，而且那些捐赠者还会介绍更多其他捐赠者加入。另一方面，基础库中的部分人会提供越来越多的捐赠，最终成为机构的高额捐赠者。在筹款中，高额捐赠和遗产捐赠占赠款总额的大部分。

建立扎实的捐赠者基础库是一项劳动力密集型的工程，需要筹款工作者坚持不懈的毅力和对细节的高度关注，也需要机构在前期投入一定的资金来构建筹款的基础设施。用来获得首度捐赠者常用的筹款方略包括直邮、电话、网络、社交媒体、特别活动和入户接触等，这些方式面向大众，采取"统发"战略，能够尽可能多地接触到可能捐赠者，为他们提供有关机构的信息，引起他们的关注，激发他们的第一笔捐赠，这是建立捐赠者基础库的第一步。除非是特殊的个人情况，人们提供的第一笔捐赠往往不会是倾其所有的高额捐赠，但是这些捐赠为发展高额捐赠提供了不可或缺的根本基础。

随着那些捐赠者对机构的逐步了解，他们与机构的关系日益密切，每年为机构提供一定数额的赠款或许已经成为他们的一种生活习惯，甚至列入了他们个人和家庭的年度财务计划。这时候，非营利机构就可以考虑向他们提出捐助更多金额的请求。筹款中的一大真理是，最有可能捐钱的人是曾经给机构捐过钱的人。因为这些人既然已经提供过捐赠，就说明他们对机构已产生了兴趣和好感，正如一位资深筹款者所言："任何为我们提供低额捐赠的人，都是有可能会提供高额捐赠的可能捐赠者。"研究表明，那些长期的、忠诚的较低金额的捐赠者最有可能将他们的终生遗产赠送给非营利机构，提供极为宝贵的高额捐赠。筹款者的目标是进一步拉近他们与机构的距离，使捐过 100 美元的人下次能捐 1000 美元，使连续 5 年捐 1000 美元的人下次能为机构的某一特别项目捐 5 万美元，也就是使他们从普通捐赠者升级为高额捐赠者，从机构的一般支持者升级为核心力量。非营利机构要努力使自己成为捐赠者心目中最心爱的机构，让你的捐赠者说："我最愿意为这家非营利机构解囊出力"，"这家机构得到了我最大的一笔慈善捐赠"。这才是成功筹款所应达到的效果。

很多用于获得首度捐赠者的方法也同样适用于保持及提升捐赠额度，然而，希望获得的捐赠金额愈高，非营利机构所应采取的劝募方略就要愈加个人化。对于高额捐赠的劝募而言，通常采用的是个性化的信件和面对面的交谈等有针对性的方式，注重的是培养个人关系。倘若要获得计划性捐赠（如遗产）和资本捐赠（即用于扩大机构资产而提供的高额捐款），利用个人关系进行面谈几乎是唯一的途径。图 5-2 勾勒出由小到大不同级别的捐赠类型及其主要的筹款战略，体现了捐赠者从最初提供一般的年度捐赠到提供高额捐赠，再到提供资本捐赠，以及最终进行计划性捐赠的不断深入参与机构公益事业的过程。

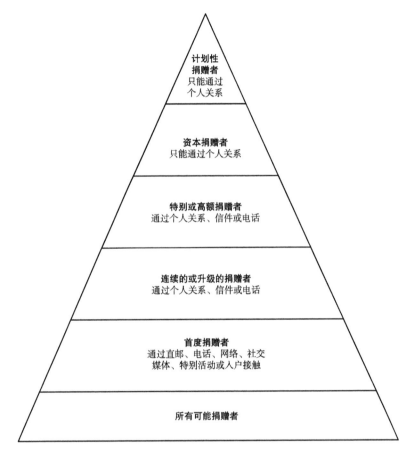

图 5 - 2 捐赠类型及其主要筹款战略

来源：美国印第安纳大学筹款学院，2002。

一般而言，非营利机构的财务需求可以总结为四大部分：维持日常项目运作的需要、实现特别目标的需要、资本需要，以及建立捐赠基金的需要。与此相适应的四大筹款项目分别是年度基金（annual fund）、特别/高额捐赠（special/major gifts）、资本筹款活动（capital campaign）和计划性捐赠（planned giving）（在本书第二部分有详细介绍）。只有多样化的筹款项目才能服务于各种不同类型的捐赠，从而构筑起稳固的捐赠者基础库。金字塔中每一层的捐赠者，其实都是上面一层捐赠额度的可能捐赠者。

有不少非营利机构依赖于年度直邮和特别活动等低端筹款方式，靠年度基金维持运作，不重视或缺乏能力去开发影响力更大、可支持特别项目的高额捐赠，以及能够改变整个机构发展前景的资本和计划性捐赠，从而丧失了许多长远的筹款机遇。高度依赖年度基金运作的非营利机构每年都只能挣扎于筹措这一年的活动经费，一年过去了又赶着筹下一年的经费，这样的运作方式局限了机构的发展潜力。完整的筹款运作方案应该包含所有筹款项目，并把它们整合起来。筹款不仅要做到把网撒大，保证机构的大门向所有可能捐赠者敞开，还要对自己的宗旨和项目充满自信，勇于邀请人们提供高额捐赠，通过完整的筹款方案获得比一般机构多得多的赠款。

综上所述，年度基金为非营利机构建立起一个广大的捐赠者基础库，是成功筹款最根本的"地基"。在此基础上，许多捐赠者会连续多年为机构捐钱，其中有些捐赠者还会愿意为机构的特别项目提供高额捐赠。年度基金和高额捐赠为机构时而开展资本筹款活动奠定了基础，通过资本筹款活动能够扩大机构的资产，为机构争取可持续发展。从大多数捐赠者的行为习惯来看，他们的捐赠总是从金字塔的底部逐步上升到顶端，金额由小变大，通过"参与的共同社区"（communities of participation）培养起对机构的认同感，最终为机构提供难能可贵的高额捐赠[1]。非营利机构在设计和运作筹款项目时都应该意识到有这样一个基本规律。

---

[1]　保尔·苏维旭（Paul G. Schervish）：《倾向、义务和组织：我们所知道和我们需要知道的捐赠者动机》（"Inclination, Obligation, and Association: What We Know and What We Need to Learn about Donor Motivation"），德怀特·伯林格姆（Dwight F. Burlingame）编《筹款中的关键问题》（*Critical Issues in Fund Raising*），纽约，Wiley 出版社，1997。

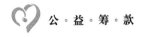

三 行动，行动，行动！

一位在美国非营利部门从事筹款咨询30余年的资深顾问说过一句十分精辟的话："这个行业靠的就是行动。"这里的行动指的是围绕可能捐赠者这一中心所展开的一系列行动步骤，也就是上文所介绍的筹款过程和战略。

唯有行动，才能对可能捐赠者进行"移动管理"，将筹款从对可能捐赠者的研究和评估阶段推向获得捐赠的成功。唯有行动，才能建立起捐赠者基础库，并从中培养出愿意为机构提供高额捐赠、支持机构长远发展的捐赠引领者，将捐赠者从金字塔的底部移动到顶端。唯有行动，保持与可能捐赠者的持续互动、沟通和适时让正确的人提出捐赠请求，正是筹款者的基本工作内容。唯有行动，同捐赠者打交道，保持交流，正是许多筹款者喜欢和选择这份职业的原因。

"行动"就是实现募款的各种流程管理计划操作化。在一个有效运作的合作发展办公室里，负责与捐赠者直接打交道的筹款专员经常是不见踪影的——他们不会终日待在办公室里，因为他们将大多数时间花在拜访捐赠者、向捐赠者做工作的任务上。与捐赠者直接会面和交谈，是促进相互了解的无可取代的最佳途径，从中获得的特殊信息也是从任何公共渠道收集到的背景研究所无法涵盖的。双向沟通可以帮助筹款者判断提出捐赠请求的成熟时机，明白可能捐赠者对机构的捐赠兴趣所在，这一切全然不是坐在办公室的电脑前就能搜索得到的。最后，非营利机构需要提出捐赠请求，没有开口提出募捐请求的实际行动，即便拥有人世间最详尽的研究结果或最完美的筹款计划，都将只是一纸空文。

本书接下来的内容将为筹款者的行动提供更多指南。第二部分将详细介绍非营利机构该如何设立年度基金、高额捐赠等专业的筹款项目，这些项目的结构及所需的基础设施，以及各自的优势和对机构发展的战略意义。尽管不是所有的机构都有能力完整运作这些筹款项目，但是每一家机构都应该在运作年度基金的基础上，把发展高额捐赠和计划性捐赠作为奋斗的目标，这样有助于降低筹款的成本，让劝募行动为公益事业带来更大的回报。

第二部分　设立专业的筹款项目

第六章　年度基金

在美国，大学毕业后，校友们每年都能收到从母校寄来的不止一封的劝募信，希望他们能为母校提供年度捐赠。如果捐赠达到一定额度以上，就可以成为某一捐赠圈或团体（giving circle）的会员，享受作为捐赠者的特殊"待遇"，校方以此表达对捐赠人的感谢和认可。

在美国的日常生活中，人们还会收到不少来自各种相关非营利机构类似的劝募信件。在电子通信时代，非营利机构也通过发送电子邮件或电子期刊的方式向可能捐赠者传达信息，提出募款请求。从11月底的感恩节到12月底的圣诞节期间，更是各家非营利机构进行年度筹款的高峰期，通常称为"岁末劝募"（year-end appeals），其形式创意百出。例如，国际扶贫帮困组织救世军（The Salvation Army）每年在圣诞前夕举办活泼生动的"红铅桶"筹款活动，由志愿者在马路边伴着圣诞歌声，摇着小铃铛，热情地请求路人在小小的红铅桶内为穷苦人群留下捐赠，好让他们过上一个不愁温饱的新年。

许多非营利机构每年会举办年度特别筹款活动。特别活动内容丰富、形式多样，最为常见的是年度筹款晚宴。晚宴入场费用的绝大部分金额属于捐赠者的赞助。在晚宴上，非营利机构常为一些知名人士颁奖，一方面吸引人们参与，另一方面也能获得这些知名人士的捐赠。晚宴上常有公开的劝募和义卖活动，以进一步达到募款目的。特别筹款活动是美国人社交生活的重要组成部分。

图 6 - 1　救世军的志愿者在纽约路边进行岁末筹款

劝募信件和电子邮件、上门或街头筹款、特别活动、电话筹款、网络和社交媒体筹款、宗教场所里摆放着的募捐箱、与捐赠者面谈……所有的这些筹款方式，都可以服务于一个目的——资助机构的年度基金费用。所谓年度基金（annual fund），就是支持非营利机构日常运作成本及运行现有项目所需的经费，是非营利机构维持正常生存和工作的"基本能源"。我们在第五章中已经提到，年度基金为非营利机构构建起一个捐赠者群体，是成功筹款和发展其他筹款项目的最根本的"地基"。年度基金也是获得宝贵的非指定性捐款的主要来源之一，因为很多年度捐赠只是针对该非营利机构的捐赠，而不是针对某个具体的项目。因此，对于许多非营利机构而言，年度捐赠是最重要的捐赠类型。

非营利机构年度筹款项目的目的不但包括寻找和获得新的捐赠者，也包括维系和升级已有的捐赠者。[1] 运作年度基金需要时刻记住三大工作重点：确保捐赠，重复捐赠和增加捐赠。年度筹款项目是邀请、融合和巩固非营利机构支持者群体的最佳战略。

一　年度基金是非营利机构运作的基础

年度基金不仅为非营利机构提供每年的运作成本支持，同时也是得到新的捐赠者、获得现有捐赠者的重复捐赠，以及增加捐赠者捐赠额度的特殊筹款战略。大部分高额捐赠者都来自于年度基金的捐赠者群体，因此，第二部分其他章节所要介绍的用来获得高额捐赠的筹款项目，都是在年度基金的基础上建立起来的。年度基金是非营利机构各类筹款项目成功运作的关键。

对于非营利机构的运作而言，每一笔捐款的实用价值也会有所不同。其中最有用的捐款是"非指定性的"（unrestricted），这种资金能够用于实现机构宗旨的任何方面，不仅可用来支持项目，还可用于承担日常的行政开销，从而提供最大的机动性。另一种捐款是"指定性的"（restricted），即定向的专款专用，由捐赠方指明用于某一特定的项目。如果非营利机构完全依靠指定性的捐助的话，日常的运作经费就会成为问题。非指定性捐赠是非营利机构最需要的资源和"最好的朋友"。年度基金的一大优点也在于它所获得的捐赠尽管个体数额不大，却有相当一部分是非指定性的，多笔较低金额的捐款累计起

---

[1]　詹姆斯·格林费尔（James M. Greenfield）:《筹款基本点：为专业人士和志愿者提供的年度捐赠指南》（*Fundraising Fundamentals*: *A Guide to Annual Giving for Professionals and Volunteers*），第二版，纽约，Wiley 出版社，2002。

来，就能够为非营利机构的日常运作提供关键的资金来源。

在这里需要说明的是，美国非营利部门没有收取"管理费"这样的概念，但是非营利机构运行项目需要行政成本（general operating expenses，或称 overhead，administrative costs），用以支付员工工资、办公场地租赁和水电费等基本运行费用，这是客观存在的需要，公众对此也有共识，捐赠者会愿意提供善款支持机构的日常运作。在专项捐赠中，部分资金也必定要花在设计和执行项目的人力和资源成本之上，而不是直接投入慈善项目本身，非营利机构在提出劝募数额时一般要将这些成本考虑进去，并将成本控制在合理的范围内，向捐赠者体现机构工作的高效和有效性；捐赠者在提供赠款时也要明白资金的使用去向，在达成共识的基础上作出公益投资的决定。

人们的捐赠兴趣是要培养的，让人们参与非营利机构的最基本方式就是邀请他们为年度基金提供捐赠。筹款本身就是创造一个让可能捐赠者进一步了解机构的过程，从而使他们愿意支持机构的工作。

正因为如此，一个非营利机构的年度基金远远不是由特别活动、直邮、电话、电邮、网络等各种不相干的筹款行动混合而成的综合体。相反，有效的年度筹款基于战略性的周密计划和谨慎执行，只有这样才能培养出一批志愿为机构出钱并出力的支持者群体。

概括地说，募集年度基金的主要目的包括：

（1）为机构日常运作筹措指定性和非指定性的资金。

（2）寻找和获得新的捐赠，确保已有的捐赠，并试图增加捐赠额度。

（3）建立和发展捐赠者基础库，不遗漏任何潜在的捐赠者。

（4）为机构支持者提供信息，提供各种参与机构活动的机会，以增进友谊。

（5）通过定期提出捐赠请求，建立起机构支持者的捐赠习惯，并鼓励他们的高额捐赠行为。

（6）将年度捐赠者群体作为研究和确定潜在高额捐赠者的数据库，与其他筹款项目协调，将年度捐赠者转化为高额捐赠者，扩大机构的总体收入。

（7）逐步培养引领性捐赠者，他们不仅具备提供高额捐赠的经济能力，还能帮助寻找和激励其他捐赠者。

（8）通过年度报告等形式保持向捐赠者问责，经常表达对捐赠者的感谢和认可。

二 如何"盘算"筹款

在计划年度筹款的时候，筹款者应该对如下问题做到心中有数：捐赠总额至少需要多少？每一捐赠额度大体如何？需要多少笔捐赠？为此总共大约需要多少可能捐赠者？是否可以找到足够的捐赠者？在能够胸有成竹地回答这些问题之后，非营利机构才能定下切实可行的年度筹款目标。

捐赠列表（gift table，或称 gift chart）可以用来帮助制订筹款计划。这一方法最初是用来规划非营利机构的资本筹款活动的，不过如今也普遍适用于年度基金的筹划，因为其筹款的本质思路都是相通的。

使用捐赠列表的出发点是帮助人们了解要达到筹款目标所需的捐赠数量和质量。这一方法的基本假设是：非营利机构的大部分资金来自于少部分人。无论赠款的金额大小，机构所花费的精力和成本是相差无几的，所以相比之下，筹措低额捐赠的成本比例高、效率低、影响小，而高额捐赠往往能够决定筹款的成败。所以，筹款的重点通常应该是那些金额较大的捐赠。在制定筹款计划的过程中，也应首先关注机构是否具有获得较大捐赠的能力，重在捐赠的个体质量，而非总的活动量。这才是务实的筹划方式。

表6-1举例说明了一家小型非营利机构的年度基金。机构将年度筹款的目标定为6万美元。从表中的计划我们看到，从10%的捐赠人中所筹到的款额占筹款目标总额的60%[①]，接下来20%的捐赠人所提供的款额占筹款总目标的20%（这一比例一般在15%～25%的范围内比较合理），剩余70%的捐赠人所提供的款额占筹款总目标的20%（这一比例一般也应在15%～25%的范围内浮动）。为了获得两笔3000美元的最高捐赠，机构就得有大约10位有能力捐出这笔钱的可能捐赠者（采取5∶1的可能捐赠者和实际捐赠者比例）。以上这些数字都符合筹款中通常会发生的情况。这说明，大多数捐赠都是较小数额的，但是非营利机构的大部分收入来自那些少量的、大笔的捐赠。

表6-1告诉我们，机构需要222位可能捐赠者来实现60%的筹款目标。此刻，筹款者需要反思，机构是否拥有如此多的可能捐赠者来提供至少250美元以上的捐赠？如果答案是肯定的，那么捐赠者就应该加紧制订和推动提出捐赠请求的计划，决定谁、采取什么方式以及什么时候分别向哪位可能捐赠者提出募款请求。如果筹款者无法确定较高额度捐赠（1500美元和3000美元）的可能捐赠者，那么他们就应当慎重衡量一下6万美元的筹款目标是否能够实现。筹款者还可以在捐赠列表中增加可能捐赠者一栏，将每一捐赠额度的可能捐赠者

[①] 在业界中普遍接受的观点是，非营利机构捐赠基础库中3%～5%的捐赠者具备提供较高额度赠款的能力。

名字填上去，便于参考。捐赠列表可以激发人们的思考，以较为全面的视角来分析筹款的现实。

表 6 – 1　年度基金捐赠列表示例（筹款总目标为 6 万美元）

单位：美元

捐赠额度	捐赠人数	累计捐赠人数	可能捐赠者人数	累计可能捐赠者人数	各捐赠额度的捐赠量	累计捐赠量
3000	2	2	10(5:1)	10	6000	6000
1500	4	6	20(5:1)	30	6000	12000
750	12	18	48(4:1)	78	9000	21000
500	18	36	72(4:1)	150	9000	30000
250	24	60	72(3:1)	222	6000	36000
10% 的捐赠人					占筹款总目标的 60%	
100	120	180	360(3:1)	582	12000	48000
20% 的捐赠人					占筹款总目标的 20%	
低于 100 *	420	600	840(2:1)	1422	12000	60000
70% 的捐赠人					占筹款总目标的 20%	

* 平均捐赠额度：约 28.6 美元

捐赠列表的制订过程反映了筹款中的一些普遍原则，然而它也是一种灵活机动的工具，应该根据机构的实际情况进行相应的调整。例如，可能捐赠者与实际捐赠者的比例可以根据机构捐赠者基础库的状况加以调整，而每个捐赠额度及其所需的捐赠者人数也可根据实际需要稍作改动。

三　筹款有效性的阶梯

做过募款工作的人都有这样的经验，提出捐赠请求的方式不同，筹款的效果也会有所不同。图 6 – 2 按有效性程度列出了九种筹款方式，它们的有效性会自上而下递减。安排与可能捐赠者社会地位和财

力相当的人和可能捐赠者进行面谈是最有效的提出捐赠请求的方式，通过大众媒体广告和网络则筹款效果最不显著，这些区别在高额捐赠筹款中尤其明显。募款时所要求的捐赠金额越高，筹款方式就越依赖于个人关系。

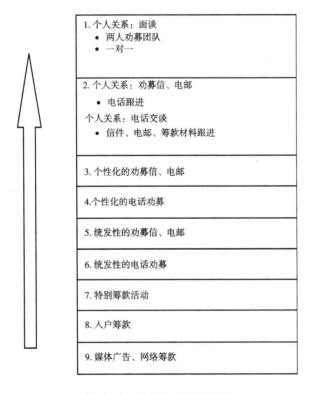

图6-2 筹款有效性的阶梯

资料来源：美国印第安纳大学筹款学院，2002。（略有改动）

通过个人关系进行面谈：人们为非营利机构捐钱，往往不是因为机构本身需要钱，关键是因为有合适的人代表公益事业向他们"要钱"。人们事实上是向代表着公益事业的人捐钱。因此，通过个人关系与可能捐赠者面谈是最为有效的筹款方式，选择正确的人提出捐赠请求至关重要。

　　拜访可能捐赠者，并提出捐赠请求的最佳组合是两个人。一位是与可能捐赠者社会地位和财力相当的志愿者，他和可能捐赠者的关系最密切，往往已经为机构捐了钱，能够带动说服对方的加入。另一位陪同去的可以是机构的员工，如执行总监、合作发展主任或项目负责人等，他的主要职责是回答有关项目和捐赠的具体问题，与志愿者配合好提出捐赠请求，并组织会面结束后的跟进工作。如果一个人能同时兼任以上任务，那么采取一对一的面谈方式也是可行的。

　　通过个人关系写信或打电话：筹款者写信给他的朋友、同事或家庭成员，提出捐赠请求。在信寄出若干天后若没有回音，再打电话跟进。如果在几次跟进之后还是没有回音，则大多说明对方兴趣不大。反过来，筹款者也可以先打电话，再以信件或电邮的方式跟进，提供更多有关项目和捐赠的背景材料。在很多情况下，跟进是极其重要的环节，人们愿意捐钱经常是出于对跟进的一种反应，这表现出了筹款者的坚持、诚挚、紧迫感和专业素养。

　　以上提到的两种方式都要求个人关系和跟进步骤。对于表6-1中举例的这家小型非营利机构而言，前78位能捐出750美元以上的可能捐赠者都需要采取高度个人化的筹款方式，至少是通过个人关系安排面谈或电话交谈，否则就很有可能失去这些关键捐赠者。如果有条件的话，这些高度个人化的方式最好也能运用到所有能捐出250美元以上的可能捐赠者中。这些可能捐赠者对于机构都很有价值，如果采取统发性的筹款方式将是一个莫大的战略失误。我们必须意识到，阶梯越往下，获得捐赠的可能性越会大大降低。

　　个性化的劝募信和电邮：当筹款者确定了需要通过个人关系进行拜访、通话或写信的可能捐赠者名单之后，余下的大部分捐赠者基础库可以通过个性化的信件或电邮实行劝募。所谓个性化，即不能是

"统发稿"，而是必须要写上可能捐赠者的名字和地址，针对不同的捐赠者群体，措辞和行文也会有所不同。在美国，非营利机构利用个性化的电子邮件筹款已经十分普遍。一般而言，信件更正式庄重一些，而电邮则更快捷直接一些，机构应根据可能捐赠者的喜好决定是使用传统的信件还是通过电邮。

个性化的电话：不如劝募信和电邮使用普遍，效果也差一些，有更多难以控制的随机因素会导致失败。一般更适合作为跟进方式。

统发性的劝募信和电邮：这种方式通常也称为"直邮"。尽管直邮并不算一种相当有效的筹款方式，但它是以最低成本接触最大范围的潜在捐赠者的办法，是获得新的捐赠者的有效途径，因此在筹款中具有特殊的地位。

统发性的电话劝募：随着人们生活方式的转变，这种方法运用得越来越少了。给不认识的人唐突地打电话很容易遭到拒绝，甚至起到反作用。

特别活动：特别筹款活动的功能不仅在于劝募，更在于提升机构的社会知名度和影响力，通过特别活动还能感谢机构的捐赠者、志愿者和其他支持者，增强社区和媒体公关，结交新朋友。特别活动的筹款成本比较高，而且需要投入大量的人力和时间进行筹备和策划。但是由于特别活动除了募款以外所具有的各种综合功能，它仍然是许多非营利机构所热衷的筹款方式。

入户筹款：在今日的美国，入户筹款已经很少使用了。这种人力耗费很大的方法，即便还在使用，大多也只能用于当地社区邻里之间筹措资金。在复杂大都市的陌生人社会里，入户劝募已经不太可能。

媒体广告和网络筹款：在电视、广播和报纸上张贴广告，成本十分高昂，一般只适用于能够引起人们强烈情感反应的重大事件，如自然灾害等。这通常有利于加强公共关系、联系社区，却不能为筹款带来直接的收益。

本书第四部分将详细介绍如何运作这些常用的筹款方式。

四　募集年度基金的工作日历

筹款是非营利机构管理工作的重心。可以说非营利机构每天都应该筹款，募集年度基金是一项"永不停息"的工作。在实际操作中，非营利机构需要根据一年中不同月份和季节的特点，有计划地安排筹款的各项工作，保证有充裕的时间开展规划、研究、召集志愿者、培养捐赠者、提出捐赠请求等各个筹款步骤。

例如，在美国，七、八月份是大多数人选择外出度假的时候，提出捐赠请求的进度可能会有所放缓。但是夏天却适合于拜访捐赠者和潜在捐赠者，培养同他们的关系，也是总结工作进度、规划下半年任务的缓冲时机。

通过面谈、信件、电话、特别活动和向基金会或政府部门递交资助申请，一般都以一年为周期。筹款者需要明确向主要可能捐赠者提出捐赠请求，以及确定每笔捐赠的时间表。筹款者也需要仔细选择分发劝募信件的时机。一些信件的目的在于获得新的捐赠者，一些信件是为了保持并增加已有捐赠者的捐赠额度，还有一些信件是为了某些特别项目筹款，这些都需要分批发送。

年度基金的日程还包括选择合适的时机举办特别活动。一些活动纯粹是为了筹款，一些活动主要是为了提升机构的形象和知名度，还有一些活动注重娱乐性，为的是征集、拉拢和感谢志愿者。如果时机选择得不恰当，或者筹备时间不充分，都会直接影响到活动的质量和效果。

五　创造性地认可年度捐赠者

筹款是一项富有创造性的工作，能够体现这份创意的便是通过采取各种方式来感谢和认可捐赠者，从而起到吸引捐赠，接受捐赠人问责的目的。

非营利机构首先应根据自身情况确定年度基金的赠款额度。这主要取决于机构对自身可募集到的高额捐赠的自我定位。如果对一家机构而言，所有 2500 美元或以上的赠款属于高额捐赠，那么任何 2500 美元以下的赠款都应算作年度捐赠。同样，如果这家非营利机构的高额捐赠定位在 25000 美元或以上，那么任何 25000 美元以下的赠款都可算作年度捐赠。

在确定了年度捐赠的额度之后，非营利机构需在年度基金项目内设置"分级制度"（tier system）。也就是说，提供不同资助额的捐赠者将荣获不同级别的认可（recognition level）和不同程度的捐赠"收益"（benefits）。

例如，在美国哈佛大学，连续五年为年度基金提供赠款的捐赠人（或者毕业 10 年之内连续三次捐钱的捐赠人）就有资格加入"1636 社团"（1636 Society，哈佛大学创办于 1636 年，故得此名），新会员将收到欢迎信及证书，捐赠者的名字将列在 1636 社团的网站上。年度赠款超过 1000 美元的捐赠者即成为"合作人捐赠"团体的一员（Associates），捐赠者的名字将刊登在哈佛年度捐赠报告之中。年度捐赠超过 5 万美元的捐赠者被誉为"哈佛后院社团"会员（Harvard Yard Society），将被邀请参加这一社团的特别晚宴，与校长和人文科学学院院长见面，还能收到来自院长的特别捐赠报告。以此类推，哈佛年度基金设计了包含至少 10 个级别/次级别的捐赠认可项目。

　　创造捐赠分级制度至少有三大好处。首先，这样方便于非营利机构把类似捐款额度的捐赠者作为一个群体进行统一的认可，也能为捐赠者创造一种归属感。当人们得知除了自己之外，还有许多跟他一样的捐赠人时，会对自己的慈善行为倍添信心。其次，这种方式向可能捐赠人发出了公开的慈善邀请，有助于鼓励捐赠。同时，这也有助于推动捐赠人捐出更大的金额，因为更高额度的赠款能带来一目了然的更高级别的认可和更多的益处，是非常符合逻辑的行为。最后，分级系统是筹款者在向可能捐赠者提出增加捐赠请求时的参考依据。有了正式的分级系统，筹款者就不是在任意地希望人们多捐钱，而是有理有节地邀请人们参与一种制度，为机构提供有意义的捐赠，享受机构特地准备的透明有序的认可和问责规定，这是非营利机构管理有效、具有专业性的表现。

　　因此，非营利机构在创立了捐赠分级制度之后，必须兑现对捐赠者的这些承诺，系统性地感谢和认可捐赠者，接受捐赠者的问责。机构必须具备人力和基础设施，在获得捐赠后马上向捐赠者发出确认信和感谢信（在美国，捐赠确认信往往是捐赠者报税时获得优税待遇的凭据）。如果捐款是多年期付清，那就应该定期提醒捐赠人付款。例如，机构可以规定 500 美元以下的捐赠者将在 24 小时之内收到捐赠确认信，随后收到跟他打交道的筹款专员的个性化的感谢信。500 ~ 2500 美元之间的捐赠者不仅会收到确认信和筹款专员的致谢电话，还会收到来自合作发展部主任的感谢信。2500 美元以上的捐赠者则会收到来自执行总监的感谢信，等等。这只是个例子，非营利机构可以自行调整。关键在于非营利机构要设定一个清晰、可行、吸引人的捐赠分级制度，并且对待每种级别的捐赠者都要有一套系统性的认可标准。

　　除了最基本的表达感谢和认可的电话和信件往来之外，非营利机构还需要确定和管理不同级别捐赠者所能获得的益处。例如,在全世界最大的艺术表演会场——美国林肯表演艺术中心,捐赠 200 ~ 2000美元可成为"林肯中心之友"(Friends of Lincoln Center),其益处包括在一年内有机会参加会员才有资格观看的内部彩排、获得票价折扣和在艺术中心周围一些店家的购物折扣、免费收到每月演出的节目预告单等。而捐赠在 3000 ~ 15000 美元之间则可成为"理事长委员会"(Chairman's Council)的一员,其中具体多样的益处分类如下①。

银级:3000 美元

- 观看演出时能享受专门为捐赠者提供的服务
- 可获得演员休息室的两张晚餐券
- 观看特别彩排
- 观看季节性节目的特别介绍
- 优先收到有关中心活动和节目的最新信息
- 在莫扎特音乐节期间可享用捐赠者休息室
- 捐赠者名字将列在节目单、年度报告及网站上
- 参加中心年度筹款晚宴
- 订购每月演出的节目预告单
- 在指定餐厅享受折扣

金级:6000 美元

享受所有银级待遇,另增:

- 另加两张演员休息室晚餐券
- 在莫扎特音乐节期间参加音乐会、幕间休息/表演结束后的招待会

---

① 见林肯中心网页:https://tickets.lincolncenter.org/chairmans-council,2013 年12 月。

- 参加幕后特别活动的机会
- 在中心停车场预留停车位

白金级：10000 美元

享受所有金级待遇，另增：

- 参加中心音乐节和莫扎特音乐节期间的各种特别活动

钻石级：15000 美元

享受所有白金级待遇，另增：

- 与中心总裁或理事长共进午餐或晚餐

向捐赠者表达感谢和认可的最基本也最有意义的方式是打电话或写信。许多捐赠者其实并不一定在乎获得以上列出的种种益处，极少有捐赠者是冲着这些收益而提供捐赠的，但是在机构可以管理和落实的情况下，应当尽量为捐赠者提供多样的益处和回报。无论捐赠者是否真正使用到了这些小小的实惠，从他们的心理上来讲，这总是一件温暖心田、令人愉悦的事情。这说明机构有一个周到殷实的捐赠者认可计划，正在真诚地感谢并切实地尊重每一位捐赠人。所以各种感谢、反馈的创意对于一个非营利机构而言是非常值得花心思去做的。

第七章将在年度基金的基础上，介绍如何设立和运作能为非营利机构带来更大收益的高额捐赠项目。

第七章　高额捐赠

笔者曾经在一家美国慈善机构担任顾问，为它制订全面的筹款计划。这家慈善机构有近百年的历史，拥有许多忠诚的志愿者和支持者。但是由于长期以来高度依赖于创办人提供的捐赠基金来获得运作经费，机构内部缺乏捐赠文化，它没有正式的年度基金，更没有高额捐赠项目，等于没有自我造血机制。在 2008 年美国金融危机期间，其捐赠基金的投资回报受到了很大的冲击，资产收益大幅缩水，机构不得不削减慈善项目。这促使机构领导层意识到倚靠某个单一资金来源维持运作的模式风险高且不稳定，机构因此决定发展筹款项目。

笔者在研究这家机构的理事会成员和志愿者背景时发现，机构的支持者中不乏具有经济实力的人，多年来他们为机构也提供了不少笔捐赠，但是他们的平均年度赠款额不超过 5000 美元。我对他们一一进行了采访，询问他们之所以未曾给机构提供更高额度捐赠的原因，他们不约而同地表示："因为从来没有人向我们提出过这种请求，我们觉得这家机构似乎不需要高额捐赠。"

这一情况反映了许多非营利机构的普遍问题。筹款者要钱只是为了满足机构的近期利益或当下之需，而捐赠者捐钱仿佛也只是在履行一种义务，迎合机构短视的需求，更何况提供高额捐赠的重大决定往往不是自天而降的神来之笔，极少有捐赠者会在未经请求的情况下主动提供高额捐赠。这样，双方都很少去考虑机构的未来远景和长期需要，从而也就丧失了酝酿高额捐赠，让机构获得长足发展的机遇。

设立高额捐赠项目可以有诸多方式方法和管理方略来促成，但是高额捐赠成功与否的关键因素还是在于非营利机构对待筹款的态度和精神。高额捐赠来自于机构的战略性眼光，源于筹款者的尊严、信誉、热情和敬业精神。公益的力量是没有边界的，它唯一的界限是我们自己为非营利机构所强加设想的牵绊。只有真正信仰和热爱我们所从事的公益事业才能"感动上帝"，激励捐赠者做出意义深远的、最大化的公益投资，才能体现出公益的丰富内涵和强大魅力。

在高额捐赠中，我们强调的是"供应方模式"（Supply-Side Model），而不是传统的"需求方模式"（Demand-Side Model）。许多非营利机构的筹款工作习惯于建立在公益的需求方之上，关注的是社会和机构的需求，筹款者采取的是"申斥责备法"，跟一般肤浅的销售技巧没有本质区别。这种传统的需求方筹款模式无非是筹款者告诉人们机构需要些什么，带有挑战性地促动人们进行捐赠，指导人们该捐给什么项目，什么时候捐，要多捐一点，甚至有时候将人们的内疚感（"你来了这么多回，对我挺热心的，不能辜负你一片好心"）以及在朋辈压力中所产生的羞耻感（"人家都捐了，面子上过不去"）等心理因素作为引发捐赠的内在动力。

然而，进入 21 世纪以来，美国学术界提出了以捐赠者需求为中心的供方筹款模式。因为其实在整个捐助活动中我们会发现，公益投资是双方需求交换的过程——不但接受捐赠的组织和社会有这种需要，对于捐赠者来说，他们也有回报社会、实现自我的需求。人类的需求有不同的层次，物质财富越多，对精神、文化、社交和自我实现的需求就越强烈。特别是对于能够提供大笔捐赠的人来说，在社会交往和精神上达到自我实现的需求是非常重要的。高额捐赠筹款就是激发和满足人们对更高层面需求的关心。因此，从"供方"的"需求"出发来进行劝募已成为争取高额捐赠中屡试不爽的重要模式。波士顿大学财富与公益研究中心主任保尔·苏维旭（Paul G. Schervish）教授这样分析道：

> 供方筹款模式注重的是倾听捐赠者。筹款者向捐赠者提出问题，帮助他们思考财富的意义，思考怎样运用这些财富才能为捐赠者本人带来幸福感和成就感。只有尊重捐赠者的意愿和兴趣，才能为筹款者自己也带来事业上的长远成功和莫大的满足感。[①]

根据供应方模式，筹款者采用的是"洞察内心法"，试图真正地体恤和了解捐赠者的内心想法和兴趣：你的需要是什么？你最希望做的是什么？你希望去为别人做些什么？什么东西能给你带来深刻的自我认同感和成就感？筹款者的工作就是要发现捐赠者和非营利机构的目标和核心价值观所存在的交集与共鸣，筹款者需要用专业的技能，从供方需求出发，通过聆听捐赠者，洞察他们的意图来找到这个交集。一旦引起共鸣，捐赠者和非营利机构才能够携手合作，共同演绎一场美丽动人的"公益之舞"。高额捐赠是捐赠者表达对机构高度认同和信任的特殊方式。

---

① 保尔·苏维旭：《公益的精神地平线：金钱和动机的新方向》（"The Spiritual Horizons of Philanthropy：New Directions for Money and Motives"），选自于杰·登博尔、德怀特·伯林格姆编《了解捐赠者需求：慈善捐赠的供应方》（*Understanding the Needs of Donors：The Supply Side of Charitable Giving*），《公益筹款的新方向》（New Directions for Philanthropic Fundraising）第 29 期，旧金山，Jossey-Bass 出版社，2000。

机构所要求的捐赠额度越高，捐赠的质量就比数量更重要，捐赠者的个人兴趣在筹款中就越发成为关键。由于捐赠的数量较大，捐赠者必然会对他的捐赠承诺给予更多的独立思考，所以在高额捐赠中，遵循供方筹款模式是必然的发展趋势。对于劝募高额捐赠的筹款人员而言，他们的专业性表现为激发对方的公益热情，并使之融入到对方的理性思考之中。尊重捐赠者的需求是筹款者的职业精神，它不仅能够帮助筹款者获得业绩上的成就，并且建立起社会对筹款行业相应的尊重。一旦获得高额捐赠，非营利机构就相当于获得了捐赠人最由衷的赞美、尊重和对机构领导层与发展方向的信心。高额捐赠有可能产生马太效应，吸引更多的高额捐赠者，在这样的节奏中机构的支持者会越来越多，机构在财力和士气上都将得以壮大，筹款工作也因此乐趣无穷。

一　定义高额捐赠

非营利机构无论规模大小，都高度依赖于高额捐赠（major gifts）来完成年度筹款目标和取得资本筹款活动的成功。高额捐赠构成了整个捐赠金字塔的顶部，它能为非营利机构及其筹款项目带来深刻的影响，使非营利机构得以启动新项目，改进基础设施，并且为机构的重要组成项目提供永久性的捐赠基金，如果没有大宗资金支持，这些事情是无法落实的。而且，如果没有高额捐赠项目，非营利机构就必须依赖于低端的筹款方式——直邮、特别活动、网络筹款等来满足日常的运作需要，这些方法成本高、效率低、收益少。有效的高额捐赠项目能以最低的成本为机构筹措到最多的金额，这是高额捐赠对于任何非营利机构的核心意义。

尽管高额捐赠对于非营利机构的这些核心意义是一样的，有关高额捐赠额度的具体定义却在每家非营利机构中各不相同。对于某家非营利机构而言，1000 美元捐款或许就称得上是高额捐赠，而对于另一家非营利机构而言，至少 100 万美元以上的捐款才算得上是高额捐赠。目前，不少机构将占年度基金筹款目标总额 1% ~ 5%（或更多）的一笔捐赠称为高额捐赠，或将资本筹款活动中占筹款目标总额 0.5% ~ 1% 的一笔捐赠称为高额捐赠。有的机构将高于一般年度基金捐赠额 5 ~ 10 倍以上的捐赠列为进入高额捐赠圈的"入门捐赠额"[①]。重要的倒不是捐赠的具体数额定义，而是其核心涵义及其背后的募款理念。

高额捐赠可以以多种形式出现，它可以是现金、支票[②]、股票、债券、共同基金[③]或实物捐赠（如非营利机构运作所需的物资、艺术品或房产等）。在很多情况下，高额捐赠可以分期支付（multiyear pledges），如承诺 3000 万美元的捐赠，在三年内付清，每年付 1000 万美元。高额捐赠也可以通过计划性捐赠的渠道来提供，如遗嘱捐赠、慈善年金或慈善信托等。为捐赠者提供的可供选择的捐助方式越多样、灵活，越有利于鼓励他们提升捐赠额度。

高额捐赠的用处也是多元的。它可以是指定性捐赠，也可以是非

---

① 朱丽叶·沃克（Julia Ingraham Walker）：《高额捐赠》（*Major Gifts*），新泽西霍博肯市，Wiley 出版社，2006，第 2 ~ 3 页。

② 直接用现金和支票支付在美国一般称为"outright gifts"（完全而直接的捐赠），这种捐赠形式对于接受赠款的非营利机构来说最为便捷，但是不一定符合捐赠方的需要和主客观条件。

③ 向非营利机构捐赠增值的股票、债券或共同基金（统称 securities，即证券）在美国是一种常用的办法。由于公益性的非营利机构不必缴税，捐赠者通过股票等捐赠，不仅能免去赠款的所得税，也能免去自行销售增值的股票等所要缴纳的资本利得税。在美国通常的操作方法是，非营利机构在获得股票等捐赠后的当天即出售兑现，当然非营利机构应具备这种投资机制和管理能力，捐赠者根据交易当天所出售的市场价享受优税待遇。如果非营利机构推迟股票出售兑现的日期，机构则自行承担投资风险。

指定性捐赠；它可用于机构的特别项目，可用于机构的固定资产建设（如盖新楼这样的基本建设），也可投入到机构的捐赠基金中去。通常捐赠者的意图决定善款的去向。当然，非营利机构也有权拒绝捐赠者不合理或机构无法兑现的捐赠意向，机构应该与捐赠者共同商议高额捐赠的用法，找到"交集"，达成共识，满足双方互惠的需要。

二　谁最有可能提供高额捐赠？

前面的章节提到过，"合格"的可能捐赠者应当同时符合三个标准：与机构有关联、有提供所需资金的捐赠能力以及对机构从事的工作有兴趣。这三大标准在高额捐赠筹款中同样适用。

人们常说，一个人能否成功，不在于你知道什么，而在于你认识什么人。在筹款中亦是如此。所谓关联即机构的社会"关系"，这种关系往往是建立在人与人之间的，很多情况下是现有捐赠者所介绍来的关系，像滚雪球一样堆积延伸。借助于关系，机构才有机会认识可能捐赠者，才有机会与他们安排会面，让他们了解机构，向他们陈述筹款理由。关系提供了一种信任，大大缩短了社会距离和沟通成本。恐怕世间所有的公益团体都希望能够得到像比尔·盖茨和沃伦·巴菲特等首富的直接捐助（它们当然都可以向盖茨基金会递交申请），但是缺乏这种人际关联，哪怕对方再富可敌国，公益兴趣再广泛，也只能是遥不可及的空想中的捐赠者。

捐赠的能力是指可能捐赠者的财力，财力是捐赠的基础。倘若机构需要百万元以上的单笔捐赠，那么可能捐赠者至少需要拥有10亿美元以上的资产净值，否则要他马上拿出这笔钱会比较困难。真正有钱的人是那些已经完全能够满足自我物质生活享受的需要，并且不再花精力积累财富的人①。这样的人有能力改变和影响世界，能够通过公益捐赠留下流芳百世的生命印记。筹款者可以通过研究评估对方的财力，通过询问机构的关系网了解到更详细更真实的情况，收集显示对方财力的信息指标（wealth indicators）。我们将在第十二章深入讨论向个人募款方略时更详细地介绍捐赠者研究的方法。

对公益慈善和对机构工作的兴趣是成为可能捐赠者的另一必要条件。即便是世界上最富有的人，如果不热衷于公益事业，不慷慨大方，极少捐钱，或者对机构所从事的公益项目没有兴趣，那么他们也不太可能提供高额捐赠。兴趣是建立在对信息的掌握之上的，如果他们对公益和公益组织一无所知或知之甚少，自然就不会有兴趣和利益关系。只有知道并有了兴趣之后，才有可能参与。在可能捐赠者研究中也需要收集显示对方公益兴趣方面的信息指标（philanthropic indicators）。筹款者应该将更多的精力和注意力花在那些注重精神生活、热爱慈善活动、会对自己机构有信心有感情的可能捐赠者之中。

前文所讨论的一些寻找可能捐赠者的原则也同样适用于高额捐赠筹款。筹款者首先要从机构的"自然合伙人"（natural partners）中寻找高额捐赠的可能捐赠者。最有可能捐钱的人是曾经给机构捐过钱的人，而那些连续多年为机构提供赠款的忠实的支持者尤其值得注意，尽管他们每笔捐赠的数额不大，但是这样的人却有可能为机构提供特别的高额捐赠，甚至留下遗产。高额捐赠往往来自于那些已经认同机构宗旨和筹款理由的人。他可能来自于机构的理事会、各监管委员会的成员，来自于机构的支持者群体（校友和会员等），以及在社

---

① 保尔·苏维旭、玛丽·欧赫礼（Mary A. O'Herlihy）：《财富的精神奥秘：财富产生关爱的内部动力》（*The Spiritual Secret of Wealth: The Inner Dynamics by Which Fortune Engenders Care*），波士顿，波士顿大学出版社，2001，第3~4页。

区内热衷慈善事业的人。在实际操作中，高额捐赠的可能捐赠者名单应当包括：（1）所有为机构提供过较高额度年度捐赠的人；（2）连续为机构提供捐赠的人，他们的捐助总量已积少成多，超过了所设定的高额捐赠额度；（3）无论捐赠历史如何，所有有能力、有兴趣提供高额捐赠的人。

在判断可能捐赠者是否会提供高额捐赠时，筹款者还需要考虑对方的各种社会责任因素。这包括对方在家庭、事业、宗教、教育、娱乐、政治和社会生活方面的诸多责任。

不言而喻，家庭状况直接影响到人们高额捐赠的决定。家庭成员会鼓励捐赠，家庭内部的利益冲突也有可能会阻碍捐赠，筹款者应该对此有所洞悉，作出判断。

职业和事业会影响人们的财力和捐助动机，这里的关系是交互性的。我在美国的筹款经验也发现了一些有趣的规律。下面列出几条供读者参考：

• 某些行业的从业人员更容易提供高额捐赠：比如能源、金融（特别是对冲基金）、高科技产业等，可能是这些行业赚钱来得快。

• 制造业公司或许不如能源、金融公司慷慨，因为制造业与消费市场的表现紧密挂钩，并特别注重控制成本。

• 拥有自己实业的企业家和创业者比公司高管（即所谓"高级打工族"）有大得多的资金实力和社会企业家精神，或许正是帮助他们成为实业家的魄力使他们同时也具有乐善好施的潜质。

• 在美国，医生和律师虽然属于高收入群体，但是财富实力和慷慨程度均低于上述行业以及企业家和创业者。

• 靠继承遗产或婚姻而获得财富的人（"豪门后代"）可能不如自我创业的人慷慨，因为他们不见得有能力再创造财富。

当然以上这些例子都是经验之谈，不是四海皆准的规律，捐赠者的动机各有不同，筹款者要综合各种因素，根据当地的实际情况作出具体分析。

有宗教信仰的人生责任观会影响捐赠观，也会影响可能捐赠者愿意将多少财富投入到世俗的公益项目中去。研究表明，宗教信仰深厚、精神生活丰富的人更倾向于运用公益捐赠来表现他们的价值观和生活意义①。在西方，基督教信仰文化中对彼岸世界的认识和社会分享的传统对人们的捐赠行为影响颇深。

教育带来的社会责任感会影响人们是否愿意捐钱。如果一位可能捐赠者必须为子女承担大量的私立学校学费，他可能会在一段时间内无法提供高额捐赠。但同时，他对教育的重视也会促使他更愿意支持教育事业。在美国私立学校，高额捐赠者的子女在录取过程中会得到一定的优先考虑，这几乎是不成文的约定。

娱乐、政治和社会生活责任都会影响到个人的社交网络。筹款者应根据对方的生活方式和喜好来设计有利于筹款的策略，例如，让可能捐赠者通过他们的社交联谊活动来协助传达机构的宗旨和筹款需求，帮助机构建立更多的社会联系，扩大支持者群体的圈子。

以上提到的各种社会责任因素在每个人的生活中都可能会发生变化。筹款中需体恤对方的变化、价值观和需求，认清能够使可能捐赠者与非营利机构达到互惠的连接点，不断地将他们向机构拉拢靠近，最终成为影响机构发展的核心力量。

三 高额捐赠项目的基本要素

在向可能捐赠者提出高额捐赠请求之前，非营利机构必须事先具

①　根据独立部门（Independent Sector）的研究，华盛顿特区，2002。

备运作高额捐赠项目的基础设施和必要条件。有了这些基本要素，从确认可能捐赠者到捐赠者答应资助，再到资金最终到位，向捐赠者问责的整个流程才能运行顺畅。表 7－1 列出了设立高额捐赠项目的十大基本要素。

表 7－1　高额捐赠项目的基本要素

1. 机构具备 3～5 年的战略发展计划，包括高额捐赠项目的筹款目标。

2. 拥有高额捐赠的推广和传播材料。

3. 明确筹款成本。

4. 机构具备高额捐赠可能捐赠者基础库，或者拥有确认和找到可能捐赠者的计划。

5. 有内部管理人协调对可能捐赠者的分工管理。

6. 建立对日常筹款工作和捐赠者的追踪及"移动管理"系统。

7. 聘用捐赠合同的法律顾问。

8. 财务部门或所聘用的外部财务机构具备投资和管理赠款的能力，并为捐赠者定期提供财务报告。

9. 聘用计划性捐赠领域的专业人员或顾问。

10. 拥有由理事会批准的接受捐赠政策。

战略发展计划及推广材料

　　非营利机构首先应该对近年来的发展重点有个战略计划，从而确立进行高额捐赠筹款的目标。例如，机构可能希望每年为自己的捐赠基金增加一定的比例，在五年后达到 10 亿美元。再如，有的机构需要在某一城市启动新项目，需要在三年内筹得启动和运作经费。有了战略发展计划，就有了筹款的目标和时间表，机构才能够向可能捐赠者说明筹款的必要性和紧迫性，这就有可能更快地获得高额捐赠。与之相关联的是准备一系列为高额捐赠可能捐赠者设计的筹款推广和传播材料，如宣传册子、传单、期刊、影像资料等，这一切材料展现了筹款工作所必需的捐赠理由。

筹款预算

"会花钱，才能赚到钱"，高额捐赠项目需要运作成本，非营利机构无论规模大小，对此都应有预算。预算包括筹款工作人员的工资、筹款材料的印刷制作、拜访捐赠者的交通路费、长途电话费、举办特别活动的成本、接待费、为捐赠者提供认可、接受捐赠者问责的费用等。非营利机构应当意识到这些投资的必要性。

筹款过程管理

高额捐赠筹款的成功秘诀在于拥有一个确认、培养和提出募款请求的有条理的机制，即管理筹款流程的内在能力和设施。

非营利机构需要有确认高额捐赠可能捐赠者的能力。一些小型的或比较新的非营利机构缺乏高额捐赠者基础库，这些机构就必须花时间来开拓局面，寻找和确认可能捐赠者。找到可能捐赠者的最有效方式是充分利用机构志愿者（理事会成员或其他支持者）的帮助，一方面让他们率先提供捐赠，另一方面请求他们协助介绍和引荐其他可能捐赠者。要设立一个高额捐赠项目，非营利机构一般应确认 25 ~ 100 位最有可能对机构产生重大影响的可能捐赠者，形成一个高额捐赠圈。

筹款过程是让可能捐赠者与非营利机构发展关系的过程，对这种关系的分工管理需要有十分清晰明确的责任制——哪位筹款专员联系和"管理"哪位可能捐赠者，这一点对于提升筹款工作的专业性至关重要。因为谁也不希望看到一位可能捐赠者先后接到来自同一机构的两位筹款人员想约时间拜访他的电话，这恐怕是最让人贻笑大方的尴尬局面。每一位筹款专员都需要担当"可能捐赠者经理人"（prospect manager）的角色，负责维系和发展机构与指定可能捐赠者之间的关系，管理与之相关的筹款步骤，适当运用志愿者和其他支持者的协助共同培养与那位捐赠者的关系，提出募捐请求并协调所有后续跟进工作。筹款专员负责的所有可能捐赠者组成他的"可能捐赠者组合"（prospect portfolio），每一位筹款专员都应该有自己的可能捐赠者组合，也就是他们的工作目标对象，彼此之间的工作对象千万不能重复。

非营利机构应该有一位内部管理人（如合作发展部主任）负责统筹协调对所有可能捐赠者的分工管理。他应该定期召开可能捐赠者管理会议（prospect management meetings），协调所有筹款专员的工作，明确各自的职责和进度。许多管理人还运用"行动评价指标"（activity metrics）来衡量在一段时间内筹款专员拜访和接触可能捐赠者的频率，如根据行动评价指标，筹款专员自上次开会以来应该向10位可能捐赠者提出了捐赠请求，以此与实际情况进行对照，检查进度，推动筹款进程。

非营利机构还需要建立一套追踪和管理可能捐赠者的系统（prospect tracking and management systems）。这一系统可以是简单明了的 Excel 表格，也可以运用专门的筹款数据库来储存所有围绕可能捐赠者所展开的行动记录，并制定报表。关键是要在整个合作发展办公室做到数据的统一和集中化。除此之外，筹款者可根据自身需要创建捐赠者移动管理系统（moves management system），专门用来记录对正在酝酿中、耕耘中、活跃中的（即正在"做工作"中的）可能捐赠者（prospect pipeline）所采取的关键行动——上几步行动和接下来计划要采取的步骤（标明谁采取行动及时间点），明确每位可能捐赠者目前所处的状态（研究阶段、培养阶段、培养成熟阶段、提出捐赠请求阶段、签署合同阶段，还是认可和问责阶段等），预测所能筹得的金额。移动管理系统不仅是管理可能捐赠者、有效推动筹款进程的工具，也能起到规划财务、时时追踪筹款目标进度（progress to goal）的作用。

其他能力建设

非营利机构在获得高额捐赠承诺之后，为维护自身和捐赠者的共同利益，常常需要与捐赠者签署正式的书面合同。非营利机构应该为此早做准备，雇用专业法律顾问来起草和审阅合同。有的机构本身就具备法务部门，有的机构则需要从律师事务所聘请专长于非营利部门法规的律师。

捐赠者有权及时得知其赠款的投资和使用情况，非营利机构的财务部门或人员应有这方面的能力。与捐赠者有关的财务管理不仅包括接受赠款（如设立专款专用的账号、全国范围内和海外资金转移、股票交易等机制），还包括管理和投资捐赠基金的能力。例如，一位捐赠者出资 1000 万美元设立奖学金，机构应该每年向捐赠者汇报捐赠基金的投资收益情况，这些收益又是如何用到奖学金项目中去的，运作奖学金项目的行政成本是多少，有无财务溢出（即非营利机构收支相交后的多余部分，在商业核算中即为"利润"）重新投回本金，等等。这是向捐赠者保持问责和透明度的最基本的工作职责。

在高额捐赠筹款中，时常会遇到捐赠者希望提供"混合捐赠"的情况，也就是以现金方式支付一部分捐赠，而另一部分则作为计划性捐赠。因此，从事高额捐赠的筹款专员应该具备一些基本的有关计划性捐赠的知识，非营利机构也需要有熟悉各种计划性捐赠载体的专业人员或顾问，为这种混合性捐赠做好准备。

接受捐赠政策

最后，制定一份接受捐赠政策（Gift Acceptance Policy，可简称为"受赠方法"），并由理事会批准，是高额捐赠项目中不可或缺的组成部分。受赠方法规定非营利机构将接受哪些形式的捐赠，如是否接受实物捐赠，包括和不包括哪些实物。政策中还指明获得重要捐赠认可的捐赠额度。有了正式的受赠方法，可以保证机构对所有捐赠者的要求一视同仁，避免了机构与捐赠者之间不必要的误解，即便谢绝捐赠者的一些不符合机构利益的捐赠条件时也可以有明文依据，从而避免公关危机。理事会应该每年都阅览并更新受赠方法，这也有益于提升理事会对争取高额捐赠的意识。无论对内还是对外，制定受赠方法都有助于非营利机构建立起更强的问责性和透明度。

四　获得高额捐赠的战略原则

获得高额捐赠是非营利机构与可能捐赠者建立和发展关系的结果。高额捐赠筹款专员（在美国这一职位通常称为 Major Gift Officer，MGO）的角色是让可能捐赠者更多地接触到机构的重要工作，深入分享机构的宗旨和价值观体系。高额捐赠筹款专员必须是一个善于倾听的人，他能够体察对方内心的想法和意图，将可能捐赠者的需求放在首位。他也是一个善于提问的人，通过询问来了解对方的价值观和捐赠动因。他同时要具备能够清晰阐明机构宗旨的能力，将对方的需求与机构所能提供的捐赠机遇匹配起来，用自己的激情和创造力来感染和激发捐赠者的行动。这些能力不仅在向捐赠者做工作时十分必要，而且在管理志愿者，让志愿者协助募款时也同等重要。

赢得高额捐赠需要时间和耐心，整个筹款过程或许要经历几个月，或许要经历几年。寻找确认可能捐赠者的兴趣与机构发展需求的交集需要花费时间，评估分析可能捐赠者的经济实力和慈善重点，从而提出正确的捐赠请求也需要花费时间。非营利机构对高额捐赠者的耕耘培养必须是一个有计划、有策略、统一协调、管理有序的过程。

提出高额捐赠请求必须通过个人关系进行面谈。高额捐赠不应当在没有任何个人直接接触的情况下贸然通过信件或电子邮件劝募。在书信交往中，筹款者看不到对方的面部表情和神态语气，无法精确判断对方对募款邀请的热情程度，会使得募款及接下来的后续工作效果都大打折扣。高额捐赠募款的核心在于建立个人关系，无论现代通讯技术如何发达，面对面的交流始终是发展人际关系、建立互信的不可替代的沟通渠道。第二十四章将介绍提出高额捐赠的有效方法和技巧，探讨筹款中"问"的艺术。

在了解了高额捐赠的理念、定义、基本要素和战略原则之后，第八章将介绍与高额捐赠相关的计划性捐赠。计划性捐赠也可以理解为捐赠者通过遗嘱等形式留给非营利机构的最高层次的、终极性的高额捐赠，这一捐赠类型充分表达了捐赠人对受赠机构高度的认同感和信任度，体现了公益慈善的终极精神内涵。

第八章　计划性捐赠

再多的财富，终有一天也会用尽，但是如果将平生多余的财富投入于社会事业，就有可能创造出永恒的价值和永久的纪念。自古以来，不管各国各地的文化差异有多大，但是有一个事实十分清楚：人生财富是"生不会带来，死不能带去"的。无论是在传统社会还是在现代社会，随着物质财富积累得越来越多，财富传承方式是一个社会共同面对的问题。各国法定的财产传承均以家庭、家族关系的继承为主（默认程序），但同时也会十分注重本人的意愿。在现代社会里，人们将遗产捐赠给慈善事业是实现公益理想，以个人力量推动社会进步的常见方式，也是非营利机构获得高额捐赠，积累资产，建立起永久性捐赠基金的重要渠道。

计划性捐赠（planned giving）是一种对捐赠人遗产的规划过程，它不仅考虑到赠款对非营利机构的积极作用，而且考虑到怎样更好地帮助捐赠人在一定时间段内合理配置他们的资产和资源，达到利益的最大化。计划性捐赠对于非营利机构来讲是一种"融资"方法，而对于捐赠人来讲则是一种"理财"计划。

美国进入 20 世纪 70 年代中期以后，遗嘱捐赠（遗赠）等各类计划性捐赠载体日趋成熟发达，计划性捐赠逐渐成为人们常用的慈善选择，计划性捐赠项目也成为许多非营利机构的正式筹款项目，运作日益专业化。2012年，美国的民间慈善捐赠总额为3162.3亿美元，其中遗赠达到234.1亿美元，占捐赠总额的7%，这一比例与过去几年基本持平①。据统计，近半数（48%）的美国人会准备遗嘱。美国计划性捐赠全国委员会的民调显示，2%的美国人已经设立计划性捐赠特殊方式（如慈善年金和慈善信托等）。这些捐赠方式不仅能够实现捐赠人希望大力支持公益事业，回报社会的心愿，还能帮助他们省去、减少或推迟支付大量的所得税、遗产税和资本利得税，有的计划性捐赠方式还能为捐赠人增加眼下的收入，成为一种理财方式，因此越来越获得人们的青睐。

无论非营利机构的规模大小、宗旨、年龄、预算、内部专业能力和捐赠史如何，计划性捐赠都可以且应该成为筹款工作的重要组成部分。非营利机构所获得的一些最高额度的捐赠通常会是计划性捐赠，计划性捐赠项目能使机构的收入渠道多样化，如果机构能够获得高额的计划性捐赠，则有可能为自己建立起捐赠基金，创造永久性的收入来源，改变机构的整个发展面貌。计划性捐赠还能为捐赠人提供更多的资助方式选择，增进机构与他们的情感纽带，加强他们同机构合作的忠诚度。

计划性捐赠项目的潜力非凡。在美国，年长的人控制着全美77%的资产，45岁以上的美国人占"捐赠人市场"的半数以上。美国康奈尔大学于1990年的研究预测，在接下来的55年中，有高达10万亿美元的资产将隔代转移；美国波士顿大学社会福利研究所2003年的研究表明，在50年后（截至2052年），有大约41万亿～136万亿美元的资产将隔代转移。换言之，大量高于一般年度捐赠

---

① 赠予美国基金会：《赠予美国2013年年度公益报告》。

额的资金将通过计划性捐赠的方式涌入非营利部门。一位负责筹款事务的非营利机构副总裁曾这样评论道："我们如果不搞计划性捐赠，就仿佛愚蠢到将大叠的万元大钞留在桌面上而置之不理。"可见，计划性捐赠对于实现捐赠者的个人价值和非营利机构的发展都具有深刻的意义。

一　计划性捐赠的可能捐赠者

怎样的人最有可能提供计划性捐赠呢？计划性捐赠绝不是人们一时兴起所作出的草率决定，而是与非营利机构长期接触和培养情感的结果。计划性捐赠者对自己的资产进行规划和预测，他们需要考虑到目前的经济条件以及家人将来所需的财富，他们还要考虑外部经济环境变化等因素，因此我们必须理解，这是一个关系到一生心血和价值观的极其慎重的决定，是需要花时间、下决心来谋划的。然而一旦作出了决定，90%以上的美国人信守承诺，不会取消他们的遗赠。提供计划性捐赠是人们对机构所表现出来的最高信任和肯定。跟其他类型的筹款项目相比，计划性捐赠所花费的筹款时间最长，但其回报却是相当可观的。

从计划性捐赠可能捐赠者的共同"形象"来看，有以下一些值得注意的特点。

首先，计划性捐赠的可能捐赠者通常对所资助的机构要十分了解，他们对机构领导层充满信任和信心，对机构的财务管理状况十分满意。他们相信自己的捐赠在未来会被妥善使用，并对机构的工作产生长远的影响。这是人们愿意提供计划性捐赠的基本前提。

其次，计划性捐赠的可能捐赠者会注重时机。人们需要时间来反思自己曾经拥有的财富，现在拥有的财富，日后的经济需求，等等。

他们首先要保证捐出财富后不会影响到目前的生活条件和方式，他们也要事先安排好自己的家人和所爱的人将来的生活。大多数计划性捐赠的可能捐赠者还会在作出捐赠决定之前咨询他们的税务顾问、财务顾问、律师、同事或家人等。当他们感到时机到了才会提供计划性捐赠。许多筹款者容易犯的错误是根据自己或自己机构的筹款目标和时间表来"迫使"对方尽早提供计划性捐赠，欲速则不达，有时反而错失良机。尽管筹款者的确应该与可能捐赠者建立持久紧密的联系，并让他们了解机构的资金需求，但是也应该给可能捐赠者以喘息和思考的空间。当可能捐赠者在经济、家庭和情感等各方面时机成熟的时候，当他们对机构充满感情和信心的时候，自然会作出计划性捐赠的决定。

最后，跟年度捐赠和高额捐赠项目的捐赠者基础库比起来，计划性捐赠的可能捐赠者范围最广、最难以限定。那些可能捐赠者可以是年老的，也可以是相对年轻的；可以是巨富，也可以是普通的工薪阶层；可以已婚、单身或离异；可以是男性，也可以是女性。[1] 而且，他们是否愿意提供计划性捐赠不一定跟他们的捐赠史有关。许多计划性捐赠者只为年度基金提供过低额的赠款，甚至从来没有给机构捐过钱。[2] 我所熟悉的一家女性维权组织就有这样的情况。一位捐赠人从未给这家机构或其他公益组织提供过任何高额捐赠，但是她为这家机构担任了长达 40 年的志愿者，她没有子女，在她 65 岁生日时，她和丈夫决定为机构提供百万美元的遗赠。非营利机构的职工有时也会是

---

① 黛布拉·亚瑟通（Debra Ashton）：《计划性捐赠完整指南》（*The Complete Guide to Planned Giving*），第三版，马萨诸塞州昆西，亚瑟通公司出版社，2004，第 51 页。

② 理查德·巴瑞特（Richard D. Barrett）、莫莉·威尔（Molly E. Ware）：《计划性捐赠基本要素》（*Planned Giving Essentials*），马里兰州盖世堡，亚斯本出版社，2002，第 86 页。

计划性捐赠的可能捐赠者。我认识一位在一家大型社会机构工作了30余年的资深员工，她最终担任掌管机构财务的副主席，对机构有着深厚的感情，多年来作为成功的职业女性也积蓄了一定的财力。她在退休时决定为机构提供大笔计划性捐赠。可见，关键因素不在于可能捐赠者是否为机构提供过高额捐赠，而在于他们对机构是否存在着某种特殊的情感。

年龄或许是判断对方是否适合成为计划性捐赠者的唯一结构性的确定根据，但这也不是绝对的。一般认为在 65 ~ 75 岁之间的人会是比较合适的计划性捐赠者，他们大多已退休，也有所积蓄，到了中国人所说的"耳顺"和可以"从心所欲"的生命阶段①。不过也有研究显示，美国人平均从 45 岁就开始拟定遗嘱了，所以计划性捐赠的流行可以说也是判断一个社会经济形态是否稳定有序的社会指标之一。另外值得注意的是，大多数美国人并不会告诉非营利机构他们将捐赠意图写入了遗嘱，捐赠人也没有义务将这一决定通知非营利机构。因此，非营利机构在做计划性捐赠的推广时，应该尽可能地"将网撒大"，不要将可能捐赠者局限于预设的框架内，不要遗漏任何一位可能捐赠者。计划性捐赠的可能捐赠者经常代表着一个全新的捐赠者群体，确定和找到他们能有助于机构进一步扩展捐赠者基础库。

二 常用的计划性捐赠方式

设立计划性捐赠的最有效方法是从最简单易行的捐赠方式入手，对此进行推广、管理和维护，随着机构基础设施和专业能力的提高，

---

① 中国儒家孔子有云：吾十有五而志于学，三十而立，四十而不惑，五十而知天命，六十而耳顺，七十而从心所欲，不逾矩。这是很形象地描绘了人的生命周期的特征。

再逐步增加其他较为复杂的捐赠方式。

在美国，计划性捐赠的载体繁多，有的技术性比较强。总体而言，计划性捐赠不外乎分为两大类：第一类计划性捐赠方式的结构设计是为了给非营利机构很快提供直接的益处；而第二类计划性捐赠方式则为非营利机构带来延迟的利益，称为"延迟捐赠"（deferred gifts）。还有一些方式结合两者。这里介绍在美国最为常见的三种计划性捐赠载体，这样我们不必钻营于技术层面，而是可以对计划性捐赠形成一个大致概念。归根结底，像所有其他方面的筹款工作一样，计划性捐赠的成功秘诀在于通过个人接触与捐赠者建立关系，了解捐赠者的捐赠动力和目的，为捐赠者找到最适合他们需求的慈善捐助方式——这比掌握各种计划性捐赠载体的具体技术细节更为重要。

遗赠

遗赠（Bequests）是捐赠人在遗嘱中以文字声明，将具体资产额或总资产的百分比在去世后转移给某家非营利机构。在美国和其他西方国家，大多数人都会准备遗嘱，遗赠是计划性捐赠中最常用的方式，占所有计划性捐赠的绝大部分，是计划性捐赠项目的根本基础。因此，非营利机构应该在筹款材料中加入宣传接受遗赠的语句，向所有支持者进行推广，让广大公众知道可以用这样的方式来和本机构合作。这一简单的做法走出了设立计划性捐赠的第一步，可以为机构带来长远的益处和意外的收获。由于遗赠是计划性捐赠中最广泛使用的方式，筹款专员实际上无需深入掌握计划性捐赠的其他载体，就可以从容应对大多数计划性捐赠的募款情形。

捐赠人喜欢遗赠方式，因为它简单易操作，捐赠人也无需担心在世时财产被分割，从而对自己的经济状况和生活质量造成任何负面影响，更何况，为非营利机构提供捐赠还能为他的子孙后代减少遗产税。非营利机构也同样喜欢遗赠方式，因为它容易解释，推广成本低，而且一旦写入遗嘱后很少有捐赠人会撤销。

遗赠捐赠者不一定是十分富有的人，也不一定曾为非营利机构提供过高额捐赠，他们很可能是那些长期为年度基金提供小额捐赠的比较忠实的支持者。倘若非营利机构不抓住宣传遗赠的机遇，就有可能完全丧失这一特殊捐赠者群体的较高额度的捐赠。有时可能捐赠者的一些言谈能够为筹款者提供线索，让筹款者明白他们可能会对遗赠方式感兴趣。例如，可能捐赠者也许会说："我很希望能够为你们的资本筹款活动尽力，可惜我目前真的没有足够的现金来做这件事。""我有一处很大的房产，有没有办法让你们的工作和我的家庭同时获益？""眼下我无法对你的筹款请求作出合作承诺，但是你知道我把你的机构写进我的遗嘱里了。"听到此类话语，筹款者就应该顺水推舟地向对方表示本机构能够接受遗赠，并进一步介绍机构已有的可供选择的计划性捐赠方式。

很多捐赠人没有告诉非营利机构自己的遗嘱内容，有的是有意为之，更多的则是无心的忽略。非营利机构可以通过一些小小的技巧，得体地让捐赠人告知机构他是否已经留给机构遗赠。例如，机构可以制作一张简单的"遗赠通知表"，作为推广材料的一部分交给捐赠人，得到捐赠人的反馈后便能获得有关对方是否已经作出此决定的信息。机构也可以在推广材料中准备一页可撕下来的小回执表，让人们选择他将如何支持机构的工作，包括让捐赠人选择他是否希望了解更多有关计划性捐赠项目的其他信息，是否同意让机构将他的名字列入公开的计划性捐赠人名单之中，以表达感谢和认可。关键是要让这一获取信息的过程对于捐赠人来说越方便越好，让他们不费吹灰之力随手而为之。

慈善年金

另一种较为常用的计划性捐赠方式是慈善年金（Charitable Gift Annuity）。慈善年金是捐赠人和非营利机构之间签署的一份简单的合同。在合同中，捐赠人表明他会转移一部分现金或资产给非营利机构，且是不可撤销的，作为回报，非营利机构通过对本金的投资管理，将在捐赠人（或捐赠人指定的 1~2 人）在世时为他提供固定的年金，年金数额取决于年金接受人的人数及他们的年龄[①]。年金接受人可以选择延迟到将来某一指定日期开始收到年金，并在合同中加以规定。捐赠人过世后年金项目结束，慈善年金中的资产转移到非营利机构。

捐赠人偏爱慈善年金的理由不言而喻。那些捐赠人希望为公益事业捐钱，但一时又无法拿出完全而直接的捐赠，他们希望在支持公益事业的同时也获得额外的个人固定收入和经济保障，并享有一定的税收优惠。许多非营利机构为捐赠人提供慈善年金项目，一方面是因为这一项目比较容易向可能捐赠者解释和推广，操作简便，所需的行政管理时间较少，且成本低廉。另一方面慈善年金一旦设立了是不可撤销的，非营利机构对此有更多的控制权。

一般而言，慈善年金的最低投资额在 5000~20000 美元之间，这是根据各家非营利机构的政策不同而制订的。在美国大多数州，非营利机构作为年金的颁发者需要获得州政府的批准，因为这实际上已和金融理财有关，是一种虚拟型经济活动。大多数州对年金制度实行监管，因此非营利机构在设立慈善年金项目前需要熟

---

① 美国慈善年金协会（The American Council on Gift Annuities）根据捐赠人的年龄发布它所建议的慈善年金固定回报率。大多数非营利机构使用这样大致相同的回报率，以防止机构之间为了竞争捐赠者而随意抬高回报率。

悉本州的规定、限制及汇报要求。有的小型非营利机构本身捐赠
者就不多，可以选择通过已经拥有管理慈善年金执照的社区基金
会来协助管理他们的年金项目。分发年金对于非营利机构而言是
对捐赠人的长期义务，因此机构必须具备投资和管理本金，获得
合理资产收益的能力。

慈善年金捐赠者通常在 60～90 岁（40～50 岁的捐赠者有可
能要求推迟接受年金的日期），他们往往并不具备极其雄厚的经济
能力，不曾是机构的高额捐赠者。在跟筹款者的交谈中，他们或
许会给出这样的暗示："我想为我最心爱的慈善组织捐钱，但是我
还是想在投资中获得一些收入。""今年公司给了我不少红利，有
没有办法省一些税呢？""我希望退休后收入渠道能多样一些，你
有没有什么好的建议？""股票投资的回报太低了。""我的太太没
有退休金，我担心她以后手上的钱会不够花。"听到这些捐赠人心
中类似的担忧，非营利机构都可以向他们介绍慈善年金项目的种
种益处，把同机构合作成为捐赠人合理避税，理性理财的一种
方法。

慈善信托

慈善信托（Charitable Remainder Trust）是不可撤销的私人信托
基金，捐赠人将现金或资产转移到信托，而作为回报，捐赠人（或
捐赠人指定的受益人）在世期间（或在不超过 20 年的指定时间段
内）将收到来自信托的收入。当信托到期后，非营利机构作为慈善
信托的受赠者，能够获得信托内剩余的资金。

根据规定，信托的年支付利率应该至少在 5% 以上，根据捐赠
人或其指定受益人的收入和年龄的不同，一般在 5%～10% 之间不
等。捐赠人及其受益人从信托中获得的收入不得超过信托价值的一

半以上，且留给非营利机构的资金额现价必须是信托设立时原市场价的10%以上。根据支付利率计算方式和灵活性的差异，慈善信托又分为年金信托（Annuity Trust）和单一信托（Unitrust）两大种类。

慈善信托对于拥有至少十万美元以上可升值资产的捐赠人来说格外有吸引力。捐赠人能够享受部分赠款的免税待遇，获得固定的收入，还有可能减免资本利得税和遗产税。使用慈善信托的捐赠者年龄多在50～70岁，往往是比较有财力的人，对金融投资和资产管理也有经验，他们有可能曾经为非营利机构提供过高额捐赠，在身后希望为一家或几家非营利机构提供影响深远的捐赠。对于非营利机构而言，慈善信托多意味着金额比较高的捐赠，但是或许需要等待多年赠款才能真正到位，这笔捐赠能否算作目前筹款总额的一部分，取决于捐赠人的年龄和信托的年份长短。此外，捐赠人有权改变信托的受赠者，而且可能会指定多家非营利机构作为受赠者，这些都是非营利机构需要了解的通过慈善信托捐赠的局限因素。

三　发展计划性捐赠项目的必备条件

所有的非营利机构都能够并且应该接受捐赠人的遗赠——这一最基本、最广泛使用的计划性捐赠方式。但是对于较为年轻，财务和法务系统还不甚全面的机构而言，不必操之过急发展超越遗赠之外的全面的计划性捐赠项目。由于计划性捐赠项目涉及金额大、年限比较长，所以对管理能力有较高的要求。机构在发展和完善计划性捐赠项目之前，需要建立起一系列制度体系。表8-1列出了发展计划性捐赠项目需要事先考虑的八大必备条件。

表 8 - 1　发展计划性捐赠项目的必备条件

1. 获得机构领导层的一致批准。

2. 将计划性捐赠作为机构战略计划和/或资本筹款活动的组成部分。

3. 制订预算。

4. 制订计划性捐赠项目的相关政策方针及资产管理政策,获得理事会的批准。

5. 具备负责计划性捐赠各方面财务运作的金融管理能力。

6. 具备代表机构回答捐赠者问题的法务能力。

7. 为计划性捐赠者提供相关文件和合同样本。

8. 拥有为计划性捐赠者而设计的认可项目。

　　非营利机构的领导层,包括执行总监、首席财务官和理事会需要对建立计划性捐赠项目的决定达成一致,充分意识到这一筹款工作对机构的益处。计划性捐赠应该成为机构总体战略计划和/或资本筹款活动的有机组成部分。它不是孤立存在的机会,也不是坐等就能从天上掉下来的馅饼,而是和高额捐赠一样,是机构内部协调努力的结果。此外,机构领导层需要考虑是否有足够的预算来运作计划性捐赠项目。

　　非营利机构需要制定有关计划性捐赠项目的书面方针政策,并获得理事会的批准。方针政策中规定的内容包括:慈善年金和慈善信托的回报率;慈善年金捐赠者的最低年龄和最低投资额;机构是否愿意担任慈善年金和慈善信托的理事①;机构内部谁有权同意接受房地产捐赠;谁有权与捐赠人商议和签署计划性捐赠相关载体的合约;等等问题。此外,非营利机构需要有资产投资政策和资产收益的使用规则,做到合理地管理和使用善款。

　　非营利机构也需要决定是否雇用金融机构为其处理与计划性捐赠

---

　　① 一般而言大多数非营利机构不担任慈善年金或慈善信托的委托人(理事),而是让捐赠者自行负责任命委托人,这需要在机构的方针政策中写明。

有关的资产投资、年金支付、报税等事务，对于较为复杂的计划性捐赠项目来说，雇用外部专业公司的服务往往是有必要的。非营利机构还需要有法律顾问来回答捐赠人的问题，并准备好提供给捐赠人的有关文件和合同样本。

最后，非营利机构需要设计针对计划性捐赠的认可项目，这不仅能更好地表达对捐赠人的感谢和问责，而且能够鼓励捐赠，并且鼓励已经将机构列入遗嘱的人们告知机构他们的捐赠计划。大多数非营利机构都有一个类似叫做"遗风社区"（Legacy Society）的计划性捐赠者认可项目，其具体名称及会员所享受的益处可以各有创意。比如全球最大的动物园之一美国圣地亚哥动物园是由非营利性的圣地亚哥动物学会运营的，该学会规定，如果捐赠人将动物园列入他们的遗嘱捐赠计划中，就能成为它的"传统公会"会员，可以参加一年一度专为计划性捐赠者而准备的特别认可活动，他们的名字将列在动物园出版的杂志上，他们将得到一张漂亮的会员证书，还可以受邀参加一些唯有捐赠者才有资格参与的动物园内部活动，等等。

四　融合与推广

从以上介绍的计划性捐赠项目可以看出，计划性捐赠是非营利机构融资和捐赠人理财的一种方式，它利用市场配置资源的效率，真正做到了双方的合作发展与共赢。但是计划性捐赠项目不能在真空中运行，而是必须和机构的其他筹款项目融合起来，这是计划性捐赠筹款成功的关键。

许多计划性捐赠的可能捐赠者是年度基金的捐赠人，因此负责计划性捐赠的筹款专员必须和负责年度基金的筹款专员保持良好的沟通。

计划性捐赠与高额捐赠和资本筹款活动的联系更为密切。例如，一家儿童救助机构有一位捐赠人，她担任机构的顾问委员会成员，为机构捐过一些钱，她有兴趣也有财力为机构的资本筹款活动提供1000万美元的捐赠。但是，她目前正在转换工作的过程中，而且是位单亲妈妈，她的女儿正在上私立大学，一下子要拿出这么大一笔钱恐怕有顾虑。在这种情况下，负责计划性捐赠、高额捐赠和资本筹款活动的筹款专员们就需要合作起来，共同设计出最适合这位捐赠人的捐赠方案。由于是重要的高额捐赠，由执行总监和资本筹款活动主任共同提出捐赠请求比较合适。机构可以向她提出一套"混合捐赠"方案，部分捐赠用现金支付，部分捐赠用股票，还有一部分通过计划性捐赠载体，在捐赠的同时还能获得固定的现金收入。这样，捐赠总额仍旧可以达到1000万美元，这位捐赠人还是能够作为千万捐赠级别的高额捐赠者得到特别认可，她心里也会感到很高兴很满足。这就在体恤捐赠人实际情况的同时，为她提供了参与公益慈善的合适机遇，是筹款人员间的协调合作使得这一切成为可能。

计划性捐赠与其他筹款项目的融合也体现在推广工作中。人们需要知道机构是接受遗赠的，需要知道机构为捐赠者提供了一些可供选择的计划性捐赠方式。

非营利机构首先应该借助现有的传播媒介和材料来推广计划性捐赠项目——年度捐赠的直邮、期刊、网站和特别活动等。传播信息中要突出计划性捐赠能为捐赠人带来的认可和益处，以及对机构长远的战略意义。如果有预算的话，机构还应制作针对计划性捐赠的宣传和说明材料，如宣传小册子、插页、广告和期刊等。计划性捐赠的可能捐赠者范围广，因此在预算允许的情况下，应该向尽可能多的支持者群体发送相关资料。在分发中加入一张让人们可以马上寄回的回执单往往是非常有用的，这样对方可以很容易地告诉机构他是否已经将机构写入遗嘱，是否想了解更多有关计划性捐赠项目的信息。在收到回执之后，筹款者应该立即致电回复，并试图与可能捐赠者安排见面。在高额捐赠中，信件、电子邮件和电话只能作为辅助手段，它们无论如何也无法取代与捐赠人面对面的交流。

非营利机构还可以设计一些有助于推广计划性捐赠的特别战略。大型非营利机构美国公民自由联盟（American Civil Liberties Union）就曾推出一个行之有效的"计划性捐赠配套项目"（Legacy Challenge Program）。这一项目的基本概念是，计划性捐赠者在给出遗赠承诺的同时，如果在指定时期内有其他计划性捐赠者提供遗赠，他愿意提供占对方捐赠额10%的现金捐赠（但不超过1万美元）作为匹配，现金匹配捐赠的总额也可以有个限度，比如说200万美元。通过这种方式，非营利机构不仅能从计划性捐赠者那里在短期内得到现金捐赠，而且能够把这位捐赠者放到筹款引领人的位置，鼓励和带动更多的人参与计划性捐赠。美国公民自由联盟在实行这一战略后，其年度遗赠收入从原来的约8万美元上升到10万美元左右，取得了显著的推广效果。

许多计划性捐赠着眼于非营利机构的百年大计，用以投入到机构的捐赠基金中去。捐赠基金有可能部分或全部来自于计划性捐赠。接下来的第九章将介绍如何建立捐赠基金，如何为机构积累起稳定而长久的产业。

第九章　建立捐赠基金

1910 年 11 月 25 日，美国钢铁大王安德鲁·卡内基在他 75 岁生日那天，捐出 1000 万美元，在华府创办了美国最早的国际事务智库——卡内基国际和平基金会（Carnegie Endowment for International Peace）。这笔启动资金成为该机构的捐赠基金，以维持机构的永久运作。卡内基写道："我对这项事业的热衷程度超越了其他任何事情。"他委托机构的理事会致力于"加速消灭世界战争——人类文明中最丑恶的事件。"他邀请美国前国务卿、诺贝尔和平奖获得者伊莱休·鲁特（Elihu Root）担任机构的首届总裁。一百多年来，卡内基国际和平基金会秉承捐赠人的心愿，通过战略研究、知识交流和政策倡议，发展为一个国际化的智库，影响着世界各地的决策中心和意见领袖。目前，卡内基国际和平基金会每年的运作经费部分来自于捐赠基金的投资收益，还有很大一部分经费来自于基金会、企业和个人的民间捐赠。

同样，在 20 世纪初的英国，矿产大亨塞西尔·罗德（Cecil John Rhodes）把他的遗产设立为罗德信托（Rhodes Trust），在遗嘱中要求捐赠给他的母校牛津大学，建立国际奖学金项目，以培养具有高度公共责任感的未来世界领袖。信托中的资产就作为捐赠基金，永久支持奖学金项目的运作。罗德奖学金（Rhodes Scholarship）于 1903 年正式启动，最初颁发给英国殖民地（英联邦国家）、美国和德国的本科毕业生，为他们提供在牛津大学攻读研究生的机会。当时选择英、美、德地区的学生是为了"促进他们之间的相互理解能够维护世界和平"。罗德奖学金是世界上历史最悠久的奖学金项目，也被公认为最有声望的奖学金项目，全球录取率为万分之一。一百多年来，获得罗德奖学金的累计 7000 多名优秀学子在学术、法律和公共服务等各个领域作出了杰出贡献。今天的罗德奖学金由 15 位理事负责监管，不仅依靠罗德信托中的捐赠基金运作，而且也接受民间捐赠，为奖学金不断注入新的发展机遇。

图 9 – 1　牛津大学罗德奖学金项目的主楼

　　无论是安德鲁·卡内基还是塞西尔·罗德，他们的捐赠无疑都产生了深远的历史影响。这便是捐赠基金（endowment，有时也称为endowment fund）的魅力——为公益事业创造永久收入来源的捐赠。捐赠基金对于促进公益事业的可持续发展至关重要，它宛如常开不败的玫瑰花丛，只要能够得到持之以恒地精心养护，便会年年绽放出美丽芬芳的花朵，为世界增添一份美好。

在美国，许多老牌的非营利机构都拥有历史悠久的捐赠基金，绝大部分私立大学都是通过捐赠基金创办的非营利性的机构。捐赠基金即一家非营利机构的"财富"，对于学校来说便是它们的"校产"。人们常说："某家机构/大学很有钱"，指的就是它拥有资产雄厚的捐赠基金。美国目前前三家最富有的非营利机构皆为私立大学，分别是哈佛大学（323 亿美元的捐赠基金）、耶鲁大学（208 亿美元的捐赠基金）和斯坦福大学（187 亿美元的捐赠基金）。[①] 这些捐赠基金都是历史积累下来的公共慈善资产。

非营利机构不以经济利益为目的，它没有所有者或股东，不将盈余或财务溢出部分进行分红，不"赢"得此利，盈余部分是要用到机构的工作和项目中去的。例如，对设立大学和其他教育机构的捐助，一旦捐出来了这就是公共的经费，学校理事会是不会分红的。然而这并不意味着非营利机构不可以有财务盈余。非营利机构不等于"非经营"机构，它通过经营和筹款获得财务盈余完全是合法的，而且对于机构的健康稳定运作是十分必要的。大多数捐赠者也希望看到非营利机构在财务年结束的时候适当"赚钱"，而不是"赔钱"，这往往是机构健康运作的表现，也是对其远景目标的切实承诺。

本章的目的是帮助读者对捐赠基金的概念、分类及其历史发展形成一个全面的了解，对捐赠基金的资产管理方式有所认识，这样才能真正维护好那些投入于慈善事业的公共资产，让宝贵的善款得

---

① 根据全美大学管理人协会（National Association of College and University Business Officers）对 2013 年大学捐赠基金的统计数据。

以自我持续地运作下去。捐赠基金的赠款通常来自于高额捐赠、计划性捐赠和资本筹款活动，第二部分的其他章节对这些筹款项目均有具体介绍。这一章则侧重于概述非营利机构想要建立捐赠基金所必须具备的一些前提条件，以及在为捐赠基金筹款时所需注意的基本战略原则。

一　涵义

在市场经济的发展过程中，经济繁荣和萧条彼此周期性交替，但是谁都难以预料经济什么时候开始好转，什么时候又会走向低谷。经济大环境直接影响到非营利机构的筹款业绩。因此，非营利机构必须做好财务规划，未雨绸缪，保证机构现金流的稳定性。捐赠基金便是将资产储存起来的方法，以备不时之需。也就是说，捐赠基金是非营利机构"永久性的储蓄账户"，为机构提供能够自我维持的稳定的年度资金来源渠道，在面对变动的经济环境和难以预测的其他资金来源时，为持续开展公益事业带来了一把保护伞。

大多数非营利机构都采取一项重要的战略——储备至少三个月到半年机构运作所需要的经费，这称为"储备资金"（reserve fund），在理想情况下，储备资金能够超过一年所需的运作经费。在经济低迷的时候，当有其他原因使筹款变得困难的时候，或者当机构在预期之外需要支付费用的时候，机构就可以动用一些储备资金，以暂时维持它的现金流和正常运作。设立筹备资金是一种"自我保险"的方法。

在2008年美国经济萧条期间，60%的中小型非营利机构的储备资金无法支撑它们半年的运作成本，许多非营利机构、特别是小型的机构因为缺乏资金而宣布破产或不得不大量削减项目。可见，防患于未然十分重要。理事会和执行总监在制定年度筹款计划的时候，需要认真考虑来年的经济状况，并根据他们的预测判断哪些资助渠道有可能提供最多的捐赠，然后有的放矢地制订筹款计划，尽可能在经济情况比较好的时候积极地积累一些储备资金。有的机构在制定年度预算的时候，将机构总收入的5%存入储备资金之中。储备资金的总额一般不超过年度预算总额的25%～50%。

有的非营利机构将储备资金存入银行，作为储蓄账户，有的非营利机构将其投资到金融市场，获取投资收益。一般而言，中小型非营利机构的储备资金数额不大，它们会采取相当保守的投资方式。

一些发展相对成熟的非营利机构便设有捐赠基金。捐赠基金是捐赠人指定非营利机构永久保留的公益资产。捐赠基金中的资产可以投资于股票、债券或其他风险程度不同的渠道，从投资中获得年收入。非营利机构一般不动用本金，却可以根据需要或捐赠人的意愿使用资产投资的赢利部分。捐赠基金也可以说是储备资金的一种类型，但是跟一般的储备资金比起来，捐赠基金的数额较大，而且在何时使用资产、怎样使用资产等方面有着具体的规定和限制，不到万不得已之时禁止动用本金。

非营利机构一般每年使用捐赠基金的5%，保守一些的机构只使用3%。如果某一年的投资回报率超过5%，那么整个捐赠基金就得以增值，机构从捐赠基金中获得的收入就会上升。如果某一年的投资回报率不到5%，但是前几年有增值基础，机构仍可以调用捐赠基金的5%而不直接减少本金的价值。值得注意的是，在经济极端不景气，投资失利的情况下，本金也有可能遭到"侵蚀"，会减少甚至消失。因此，即便是捐赠基金也无法带来绝对永久的经费保障，非营利机构的资金来源必须多样化，不可过分依赖于某种渠道，除了捐赠基金之外，还要开拓其他筹款项目，这样才能保证机构真正地获得可持续发展。

捐赠基金一般分为三种。第一种是严格意义上"真正"的捐赠基金，也是大多数捐赠基金的形式，即永久性的捐赠基金。其特点是本金不可动用，通过长久的投资为机构获得稳定的经费收入。经费收入可以用于机构具体的活动和项目，也可以用于支付日常运作成本。在很多时候，捐赠者会指定为某一项目或职位提供捐赠基金，如学校里的奖学金项目和讲席教授职位，博物馆里的某一展厅和某一收藏馆馆长职位，等等。根据赠款大小，捐赠者能够获得一定年限或永久的命名权，如"XXX 学者"，"XXX 教授"。对于获得这一称呼的学者和教授来说是一种荣誉称号，学者往往可以享受奖学金待遇，教授则因为捐赠资金的保障而经常可以拥有比一般教授更丰厚的工资。捐赠基金的赠款可以形式多样，包括现金、房产、证券等，可以一次性付清，可以分若干年付清，也可以是延迟的计划性捐赠。

第二种捐赠基金是有时间期限的。它指定当某一特定事件或时间到来的时候，开始用完本金。

另外还有一种捐赠基金是"准"捐赠基金。这类捐赠基金跟储备资金没有什么本质区别，机构既可以使用投资收益，在必要时也可动用本金，一般由理事会作出决定。

建立捐赠基金的益处不仅是在财务运作上为非营利机构带来一定的保障，而且为机构创造了接受高额捐赠的新渠道。建立捐赠基金，说明机构对自身价值永久存在的信心，体现了机构有长远的计划和考量，这一点容易吸引捐赠者。捐赠者除了提供年度捐助之外，会更有理由提供一次性的高额捐赠，专门用来支持捐赠基金的发展。许多计划性捐赠的捐赠者都更愿意为拥有捐赠基金的机构捐钱，因为这说明这一机构具有可持续发展的能力。

例如，致力于维护犹太人权益的美国反诽谤联盟（Anti-

Defamation League）在 2013 年百年诞辰之际，获得的首笔价值 100 万美元的捐赠就被指定投入于捐赠基金。那位捐赠人这样说道："这100 万美元源于我的经济能力，也源于我的内心，对于我个人来说意义非凡。我选择支持捐赠基金，因为我很高兴地知道，这样的话这笔钱每年都能够为机构带来大约 5 万美元的收入，并且可以一直持续下去！"可见，支持捐赠基金会为捐赠人带来一种超越自己生命长短的使命感和永恒感，这是颇有号召力的筹款理由。

二　历史发展

在过去，捐赠基金仿佛是大型非营利机构的专利，大多非营利机构没有、也缺乏能力组建捐赠基金。而在今天的美国，越来越多的非营利机构开始试图建立捐赠基金，用以稳定财务，保守未来。

自 20 世纪 80 年代以来，美国非营利机构所获得的政府拨款和企业资助大幅减少，非营利机构不得不创造性地寻找新的经费来源。20世纪 90 年代，捐赠基金的投资回报得到长足增长，据独立部门统计，1977～1996 年，美国非营利部门从捐赠基金所获得的投资收益自每年 51 亿美元飞涨到 315 亿美元。

尽管非营利机构越来越意识到捐赠基金的优越性，美国的捐赠基金却仍然分布不均，大量集中在教育和科学研究领域。除此之外，文化艺术机构的捐赠基金增长速度较快，再次是社会服务类机构。

无论是在美国还是世界其他地区，公益机构对资金的竞争和经济大环境的不稳定，注定使得捐赠基金在未来会变得更为炙手可热，举足轻重。

三 资产管理

非营利机构要保证捐赠基金长盛不衰地运作，为机构提供永久而稳定的收入来源，就必须对捐赠基金的资产进行有效的投资管理。对捐赠基金的投资管理具有两个目的：一是资产的"保值"，二是资产的"增值"，从而能够抵御通货膨胀和用于公益项目再发展。资产管理是维护和扩展捐赠基金的核心环节，而非营利部门的捐赠基金也是集中的资本市场资金来源，因此一个国家金融业的成熟程度和公益慈善事业的可持续发展具有连带关系。19 世纪初，对大型非营利机构资产的战略投资促成了美国现代投资银行和资产管理业的诞生。而今天，美国发达的金融系统对其公益慈善事业的蓬勃发展和自我维持仍然起到不可或缺的作用。

捐赠基金通常由理事会内所设立的投资委员会（Investment Committee）负责管理，并委托资产管理的专业人士负责具体的投资业务。投资委员会由具有相关金融知识和投资经验的理事会成员组成，也可以邀请一些外部专家顾问参加。投资委员会负责设定投资的预期目标和衡量投资结果的基准，制定方针政策（包括投资组合的分类和分配情况，被禁止的投资行为等），监督投资的情况，保证投资战略符合机构的方针政策和投资目标。拥有大型捐赠基金的非营利机构设有首席投资官（Chief Investment Officer）的职位，在机构内部拥有专业的投资管理团队，他们实行理事会制定的投资政策，与资产管理公司直接联络，力求达到投资目标。

例如，美国红十字会是红十字国际委员会在美国的指定从属机构，属于独立运作的民间非营利机构，美国红十字会在网站上公布其投资委员会的章程，对这一委员会的工作目的、成员组成、会议形式、决策程序和职责范围都有十分明确的规定。委员会章程中还规定，投资委员会每年须对自己的业绩表现进行评估，并将报告递交治理委员会阅览。

资产投资包括股票、债券和其他投资。有的非营利机构通过拥有资产管理能力的社区基金会和私人基金会来管理自己的投资，也有的分配给不同的投资管理公司打理，包括共同基金、对冲基金、私募基金和投资银行的资产管理部门等。非营利机构需要制定投资政策（Investment Policy），清楚说明投资的长期目标、战略原则及风险控制计划等。

以美国自由女神像和艾利斯岛基金会（The Statue of Liberty-Ellis Island Foundation）为例，这是一家中等规模的非营利机构，致力于自由女神像和艾利斯岛（美国移民博物馆所在地）这两大历史建筑的维护工作，它的善款全部来自民间。它的投资目标是确保捐赠基金的长期净回报率超过其支出（捐赠基金的5%）及通货膨胀率。基金会还设有详细的风险控制计划，如尽量把投资分散到不同的资产领域。以2012年为例，基金会37%的资产投资到美国大市值股票，23%投资到固定收益，15%投资到其他发达国家股票，8%投资到大宗商品，7%投资到长/短仓股票基金，5%投资到新兴市场股票，5%投资到多策略对冲基金。对每一类资产领域的管理者基金会都有对应的投资回报基准（benchmark）。比如说，基金会将定期把投资组合中管理美国大市值股票的基金公司的收益率与标普500指数的回报率相比，如果基金公司的收益率少于指数回报率，那么这一基金公司将会从投资组合中淘汰①。

有的非营利机构还会在投资政策中加入带有社会责任感色彩的方

---

① 根据美国自由女神像和艾利斯岛基金会的《投资政策》，2012年1月。

针。例如，美国大自然保护协会（Nature Conservancy）宣布，为了致力于控制全球变暖的威胁，它将不投资任何从煤或油砂（化石燃料排放最严重的能源）的生产中获取占总收入超过 5% 的企业，也不投资任何使用新型燃煤生电能力的企业，除非这些企业通过碳封存技术来降低二氧化碳的排放量。大自然保护协会就这样把公益宗旨融入于资产的投资政策之中。

投资多元化是近年来非营利机构，特别是大型的公益基金会及大学捐赠基金的投资趋势。这一趋势深受耶鲁大学捐赠基金（Yale Endowment）的影响。过去，基金会往往只投资于资产流动性大的股市或者债券市场，然而，耶鲁大学的捐赠基金在大卫·斯文森（David Swensen）的领导下，大胆投资于流动性稍差但稳定性及回报率较高的主动型的投资渠道，如对冲基金和私募基金。通过对历史数据和投资预期的科学计算，斯文森用现代投资组合理论（Modern Portfolio Theory）来分配对不同金融领域的投资比重。这一方法被称为"耶鲁模型"（Yale Model），他的先锋理念为许多公益资产投资人带来启迪。在他的领导下耶鲁大学捐赠基金在过去 20 年中赢得了平均每年 13.5% 的投资收益，为捐赠基金增加了 184 亿美元的资产，与其他美国捐赠基金的平均回报相比，在 2003～2013 年的 10 年间多增值了 70 亿美元[1]。

耶鲁捐赠基金目前的投资组合包括：35.3% 私募基金，21.7% 房地产，14.5% 绝对收益对冲基金，8.3% 自然资源（如石油、黄金等），7.8% 国际股票，5.8% 美国股票，3.9% 固定收益（如国债等），以及 2.7% 现金[2]。和投资策略较为传统的美国自由女神像和艾利斯

---

[1] 耶鲁大学投资办公室网页：http：//investments.yale.edu，2014 年 1 月。
[2] 耶鲁大学 2013 年年度捐赠基金报告：http：//investments.yale.edu/images/documents/Yale_Endowment_12.pdf，截至 2012 年 6 月 30 日的数据。

岛基金会相比，耶鲁捐赠基金对私募基金、对冲基金、房地产等非常规投资领域的投入远远超过对方。

资产投资不当会直接导致非营利机构的失败。一个典型的例子就是麦道夫骗局，2009 年曝光后导致四家公益基金会的破产——查思家族基金会（Chais Family Foundation）、JEHT 基金会、兰坪基金会（Robert I. Lappin Charitable Foundation）和皮考瓦基金会（Picower Foundation）。这些基金会违背了投资多元化的原则，将所有或一半资产交给麦道夫一人管理，这种单一的、风险极大的非营利机构投资方式是被美国法律禁止的。其中一个重要的考虑是，公共资金投向市场会对投资市场造成一定的影响。尤其是大笔的公共资金，如果集中在一个或寡头性的投资人手中，它的投资决定会冲击投资市场，甚至误导投资市场的行为。如果说美国证券交易委员会的监管不力纵容了麦道夫的诈骗行为，那么正是这些基金会在资产投资方面没有做好足够的"功课"，理事会监管失职，才导致了基金会走向毁灭的惨痛后果。

四　捐赠基金筹款

简单而言，成功的捐赠基金筹款就是结合有效的筹款方式方法。捐赠基金筹款可以融入于机构日常的筹款项目中去。例如，捐赠基金筹款可以作为计划性捐赠项目的一部分，向计划性捐赠的捐赠者特别提出，将他们的赠款用以支持捐赠基金。捐赠基金筹款也可以同时作为年度基金项目的有机组成部分，定期为捐赠基金劝募，或将非指定性的善款投入于捐赠基金的建设。

越来越多的非营利机构把捐赠基金作为资本筹款活动的一部分，因为机构在建设固定资产时自然需要考虑到它的长期维护和可持续性的问题。有的时候也可以开展专门致力于建设捐赠基金的筹款活动，其筹款规则和结构与资本筹款活动是一样的，我们将在第十章作进一步介绍。

捐赠基金筹款往往要求机构具备相对成熟的筹款项目、团队和经验，并不是所有的非营利机构都需要或者有能力来建立和管理捐赠基金。在决定设立捐赠基金之前，机构应该对自身的定位和筹款能力作一评估。

首先，并非所有的非营利机构都是需要"永久存在"下去的。当有的机构在实现了宗旨，完成了使命之后，是完全可以离开历史舞台的，这恰恰是机构成功解决了社会问题的佐证，比如某些社会议题的倡议性机构就有这种特点。此外，机构的年龄和在社会上的影响力也是能否建立捐赠基金的考虑因素，因为年龄是稳定性的一种标志，人们希望为稳定的组织资助捐赠基金。机构是否有足够的声望，它的工作和价值观能否得到人们的重视，是否具备战略性眼光的长远发展计划，这些都是衡量机构是否准备好发展捐赠基金的问题。

其次，理事会需要批准创建捐赠基金，确定理想中基金的规模大小，并制定相关政策，这包括如何使用捐赠基金收益、在怎样的极端情况下是否可以以及如何动用本金、接受捐赠政策和投资政策等。

再次，机构必须具备法律和财务等方面的专业支持能力，能够妥善接受和管理赠款，接受捐赠者的问责。

最后，其实也是最重要的一点，就是机构需要具备高额捐赠的筹款能力。前面已经分析到，任何筹款都必须拥有四大基石：筹款的理由、筹款引领者、可能捐赠者及筹款计划。对于捐赠基金这种要求比较高的筹款更是如此。机构必须已经拥有比较成熟完善的年度捐赠项目，获得过高额捐赠，从理事会到员工都有高额捐赠筹款的经验，具备足够的捐赠者群体，特别是个人捐赠者，因为他们最有可能愿意为机构的捐赠基金和日常运作提供支持。捐赠基金筹款的数额起点大，因此捐赠引领者也是必不可少的，如果没有大笔赠款的引领作用，就很难筹措到足够的资金。

负责筹款的团队需要具备管理高额捐赠筹款过程的系统和基础设施，这包括完整而清晰的捐赠者数据库、一套追踪和管理可能捐赠者的方法等。

此外，机构完全可以运用计划性捐赠项目中的类似传播媒介和工具来推广捐赠基金——宣传册子、期刊、网站、特别活动等。传播信息中强调捐赠基金的永久价值，告知可能捐赠者基金的使用计划，以及作为捐赠基金的捐赠者所能获得的命名权。

对捐赠基金捐赠者的认可和问责至关重要，必须列在机构长期的项目和人员规划之中。捐赠基金的捐赠者对机构充满信任，认为机构具有长期的财务问责性，才会出资支持捐赠基金，因此值得获得特殊的认可和关注。捐赠者对捐赠基金的投资既然是永久性的，机构与他们的关系也应当是永久性的。机构应该为他们提供年度报告，告诉捐赠者基金的运作情况，对机构的运作和发展起到多大的作用。机构还可以创造一些特别的形式来认可捐赠基金的捐赠者，如把捐赠者列为某一捐赠圈或团体，举办年度活动，增进友谊和感情，这其实也能达到继续培养未来高额捐赠的目的。

资本筹款活动往往是在集中一段时间内建立和发展起捐赠基金的有效方式。第十章将具体介绍开展资本筹款活动的过程、策略和方法。

第十章　资本筹款活动

在所有的筹款项目和创议中，资本筹款活动（capital campaigns）恐怕是最振奋人心，最能让人体验到筹款乐趣的了。在筹款的"科层制"排名榜中，资本筹款活动中的捐赠因其平均额最高，所以"资格"最老，排行第一。

"Campaign"一词在英语中原是军事用语，是战役的意思。演化到政治上便是竞选运动的意思。可见，这是一个带有"快速""较量""高强度""持续性"含义的字眼，它同时充满着明确的方向感，一切持续性的运动都是为了达到一个清晰的目标。在非营利管理中，资本筹款活动是指公益机构为了实现各种固定资产建设的需要，在指定的时间段里，通过高强度的工作筹措到一个具体金额目标的筹款努力。相对于其他日常性的、节奏较为平稳的筹款项目而言，资本筹款活动往往工作强度最大、成本最低、收益最高。

在传统意义上，最令人耳熟能详的资本筹款活动目的就是为了"盖新楼"，或者整修、扩建机构原有的建筑等这样的基本建设工程。近年来，资本筹款活动的涵义在逐步扩大范围，任何能够满足机构建设和积累固定资产的筹款需求，几乎都可以归类于资本筹款活动的目的范畴之内。因为无论具体目的有何差别，它们筹措资金的基本操作方法是一致的，最终目标也都是为了扩充非营利机构的公益资产，创造长期稳定的"公共财富"。因此，除了与非营利机构的"楼房"有关之外，资本筹款活动的目的还可以包括置地或更新土地，购买办公设施和设备，设立和发展捐赠基金，创办新项目等。如果没有资本筹款活动所带来的"新资源"，单靠日常的、维持机构基本运作的筹款项目，机构是无法实现以上目标的。资本筹款活动的概念愈来愈松散而宽泛，事实上也基本等同于各类筹款活动的总称（fundraising campaigns）。筹款活动的具体目的尽管不同，但是其运作方法都是基于"盖新楼"为目标的传统的资本筹款活动。

很多非营利机构将几种或多种筹款需求合并在一次资本筹款活动之中，称为"综合筹款活动"（comprehensive campaigns）。其中把"盖新楼"的目标与建立捐赠基金的目标结合起来最为常见。比如位于纽约曼哈顿的史宾斯女校（Spence School）历史悠久，是一家独立运作的私立学校，它提供从幼儿园到高中的教育，连年被《福布斯》杂志列为美国最好的十大大学预科学校之一。史宾斯女校近年来成功完成了预期目标为9000万美元的资本筹款活动，其筹款目的就是双重的：一是为学校购置和装修新教学楼，扩大学生的活动空间，所需经费是7000万美元；二是为扩大学校的捐赠基金，用以加强学术项目，吸引优秀的师资，增加学生助学金和维持新楼的运作成本，这一部分所需的经费是2000万美元。在建设新楼的同时不忘未来的长期维护，这往往是筹款目标的自然结合，也易于获得捐赠者的共识。也有的机构采取"什么都算进来"的方法，将资本筹款活动期间全部的慈善收入都算作实现筹款活动总金额目标的一部分，即包括年度基金和其他所有筹款项目的收入。

过去，资本筹款活动因为募款目标之宏大，所要求的捐赠额之昂贵，被视作"一生一次"的筹款努力。然而如今，有筹款能力的非营利机构每隔 5～10 年就开展一次大型筹款活动也已经不足为奇了。由于资本筹款活动是有时间限制的（3 年、5 年、7 年甚至 10 年），筹款目标是相当明确的，它给予捐赠者一个"马上捐钱"的有说服力的理由，为捐赠者提供了一个能够极大提升机构社会地位和影响力的捐助机遇，让捐赠者感到，他们的善款能够为完成机构更上一层楼的转型留下历史的印记。

和任何筹款努力一样，成功的资本筹款活动离不开四大基石——筹款的理由、筹款引领者、可能捐赠者和筹款计划。资本筹款活动是"无所不包"的，也就是说，机构领导层和各部门、各筹款项目的工作人员都应为之效力，机构也应当邀请所有的支持者群体成员参与进来。引领性的捐赠固然至关重要，但是对于大规模的筹款活动来说，"把网撒大"，邀请所有的利益相关者参与到机构的这一重大转型升级过程中来同样重要。资本筹款活动往往是重新点燃人们对公益事业的热情，激励大家共同支持机构再发展的良好契机。

资本筹款活动的成功秘诀在于执行力——机构需要大量地、不停地、有战略性地接触和拜访所有可能捐赠者。"行动，行动，行动"，这一筹款业之精髓在高强度的资本筹款活动中能够体现得淋漓尽致。资本筹款活动要求筹款者围绕可能捐赠者这一中心展开一系列运动步骤，分阶段、按次序地向可能捐赠者提出募款请求。整个过程工作量大，进展快，涉及的志愿者、捐赠者和工作人员众多，这就更需要筹款者能够井然有序、细致严谨地管理整个筹款的流程。"组织纪律性"是资本筹款活动的本质。

现在，就让我们走进资本筹款活动的世界，领会一番这一充满激情和挑战的筹款项目具有哪些特点、步骤和组织结构，如何战略性地规划资本筹款活动，以及怎样落实计划，走向成功。

一　独一无二的资本筹款活动

那么，资本筹款活动有<u>哪些</u>独一无二的特点呢？表 10 - 1 列出了它的一些重要特征。

表 10 - 1　资本筹款活动的特点

---

1. 具有明确的筹款目标,既包括社会目标,也包括金额目标。

2. 有计划中的筹款时间段,需要整个机构集中精力完成。

3. 注重高额捐赠。

4. 强调分期付款。

5. 捐赠来源和形式多样。

6. 强调井然有序的管理,分阶段进行。

7. 有助于扩大支持者基础库,为人们提供"现在捐钱"的理由。

8. 促动机构慈善文化的发展。

资本筹款活动具有明确的筹款目标。一方面是社会目标。机构为什么需要筹措这么多资金？这会给我们的社区和社会发展带来怎样有益的影响？资本筹款活动需要有强大而吸引人的筹款理由，并作为机构总体战略计划的重要组成部分。另一方面是金额目标。资本筹款活动的金额目标是雄心勃勃的，它需要起到振奋和鼓舞人心的效果，它同时也是可行的，不能与现实脱节。

资本筹款活动有计划中的时间段，需要整个机构集中精力完成。成功的资本筹款活动是复杂的、有组织的、集中的努力，在筹款活动期间，机构中的每个人都在呼吸着同一场"战役"的空气，都必须将它作为自己的工作重点。资本筹款活动也是拜访捐赠者，提出募款请求的直接动因，从最有可能提供引领性捐赠的支持者开始做工作，直到最后邀请所有可能捐赠者加入，这是一个有序的、不容停歇的过程。倘若缺乏这种集中精力的干劲和组织能力，资本筹款活动是绝不可能进行到底的。

资本筹款活动的一大特点是注重高额捐赠。在资本筹款活动中，筹款者向捐赠者提出的捐助额要比他们平常的捐助额高出许多，通常是年度捐赠额的十倍左右。但事实上，并非所有的捐赠者都有实力和条件提供高额捐赠，因此，在实际操作中，我们向支持者强调的是"尽己所能的捐赠"（stretch gifts）——只要在自身力所能及的范围内为机构提供超过平时捐赠的最大限度的捐赠，便是表达了他们对机构的莫大支持和美好心意。这不仅是在鼓励捐赠者"多捐一些"，而且是让他们看到这笔特殊的、一次性的捐助对于机构史无前例的重要性和影响力①。这样，捐赠者原来可能只考虑捐10万美元，"尽己所能"后可以捐出25万美元，资本筹款活动为机构提供了这样一个鼓励捐赠者尽可能提供最高额度赠款的宝贵契机，而对于捐赠者而言，他们心里也会为其尽力而为的捐赠感到欣慰和自豪。

为了鼓励更多的高额捐赠，资本筹款活动的另一大特点是强调可以分期付款。这种方式是为了体恤捐赠者的情况，便于他们提供总额尽可能大的赠款。捐赠者承诺某一捐款总额，这一总额算在资本筹款活动的金额目标之内，捐赠者也能获得这一捐助级别的相应认可，然后进行分期支付。支付的期限通常为3~5年，一般不超过10年。筹款者通过与捐赠者商议，确定双方都能接受的支付期限和每笔款项到账的具体日期。值得注意的是，分期付款的年限不易拖得太久，否则影响机构的现金流，资金无法及时到位会为项目的顺利开展造成障碍，这一点需要在商议中取得捐赠者的理解。

---

① 肯特·德芙（Kent E. Dove）：《开展成功的资本筹款活动》（*Conducting a Successful Capital Campaign*），第二版，旧金山，Jossey-Bass 出版社，2000，第128 页。

此外，由于资本筹款活动以高额捐赠为主，并且捐赠者的范围"无所不包"，所以它的捐赠来源和形式多样，力求让每位支持者都有参与的机会和选择，这正是资本筹款活动的吸引力所在。捐赠的选择及其组合越多越灵活，就越有利于促动高额捐赠。捐赠可以来自个人、基金会和企业，可以是现金、股票和实物等。人们可以提供完全而直接的现金捐赠，也可以选择计划性捐赠，还可以将两者结合起来。同样，人们可以将年度基金的捐赠同资本筹款活动的捐赠结合起来。筹款者应该试图让捐赠者同时为年度基金和资本筹款活动捐款，这样资本筹款活动就不会影响到年度基金的正常运作。筹款者需要向捐赠者正确地解释和推广年度基金和资本筹款活动的区别，传达类似以下的讯息：

> 年度基金如同一个人的支票账户，而资本筹款活动的捐赠则好比是储蓄账户。年度基金是为了支持机构眼下的运作开支，而资本筹款活动的捐赠是为了满足机构未来的发展需要。两种筹款项目同等重要——前者是我们今天的生命线，后者保守我们的明天。因此，我们希望捐赠者在参与资本筹款活动的同时，能够继续为年度基金提供捐赠。

资本筹款活动有其特定的组织结构，采取分阶段法，强调井然有序的筹款流程管理。资本筹款活动有明确的开始、中期和结尾阶段，这样机构比较容易把握进程，避免筹款活动陷入疲软状态，沦为一场"永不结束的战役"。这也是为什么资本筹款活动需要大量的筹款志愿者和引领人，这样有利于为筹款活动不断注入新鲜血液，保持高强度劝募的势头和士气。

资本筹款活动是一个令人振奋、充满活力的过程，不仅对于机构如此，对于工作人员、捐赠人和志愿者而言亦是如此。它为筹款者提供了一个向捐赠人说"我需要你的支持，并且现在就需要"的机会，它创造捐助的紧迫感，为人们尽己所能给予捐助提供了理由。

资本筹款活动往往也能深刻地改变一家非营利机构的慈善文化面貌。通过一次大规模、高强度的筹款努力，机构上下仿佛重新获得了活力，捐赠文化会更加浓郁。常听到人们感慨地说："我们的理事会成员在资本筹款活动前后仿佛判若两人"，指的就是理事会成员通过资本筹款活动，原本参与机构事务少的，如今却参与多了；原本不太愿意捐钱的，如今却提高了意识，成为高额捐赠者，甚至是筹款引领人；原本不太知道如何对外募款的，如今却经过磨炼成为有经验的筹款志愿者。成功的资本筹款活动确实拥有强大的感召力，能让整个机构体会到团队力量的伟大，也愈加学会担当捐赠和筹款的责任，共享其中的乐趣。

二　可行性研究

资本筹款活动正式开始前的规划工作是最关键的一个环节。很多非营利机构会开展资本筹款活动的可行性研究，也称为规划研究（feasibility/planning study）。

可行性研究好比筹款中的"市场调研"，它向关键的可能捐赠者和志愿者提问、倾听、衡量、验证和核实，对捐赠者市场进行客观地评估，判断机构是否已经具备了开展资本筹款活动的基础，它的支持者群体是否愿意提供足够的捐赠，是否有合适的人愿意担当起筹款引领者的角色。可行性研究不仅有助于全面理性地规划资本筹款活动，而且能够为机构的关键支持者提供参与和融入的机会，从而达到接触和培养可能捐赠者的特殊效果。

可行性研究一般由机构聘用专长于非营利管理和筹款的咨询公司或独立的顾问完成。聘用第三方作为顾问的好处是能保证整个研究过程的客观性，而且有经验的筹款顾问知道该问什么问题，能够较好地分析对方的反馈，对资本筹款活动的可行性作出正确的评估。

可行性研究是要对机构的关键可能捐赠者和志愿者进行一对一的深入采访。采访一般持续 45 分钟 ~ 1 小时左右。由于采访中所提出的问题会比较敏感，所以研究中收集到的信息是非公开的，即便公开了数据，其数据来源（即受访者的名字）通常是保密的。

在采访之前需要准备四份材料。

首先是一份被采访者名单。被采访者至少 30 人左右，多至上百，包括机构的理事会成员、资深管理人员、目前的高额捐赠者、潜在的重要捐赠者以及有可能成为筹款引领者的人选。名单中必须包括能够为资本筹款活动提供或影响前 10 ~ 20 笔捐赠的人。

其次是要准备一份筹款理由陈述书的初稿，称为背景陈述。采访中的一项重要内容就是倾听对方对这份初稿的反馈：筹款理由是否有说服力和吸引力？是否反映了某一社会问题的紧迫性？是否能够赢得机构支持者的共鸣？是否能够动员潜在捐赠者慷慨解囊？筹款者日后可以根据采访者的意见进一步修改初稿，形成筹款活动正式的官方"故事叙述"。

再次是起草一份捐赠列表，用于在采访中试探对方对资本筹款活动的金额目标及捐赠计划的反应。采访者可以直接询问对方，可能会提供捐赠列表中哪一层次的捐赠额。

我们在第六章介绍年度基金时引入了用捐赠列表来规划和分析筹款的方法。捐赠列表不仅在资本筹款活动的可行性研究中用得到，在其执行过程中也是必不可少的工具。而且，筹款者根据采访对象的反馈修改捐赠列表，随后又可成为设计捐赠者认可项目的基础，即如何合理归类不同捐赠级别的捐赠人，让他们获得不同的认可和益处。

资本筹款活动的最大难点就是对高额捐赠的极度关注，而且要在筹款活动一开始就必须筹措到足够的高额捐赠。一般而言，90%的资本筹款活动的捐款应该来自于不到10%的捐赠总人数。在采访中，有经验的筹款者已经能够估计到谁会提供引领性的捐赠。

表10-2展现的是比较典型的资本筹款活动的情况。表中所显示的这家机构捐赠者基础库不大，但对机构的忠诚度较高。在这一例子中，资本筹款活动的总目标是1000万美元，分5年付清。引领性捐赠占总目标的近一半（47.5%），其中最大的一笔捐赠（100万美元）占总目标的1/10。

表10-2　资本筹款活动捐赠情况 （筹款总目标为1000万美元，分5年付清）

捐赠类别	目标捐赠者人数	所需要的可能捐赠者人数	捐赠额/人（美元）	共提供捐赠（美元）	累计捐赠额（美元）	占筹款目标比例(%)
引领性捐赠	1	5	1000000	1000000	1000000	47.5
	1	5	750000	750000	1750000	
	3	15	500000	1500000	3250000	
	6	30	250000	1500000	4750000	
高额捐赠	14	56	100000	1400000	6150000	39.5
	26	104	50000	1300000	7450000	
	50	200	25000	1250000	8700000	
特别捐赠	70	210	10000	700000	9400000	12
	100	300	5000	500000	9900000	
一般捐赠	许多	所有其他的可能捐赠者	低于5000	100000	10000000	1

注：一般而言，"所需要的可能捐赠者人数"要比"目标捐赠者人数"多出若干倍。比如上表中，"引领性捐赠"的"所需要的可能捐赠者人数"就是"目标捐赠者人数"的5倍。相应地，"高额捐赠"者为4倍，"特别捐赠"者是3倍。在做捐赠计划时可以按照一定的经验比例和所掌握的可能捐赠者人数来互相确定目标计划和工作计划。

最后，在可行性研究采访前还需要准备好一份问卷，这是第四份材料。问卷内容包括对筹款理由的看法和意见，对筹款目标金额及活动时机的评估，谁可以成为筹款引领者的最佳人选，以及被采访者本人愿意如何参与筹款活动等。

筹款顾问在结束采访后，将数据综合分析，然后撰写可行性报告。报告中判断机构是否可以开展本次资本筹款活动，如果可以的话，筹款目标建议是多少，并提出执行的意见和计划。可行性报告的初稿递交机构的管理层和理事会中的合作发展委员会参阅讨论，最后由机构领导作出决定。

三　目标和预算

筹款的初步金额目标是由机构管理层、项目负责人和筹款专员共同商议的结果，并根据可行性研究中的反馈进行调整，然后经由合作发展委员会和整个理事会批准。

资本筹款活动的目标基于机构的资金需求，但又不完全是需求本身。这个目标既要能起到鼓舞人心的作用，又要切合机构的实际能力和状况，一个可望而不可即的目标会将筹款活动拖入失败的泥潭，反而对机构的整体信心和名誉造成打击。目标的制订取决于筹款四大基石的扎实程度——筹款理由是否得到广泛支持，筹款引领者是否有影响力并大力投入，捐赠者群体是否广阔且有潜力，筹款计划是否符合机构的实际状况。

通过资本筹款活动常能获得机构历史上金额最大的捐赠，所以往往被认为是各种筹款项目中成本效益最高的。我们首先应该明确"会花钱，才能赚到钱"的原则，资本筹款活动需要足够的资金来保证高强度、高质量的筹款运作。不少非营利机构雇用专业的筹款咨询公司来规划和管理过程，有的机构还聘用资本筹款活动主任，这一职位是合作发展主任的第二把手，专门负责与资本筹款活动有关的事务。与此同时，非营利机构也需要控制成本，保证资本筹款活动的高效性——关键在于投资回报率（Return on Investment，ROI），而非成本本身。如果筹款的投资回报率低，不仅理事会有非议，也会影响到机构在可能捐赠者眼中的形象。

怎样的预算才能实现资本筹款活动的高效性呢？小型的筹款活动按比例计算通常所花的成本比目标亿元以上的大型筹款活动要高，因为这里有一个基础成本的问题。一般而言，筹款成本占资本筹款活动金额目标的5%～15%之间都属于合理的范围。大部分开销其实都用于筹款活动的前期准备工作，在真正活跃地进行劝募的阶段，直接的运作成本往往只占金额目标的0.5%～3%。更好的衡量方法是计算投资回报率。例如，倘若资本筹款活动的成本占金额目标的12.5%，那么ROI的比例就是8:1，也就是说，每花1元钱能产生8元钱的收入，创造7元钱的净利润。

以下列出的是比较典型的预算组成部分及其结构比例，仅供大致参考：

人事	50%～60%
筹款材料与特别活动	20%～30%
行政	10%～20%
意外情况	5%

四　领导和管理结构

与其他筹款项目相比，资本筹款活动更依赖于志愿者的领导力，即筹款引领者的作用。志愿者的领导团体一般由机构理事会和非理事会的筹款活动领导委员会组成。图 10 - 1 勾勒出资本筹款活动中领导和管理层组织结构的概况。

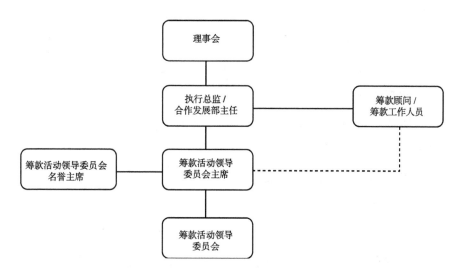

图 10 - 1　资本筹款活动的组织结构

作为非营利机构的首要守护者，理事会有权批准或否决开展资本筹款活动，一旦批准的话，便自然有义务为筹款出力。理事会成员一方面要尽己所能地提供捐赠，另一方面也要协助筹款。如果连理事会都不愿为机构投资，难道还能指望外部的志愿者承担这份责任吗？

在资本筹款活动中，通常需要组建一个非理事会的领导小组，一般称为筹款活动领导委员会（Campaign Cabinet，或 Campaign Steering Committee）。根据实际情况，筹款活动领导委员会的主席可以是理事长本人，也可以是其他更合适的志愿者，而且可以不止一位。筹款活动领导委员会有效与否，是资本筹款活动的成败关键。

筹款活动领导委员会的成员应该是机构长期忠诚的支持者，他们大力拥护筹款创议及其计划，勇于为筹款成功承担责任，他们首先要

为资本筹款活动提供引领性的捐赠，并且愿意动用自己的社会关系，积极引荐其他的可能捐赠者，向他们提出募款请求，合作推动机构事业发展。

概括而言，筹款领导委员会的主要角色包括：

- 担任资本筹款活动的引领者和公共代表，提供引领性捐赠。
- 监督资本筹款活动，提供咨询，为筹款活动的成败负责。
- 协助机构管理层培养高额捐赠者，向他们介绍情况，并提出捐赠请求。
- 为机构介绍新的可能捐赠者。
- 鼓舞和动员机构的其他领导层志愿者。

除了筹款活动领导委员会之外，非营利机构在组建领导团队时也应充分发挥创意，尽可能建立其他各种"名分"和"来头"的筹款志愿性组织，以达到促进捐赠的目的。领导组织可以采取"先给头衔，再捐钱"的方式，也可以采取"捐了钱，再给头衔"的办法。前者将加入筹款领导团队的机会作为一种邀请和培养可能捐赠者的策略，后者则作为吸引和认可捐赠者的方式。例如，金融家和慈善家乔治·索罗斯（George Soros）所创办的新经济研究所（Institute for New Economic Thinking）为了鼓励全球捐赠，曾设想建立"全球合作伙伴委员会"（INET's Global Partners' Council），只要为研究所提供 25000 美元以上捐赠的人，就能加入这一组织，享受一系列参与研究所高端活动的机会。这种方法在实践中也经常能起到很好的效果。

五　分阶段筹款法

在资本筹款活动中，筹款必须遵循"自上而下，由内及外，抓大放小"的原则，有序进行。

我们在介绍捐赠者群体模型（第三章）时分析道，非营利机构的核心捐赠者群体位于模型的中央，这一核心包括理事会、管理层和已有的高额捐赠者。筹款应该从这部分人群入手，然后在核心人员的带动下向外部发展其他捐赠者。

前文提到，资本筹款活动的最大挑战在于一开始就要落实引领性捐赠。引领性捐赠为接下来的筹款工作设定"标杆"，如果引领性捐赠的金额太低，其他捐赠也会相应地放低标准，造成难以达到筹款目标的局面。因此，有序筹款是获得资本筹款活动成功的基本原则，这一原则要求筹款者一开始就要高度关注引领性的、最大的几笔捐赠，而不要花费大量精力筹措位于捐赠列表底端的小笔捐赠。

资本筹款活动应遵循清晰的阶段性方式。只有当机构已经邀请所有的内部核心捐赠者群体参与捐赠，已经筹措到全部的引领性捐赠和绝大部分高额捐赠之后，才对外宣布资本筹款活动。也就是说，只有当机构对达成筹款目标满怀信心的时候，才将资本筹款活动广而告之。这种特有的分阶段法能够让那些关键的高额捐赠者感觉自己是筹款活动中核心的利益相关者，是真正的"圈内人"。对外宣布前的阶段称为"沉默期"，宣布后的阶段称为"公开期"。在原则上，进入公开期之前资金募集得越多越好，不少非营利机构在筹到至少90%的款项之后才进入公开期。

非营利机构可以通过举办特别活动来宣布资本筹款活动。这样一方面可以感谢和认可已有的捐赠者，另一方面则为筹款的公开阶段提供动力，标志着开始要向余下的所有可能捐赠者提出募款请求了。

图10-2划分了资本筹款活动阶段以及每一阶段的重点任务。

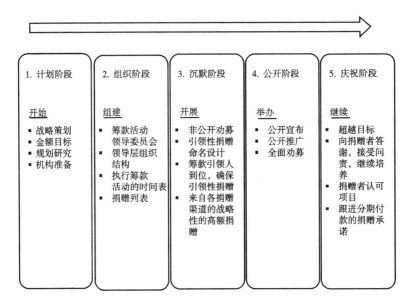

图 10 - 2　资本筹款活动的阶段

六　执行力

　　资本筹款活动是一项需要花费大量时间和资源投入的重大工程，没有坚持不懈的劝募行动，就不可能募集到资金。

　　资本筹款活动的成功与否高度依赖于筹款引领者的作用，但是，筹款引领人毕竟是志愿性的，他们需要机构管理者和筹款专业人员为他们提供专业的支持和引导。事实上，机构的关键管理人和筹款专员是一切筹款行动背后的推动者。物色并聘请有专业技能和有实际经验的筹款专员至关重要。

　　筹款专员要善于"管理"筹款引领者和其他志愿者。筹款专员的角色包括为筹款志愿者提供对可能捐赠者的研究和筹款的相关材料，为志愿者开展筹款培训，让他们熟悉筹款理由和计划，并为他们培养捐赠者和提出捐赠请求出谋划策，帮助他们做好募款各方面的准备。为了掌握和推动进度，筹款专员应该定期组织与筹款活动领导委员会及其他相关领导团体的会议。此外，筹款专员还应起到鼓励志愿者的作用，保持筹款引领者的兴趣和热情，为大家继续努力向着筹款目标挺进而树立信心。

筹款专员需要支持和管理好各个志愿者的募款行动，时时把握资本筹款活动的进度。把握进度反映在对关键数字的追踪和关注中，包括明确阶段性目标、已经筹到多少/还差多少、等候答复的捐赠（人数和金额估计）、其他可能捐赠（人数和金额估计）、平均捐赠额（总体和阶段性分析）、余下时间、下一步行动及其日期、谁负责跟进哪位捐赠者、行动力评估（一周内拜访了多少可能捐赠者），等等。

筹款专员还须具备执行后续工作的能力。完成了金额目标并不意味着筹款的终结。筹款专员需要管理一系列的跟进工作，包括赠款的支付、逐步收回分期付款的捐赠承诺、对内对外的传播、落实捐赠者认可项目、接受捐赠者的问责等。这样才能维持和巩固与捐赠者的人脉关系，在筹款活动成功的基础上为未来继续获得高额捐赠打下基础。

在我们了解了非营利机构基本的筹款项目，并掌握了关键筹款原则之后，第三部分将介绍向不同的资金来源渠道——个人、基金会和企业分别进行募款的策略和方法。

第三部分　资金从哪里来？

第十一章　多样化原则

在这一章中，我们以美国非营利部门的历史和现状为参考，探讨公益性非营利机构的各种资金来源渠道，以及实现经费来源多样化对机构发展的重要性。

一　三大经费支柱：经营性收入、政府支持和民间捐赠

尽管民间捐赠对于维持非营利部门的活力和独立性起着至关重要的作用，民间捐赠却远远不是公益性非营利机构经费的主要来源。

根据美国的总体情况来看，公益性非营利机构最主要的资金来源其实是提供社会服务所收取的费用，比方说医院的医疗费、学校的学费、歌剧院的门票、活动的入场券、博物馆纪念品商店里的商品等，也包括政府通过使用非营利机构的服务产品或向个人提供医疗补助、优惠购货券、收入维持款和抵税金额等方式直接和间接地支付费用。民间的慈善捐赠占第二位，余下的部分是来自政府的资助。图 11 - 1 显示了公共慈善机构 2009 年的经费来源，其中从政府和民间收费所得收入占所有经费的 75%，民间渠道的捐助占 14%，政府的资助占 9%。这一比例近年来大致保持不变。

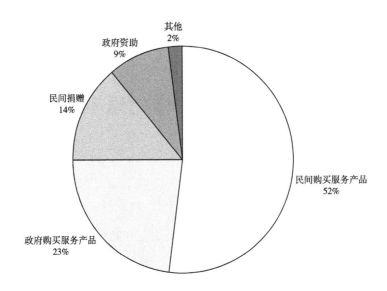

图 11 - 1 美国公共慈善机构的资金来源（2009 年）

注：美国税法将 501（c）（3）类非营利机构分为公共慈善机构（public charities）和私人基金会（private foundations）。私人基金会主要为其他公益性机构或项目提供资金资助，因此不计算在本图之内。

数据来源：凯特·罗杰、艾米·波莱克伍和莎拉·帕提琼：《2011 年非营利部门概况：公共慈善机构、民间捐赠与志愿》，城市研究所出版，2011。

当然，非营利机构所从事的服务领域不同，它们的经费来源分布也大不相同。例如，收费是教育（占 56%）和医疗机构（47%）最主要的经费来源，政府是扶贫等人道主义服务机构最主要的经费来源（53%），民间捐赠则是艺术类机构（44%）和宗教组织（95%）最主要的经费来源①。

表 11 - 1 列出了美国斯坦福大学 2013 ~ 2014 财务年的经费来源。它的运作资金来源组合不仅包括提供教育科研服务所获得的经营性收入（学费和医疗服务收入共占 31%），也包括慈善捐赠（资助研究项

---

① 独立部门和城市研究所：《非营利部门新年鉴与参考手册》（*The New Nonprofit Almanac and Desk Reference*），华盛顿特区，2002，第 106、108、112、113 页。

目等的善款共占 25%），以及捐赠基金和其他投资收益（占 25%），
还包括政府资助（美国能源部所属的国家加速器实验室获得的经费
占 9%）等，其财务结构堪称多元。

表 11 - 1　美国斯坦福大学的经费来源（2013～2014 财务年）

单位：%

经费百分比	来　　源
16	学费
15	医疗服务收入
19	研究资助
6	善款及净资产的花费
21	捐赠基金投资收益
4	其他投资收益
9	SLAC 国家加速器实验室
10	其他收入

数据来源：斯坦福大学网页，http://facts.stanford.edu/administration/finances，2014 年 1 月。

再以美国大都会艺术博物馆为例（表 11 - 2）。它的运作资金组
成部分中慈善捐赠和捐赠基金投资收益的比例更高一些（共占
59%），其次是提供服务所获得的经营性收入（门票和会费收入共占
27%），另外还有纽约市政府的资助（占 10%）。

表 11 - 2　美国大都会艺术博物馆的经费来源（2012 财务年）

单位：%

经费百分比	来　　源
33	捐赠基金投资收益
26	善款及净资产的花费
16	门票收入
11	会员会费
6	纽约市政府资助（水电费用等）
4	纽约市政府资助（治安与维护等）
4	其他收入

数据来源：美国大都会艺术博物馆《首席财务官年度报告》，2012。

收取服务费用是非营利部门，特别是教育和医疗机构的主要经费来源，这体现了美国社会事业市场化运作的特点。非营利机构经营模式中的收费服务是以保本为基本诉求的，即通过收费可以直接抵充一部分或全部的成本；也有以保本微利为诉求的，即收费在抵充成本以外得到一些财务盈余，以备机构再发展。

按照市场机制运作就意味着自由竞争，非营利部门的竞争日趋白热化——在各个服务领域，非营利机构面临着业内的竞争，在某些服务领域，它们还面临着来自政府和商业机构的竞争。消费者可以自主选择社会服务的提供者，例如，美国人可以选择将自己的小孩送私立幼儿园（非营利机构）、公立幼儿园（政府）或者商业幼儿园（商业机构）。政府在一定程度上鼓励商业机构和非营利机构进行竞争，因为有竞争就有比较，有利于提高社会资源的有效利用率和公共服务的总体质量。非营利机构如果不能做得更多更好，一方面会危及自身的生存问题，另一方面也会让公众和立法者质疑是否需要继续给予它们税收上的优惠。

二 向政府筹款

本书介绍的对象是公益筹款，公益一词本身就代表着民间行为，因此非营利机构该如何向政府获取资金并不是本书讨论的重点。但是为了让读者更全面地了解非营利部门的运作和经费来源，在这里根据美国的经验对政府资助略加概述。

即便在藏富于民、公益慈善极度发达的美国，政府也是非营利部门重要的资金提供者之一。政府对非营利部门的资助具有悠久的历史传统，早在英国殖民时期就开始了，包括哈佛大学和马萨诸塞州医院在内的著名教育和医疗机构在创建初期都获得了政府的资助。尤其在进入 20 世纪 60 年代之后，包括美国在内的西方发达国家加大了社会福利和保障，政府扩大了在很多新兴社会项目领域的投入，对非营利部门的总体资助呈明显上升的趋势，从而促动了全国范围内非营利机构的迅速成长①。因此，向政府筹款也是非营利机构筹款工作的重要组成部分，许多非营利机构都设有专门的政府筹款项目。

有些非营利机构，如政策研究和倡议组织，为了保证其独立性，不接受任何政府的资助，这或许是美国跟中国或其他一些国家不同的地方。

政府资助包括来自联邦政府、州政府及地方政府部门的资金支持。政府每年都会有拨给各种社会事业的预算，由立法制订，政府经常外包给非营利机构来经营和执行这些社会项目，很多资助款项是多年期的，金额较大。值得注意的是，政府没有规定每年要定向资助某家非营利机构，政府没有义务"养着"这些机构。资助对象的选择也有可能因为新立法的通过和政府预算的改动而突然改变。因此政府经费的稳定性并不强。

政府资助非营利机构是有选择性的，一般选择那些声誉最好的机构作为合作伙伴。对于非营利机构来说，政府的资助是靠信誉和业绩"赢得"的。例如，2010 年两家非营利机构获得了国会资助的教育创业资金，它们是大学生支教组织"为美国而教"（Teach For America）和特许学校组织"KIPP 基金会"（KIPP Foundation），分别获得了 5000 万美元的资助，同时申请这一经费的非营利机构多达

---

① 美国各级政府在社会福利事业中的经济支出尽管有所扩大，这个比例仍然明显少于多数发达国家的水平。而且，政府的大部分支出集中在退休金、医疗保险、教育等领域，目的是为公民提供最基本的社会福利，实际上还远不能解决多种多样的社会需求。因此，尽管政府的角色不可或缺，民间的努力在公共服务中的地位近年来却有增无减。这体现了美国社会事业对私人部门和公益慈善行为的高度依赖。

1700 家，可谓千里挑一。

从操作过程上来讲，向政府筹款跟向私人的公益基金会筹款有不少相似的地方，它们都是一种市场竞争和市场选择的过程。这两种筹款都要求正式的项目申请和汇报，需要按照规定的格式和时间表递交项目建议书及其他材料。在政府资助的申请过程中，有可能会比较官僚化，有时需要与不同级别的政府人员接触和沟通，申请材料一般也比较繁杂，有的项目建议书可达到 40~100 页。此外，同所有的筹款工作一样，人脉总是能对申请成功起到积极的推动作用。因此，非营利机构的领导管理层与参议员、国会议员和国会工作人员建立互信关系有助于提高申请成功率。

政府十分重视申请过程的透明度。申请的评审意见和相关文件是对外公开的，申请者可以参加评审讨论会。政府也同样注重受赠机构的透明度和问责性。相关部门希望知道，非营利机构是否如其所承诺的那样有效且高效地实现了项目目标。因此，政府部门可能会要求非营利机构遵守特定的合同以及统一的雇用、簿计与审计规定等，这样便于监控和审核，所以非营利机构管理政府款项的成本可能会相对高一些。

三　个人捐赠是慈善主力军

除了经营性收入和政府支持之外，非营利部门的另一大最重要的资金来源就是民间捐赠。在美国民间捐助的各种渠道中，个人捐赠始终占慈善捐赠总额的绝大部分。这一点自赠予美国基金会 1960 年开始进行统计以来没有改变过。

2012 年，美国个人捐赠高达 2289.3 亿美元，较 2011 年增长了3.9%，是慈善捐赠总额的 72%（见图 11-2）。如果加上遗赠（这一部分其实也属于个人财富）和家族基金会（个人设立并管理的慈善基金）的话，来自个人的捐赠约要占到善款捐赠总额的 88%，远远超过了来自基金会和企业的善款总和。

此外，2012 年包括家族基金会在内的各类公益基金会的捐款占慈善总额的 15%，这一比例跟 2011 年和 2010 年相比基本没有变化。可见，公益基金会尽管是提供民间捐赠的第二大主力，但是并非如很多人印象中的那样控制大量的慈善资金资源。

来自企业的捐赠（包括商业公司设立的企业基金会）占慈善总额的 6%，也与前两年基本持平。一般而言，美国企业捐赠占慈善捐赠总额的比例最小。

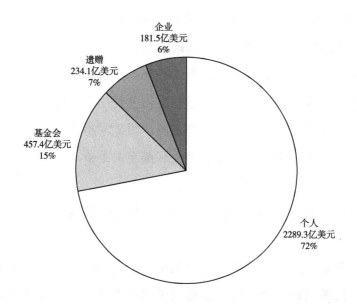

图 11-2　美国 2012 年民间捐赠来源（总额：3162.3 亿美元）

来源：赠予美国基金会，《赠予美国 2013 年年度公益报告》。

在这里我们可以看到争取个人捐赠对于非营利机构有效运作的重要性。一位资深的合作发展部主任曾这样评价道："能够年复一年筹到钱的唯一办法就是发展一个广阔的个人捐赠者基础库，并且培养他

们同机构合作的忠诚度。"

　　与政府、企业和基金会相比，来自个人的捐赠能够为非营利机构提供最为稳定、最可以依赖的经费。而且，发展个人捐赠有助于提升非营利机构的自主权。在非营利机构的募款过程中，恐怕最难筹措到的就是那些能够用以维持和扩大日常运作的资金，因为捐赠者往往更希望资助特定的、能直接看到成果的公益项目，而对于提供机构维持或增加行政成本的需求则兴趣不大。但事实上，任何非营利机构都需要充足的运作资金来得以长足的发展，这包括加强执行项目和启动新创议的能力、雇用和培训人才、扩大服务市场、更新设备、规避财务风险等需要。政府、企业和基金会的资助多是指定性的，它们专款专用，指明用于某一特定的项目，有的还明确规定不资助资本筹款活动，非营利机构经常不得不根据捐赠方的公共项目重点和要求来调整自己的工作重心。而来自个人的捐赠往往灵活度较大，许多捐赠人会更好地体察和尊重机构的需求，愿意提供宝贵的非指定性的捐赠，以维持机构的日常运作和扩大机构的资产。因此，努力扩大个人捐赠者基础库对于任何非营利机构的长足发展都至关重要。

四　资金来源多样化是机构健康发展的保障

　　综上所述，美国公益性非营利机构的经费来源是十分多元的，很多机构不仅得到政府的支持，也得到民间的资助，同时依靠经营性的收入维持运作，获得发展。

　　非营利机构应该争取将经费来源多样化。世事难料，现实生活中会有各种难以预测的因素，使得捐赠者不得不中断捐助或者大幅削减捐助额度。政府的政策和预算会有改动，企业会兼并改组，基金会会改变项目的战略重点，捐赠人的个人财富和生活状况也会有变迁。因

144

此，非营利机构的捐赠者基础库越多元，机构就越能有效地防范捐赠者因各种原因突然转移捐助对象时而造成的财务风险。

每家非营利机构的经费组合都各不相同，这取决于它们所从事的服务领域、规模、地点等因素。然而，对于任何非营利机构来说，经费组合要尽可能地多样化。非营利机构的经费组合中应当包括个人的捐赠。除此之外，也应该有来自基金会和企业的捐赠，如果可能的话，还要有来自政府部门的资助。在每种组合中，也要有多个资金来源，例如，光有一家基金会的资助是不够的，要争取多家基金会对各个项目的捐赠。一位文化机构的总裁这样评论道："如果我们拿到一大笔捐款，我更宁愿它分别来自于十个人，而不是来自于同一个人，因为经费来源需要多样化，这是保证财务收入长期稳定的基础。"

经费的多元化还有助于保证非营利机构不受到单个捐赠者观点的片面影响。民间捐赠代表各个捐赠者的不同看法。即便是政府资助，也常常来自于政府的不同部门，代表政府内部不同机构的看法，在美国有不少政府拨款还要通过由非政府人士组成的独立专家委员会（External Review Committee）的审批。

筹款的本质内涵不在于机械地"募集资金"本身，而在于"募集捐赠者"。非营利机构所真正追寻的不是几笔捐款，而是捐赠者——我们需要捐赠者捐钱。捐赠者对机构的宗旨和目标有认同感，为他们在非营利机构所受到的"礼遇"而感到高兴，为机构花钱的方式而觉得满意，然后愿意一次次地提供捐助，甚至动员他们的朋友一起为机构捐钱。这些捐赠者群体和机构形成了长期的合作关系，他们每年都能够提供相对稳定的捐赠，成为机构赖以生存的基础。

这种以建立捐赠者基础库为根本任务的筹款思想意味着机构应适当采取长期性的筹款战略。有些筹款方式，如直邮，在启动的第一年或许无法筹到多少钱；再如计划性捐赠，或许需要几年甚至多年才能看到结果。非营利机构既要有满足当下需求的短期筹款计划，也要有长期考量，不仅要注重下个月内的筹款收入，也要关注接下来几年内的回报。这同样意味着机构应将捐赠者真正作为"情感人"看待，而不是把他们当作"自动取款机"，那种"有事有人，无事无人"的态度是筹款中最忌讳的。

注重"募集捐赠者"，更意味着系统性地将捐赠者基础库多元化，增加能够协助筹款的人，加强筹款的能力。没有一个人、基金会、企业或政府部门能够永远为机构提供全部的经费，如果经费来源缺乏多样性，机构的长久生存就岌岌可危。

美国国税局使用"三分之一原则"来作为判断非营利机构是否具备公共慈善机构资格的标准之一。即非营利机构如果三年以上有1/3 或以上的收入只来自于一个人、一家基金会或一家企业，则不能称之为公共慈善机构，倘若这样的情况持续下去，那么这一机构将丧失 501（c）（3）类的资格及其优厚的税法待遇。从本质上讲，公共慈善组织理应获得社会各方面的支持，这是它生存价值的体现。拿钱的渠道越多，筹钱的办法越多，机构的财务就越稳定强健，机构的运作就越健康长久。

在第三部分的其他章节，我们将分别介绍向个人、基金会和企业三大不同捐赠渠道筹措资金的特点和战略，为实现多样化的捐赠者基础库打下基础。

第十二章　向个人筹款

　　个人捐赠是慈善主力军，它能够为非营利机构提供最为稳定、灵活度最大、最可以长期依赖的经费。美国非营利部门来自个人的善款远远超过了来自企业和基金会的资助，个人捐赠者代表着捐赠市场最大的份额。

　　归根结底，筹款是一项关乎人的工作——非营利机构的存在是为了对人们的生活产生积极的影响，最终也是由人来决定他们愿意支持哪项公益事业。即便是在企业和基金会，尽管机构的资产不属于个人所有，但最终作出捐赠决定的还是在于人。与捐赠者建立关系就是与人建立关系。

　　在向个人募款的过程中，筹款的一大真理——人们是向代表着公益事业的人捐钱——体现得尤为明显。人们不是把钱捐给由钢筋水泥筑成的非营利机构的办公楼，而是捐给办公楼里他们所欣赏、信赖和喜爱的人。筹款过程中所体现的本质是人捐赠给人，或者说是一个层次的人愿意将钱交给同样层次的人去实现某种愿望。因此，如果有合适的人来开口"要钱"，就能有效提升可能捐赠人对非营利机构的信任度，从而大大提高筹款的成功率。而对于筹款专员而言，工作中最大的挑战或许莫过于跟人打交道，不但要同可能捐赠人讨论"金钱"

这一十分私人化的敏感问题，而且要让那个"合适的人"协助耕耘培养可能捐赠人，并代表机构进行劝募。

在前面的章节中，我们已经探讨了诸多有关与捐赠者建立和发展个人关系的原则和经验，包括对可能捐赠者的研究、捐赠者群体模型、筹款的基本步骤和筹款有效性的阶梯等重要概念，这些概念也同样构成了向个人募集资金的基本要素。本章将结合美国个人捐赠的人口统计特征和最新趋势再作回顾，进一步分析如何把筹款的基本点运用到不断变迁中的由人组成的慈善环境中去。

一 个人捐赠长盛不衰

从美国的慈善发展史来看，个人捐赠始终是社会公益事业的缔造者和推动者。

当不满英国国教统治的清教徒移民新大陆的最初阶段，他们就处于"先有社会，再有政府"的环境之中。清教徒们要在地广人稀的陌生土地上生存，就必须自己动手，自治自愿，通过组团结社来相互帮助，依靠民间自身的力量解决各种社区需要。他们禁欲俭省，在努力创造财富和积累资本的同时，也具有强烈的社会责任意识，渴望通过自己的智慧和双手变革社会。

独立战争胜利之后，美国开国之父们建立了以三权分立和联邦制为基础的政治体制及其政治文化。美国宪法的核心本质就是在限制中央政府的社会角色，削弱了政府在众多事务中的绝对权威，政教分离，宗教组织也无法像殖民时期那样靠政府税收的资金来提供公共服务。国会将联邦政府所支持的公共服务项目委托给州政府及其管辖的地方政府，或者由私立的非营利机构来承担，社会中"公"与"私"的空间分明，并建立在契约和法制的基础之上。在这种体制中，公民就有可能构筑起他们与社区之间新型的关系，能够通过个人的志愿性努力来创造公益，非营利部门由此获得了自由旺盛的生命。正如法国政治思想家亚历西斯·德·托克维尔（Alexis de Tocqueville）在他的著作《论美国的民主》（*Democracy in America*）中所论述的那样："在所有的情况下，特别是在新领域的开拓过程中，在法国你会看到政府的作用，在英国你会看到贵族的作用，而在美国，你一定会看到一个民间组织在发挥力量。"

随着社会的不断发展，专业性的慈善组织逐步出现。20世纪初，一批具有务实精神且崇尚高效的社会精英倡导"科学捐助"的观念，他们创办和领导一批极具影响力的慈善组织，涌现出了以公益基金会为代表的有组织、成系统的科学捐助方式。来自个人的努力和影响力再次全面促进了包括教育、医疗、文化和社会服务在内的整个非营利部门的现代化，全国性的乃至国际性的科学公益事业从此登上了历史的舞台，奠定了现代非营利部门的结构基础。传统的个人慈善行为演化为非营利部门的金融龙头，在有数据可供比较的半个多世纪以来，个人捐赠始终占据非营利部门善款收入的绝大部分。

各种趋势表明，个人捐赠的慈善龙头作用将持续下去。首先，经济大萧条，特别是第二次世界大战之后，长期的和平与发展使美国人积累了越来越多的财富，社会变得普遍富足起来了，还有大量的私人财富将隔代转移，其中相当一部分会被投入非营利部门。其次，美国人的公益精神源于历史文化传统，是其价值观的核心所在，个人捐赠尽管会受到经济大环境起伏的影响，却具有极强的韧性和反弹力，跟企业和基金会相比更是如此，能够"雪中送炭"的善款往往只能来自个人。毋庸置疑，对于任何非营利机构的发展而言，个人捐赠是确保资源，实现宗旨的最大机遇。然而，非营利机构的管理者必须遵循

筹款原则，才能有效地接触和培养个人捐赠者，在捐赠市场的激烈竞争中赢得人们的青睐。

二　向个人筹款的基本要素

前面的章节涉及四个重要的筹款概念，它们在向个人募款的过程中扮演着举足轻重的角色。

1. 非营利机构必须能够确定自己的支持者群体（第三章）。

2. 收集信息，考察可能捐赠人与机构联系的过程称之为可能捐赠者研究。通过研究可以初步确定支持者群体中的哪些成员有可能成为捐赠人，分析的依据是三大标准：关联、能力和兴趣（第三章、第七章）。

3. 针对每一位可能捐赠人的特点设计筹款计划，最有效的计划应符合"六大合适"原则（第三章）。

4. 安排与可能捐赠人社会地位和财力相当的人和可能捐赠人进行面谈是最有效的提出捐赠请求的方式。筹款有效性的阶梯概括了向个人劝募的战略规律（第六章）。

下面我们依次分析。

支持者群体

非营利机构的支持者群体包括所有对某一公益目标怀有兴趣和热情、愿意为之服务的人，他们是机构"有兴趣的当事人"。

在理想情况下，非营利机构的核心群体——理事会、管理层和已经提供过高额捐赠的支持者应该最有可能成为机构的捐赠人。除此之外，非营利机构还可以整理出一长串的名单，他们包括其他志愿者、其他捐赠人、享受机构服务的客户、一般雇员、机构过去的各类参与者以及和机构有着共同兴趣和利益的人。这一名单构成机构的所有支持者群体。

然而，支持者群体中并非所有的人都会成为捐赠人。人们在生活中同时扮演着多个社会角色，可以与许多非营利机构产生联系，捐赠是一个竞争的市场。例如，一位女士大学毕业后，在一家社会服务机构工作，并为社区基金会担任志愿者，她经常去教堂参加礼拜，她的父亲在当地医院就诊，对那家医院的医疗水平和服务质量十分满意，她的孩子在上私立中学。这位女士与多家值得她捐助的非营利机构存在社会关系，她会决定把钱捐给谁呢？大致会捐多少呢？这就必须通过对可能捐赠人的详尽研究来寻求答案。

可能捐赠者研究

在广泛的机构支持者群体中，筹款者需通过研究来确定谁是可能捐赠人。"合格"的可能捐赠人应当同时符合三个标准：与机构有关联、有提供所需资金的捐赠能力，以及对机构从事的工作有兴趣。在此基础上，筹款者可以制定出可能捐赠人名单。

可能捐赠者研究的目的在于试图发现潜在捐赠人的捐赠兴趣和个人价值观同机构之间的联系。捐赠者研究应该通过两大渠道，缺一不可，一是参考资料，二是人际网络。

在信息技术发达的今天，许多可能捐赠人的背景情况都可以通过网络和其他专业数据库获得，可谓"电脑在前，一眼尽知天下事"。有的非营利机构雇用专人负责捐赠者研究的工作，这一职位通常称为"捐赠者研究经理人"（prospect research manager）。筹款者对可能捐赠人的了解越详尽越好，应该包括对方的兴趣、喜好、担忧、独特的个性、教育、家庭史、配偶和孩子的情况、在公益慈善领域的参与情况、住处、社会、社区和家族的参与情况以及宗教信仰①。

在美国，收集捐赠者信息的渠道很多，多个信息来源的搜索才能保证高质量的捐赠者研究。常用的包括维基百科、《福布斯》杂志富豪排行榜、《财富》杂志世界 500 强排行榜、《克莱恩商业周刊》最有影响人物排行榜（Crain's Business）、美国有线电视台《金钱杂志》（CNN Money Magazine）、《华尔街日报》公益副刊等公共媒体。通过搜索引擎 ZoomInfo 能查到部分简历信息，从职业社交网站领英（LinkedIn）能查到更多的就业信息。另外有许多专业的数据库，能够从中获得有关捐赠人的教育背景、就业历史、收入估计、房产、生日/年龄、家庭、捐赠历史、在非营利机构担任过的理事会/志愿者职务等信息，如 WealthEngine，LexisNexis，NOZA，DonorSearch 等。如果想要更精确地知晓对方的房产情况，可查阅一些地方政府的网站，如纽约的 ACRIS；想要评估房产价值，可运用 Zillow 等房地产搜索网站。如果要查阅个人的公司情况，可通过美国证券交易委员会的数据库 EDGAR 查阅公司递交的报表，另外 MarketWatch 等多个专业网站提供上市公司比较完整的信息。如果捐赠人设有家庭基金会或担任某家基金会的理事，可通过基金会中心的数据库（Foundation Directory Online）和指南星（GuideStar）网站找到有关基金会财务状况、领导结构、资助重点和资助额等相关信息。这些都属于公开的信息。专业的数据库有不少是免费的资源，更多的则需要交付一定的费用订购注册。此外，美国有些公司专门提供捐赠人筛选服务，能够运用数据库软件对大量的潜在捐赠者按照客户的要求作初步筛选，如挑选出所有有财力提供 5 万美元以上赠款的机构支持者。

---

① 亚瑟·法兰泽布（Arthur C. Frantzreb）：《寻找大笔捐赠》（"Seeking the Big Gift"），汉克·罗索等编《在筹款中获得卓越》，旧金山，Jossey-Bass 出版社，1991，第 120 页。

案头的研究固然重要，但是仍然代替不了通过人际互动所获得的信息。筹款者应多多利用人脉，多方打听可能捐赠人的背景情况，得到从电脑中无法获得的有价值的信息，从而对可能捐赠人名单作进一步的评估、分析和评级。

最好的信息源其实是可能捐赠人本身。耕耘培养可能捐赠人的过程是沟通交流的"双行道"，在让可能捐赠人了解机构的同时，筹款者同样也在更好地了解对方的性格、兴趣和需求。

"知己知彼，百战不殆"，在提出募款请求之前，筹款者对可能捐赠人了解得越多，筹款的胜算就越大。但是关键还不仅仅在于信息的完整全面，更在于如何运用好这些信息，为获得和增加捐赠而服务，这便离不开因人而异、因地制宜的筹款计划。

"六大合适"原则

成功的筹款是要让合适的人，在合适的时机，以合适的方式，向合适的可能捐赠者，为合适的公益目标，提出合适的捐赠请求。这是任何筹款计划中都应当遵循的"六大合适"原则。

通过可能捐赠者研究以及对捐赠人的耕耘培养，筹款者能够逐步对一些关键点了然于心：可能捐赠人同机构之间最强大的纽带是什么，对方愿意提供多大额度的捐赠，向对方发出怎样的捐赠邀请最为合适。最终，结合研究及捐赠人的培养过程，筹款者能够针对每一位捐赠人的特点设计出一套符合他们情况的"六大合适"筹款方案。这是一个花时间、花工夫的过程，也是一个因地制宜的过程——筹款计划的针对性愈强，成功率就愈高。当然，由于资源有限，筹款者不可能对所有的捐赠人都一一设计和实施如此度身定做的方案，这就需要通过研究和筛选，确定那些有能力有兴趣提供较高额度捐赠的可能捐赠人，将更多的精力放在他们身上，"抓大放小"是筹款的基本智慧。

遵循筹款有效性的阶梯

"六大合适"原则是建立在一个重要的前提之上的，即向个人筹款最有效的方法是让志愿者——那些与可能捐赠人社会地位和财力相当的熟知的人——参与到筹款中来，让他们对可能捐赠人说："请加入我，共同支持这一有意义的公益事业。"这样的筹款方式最个人化，最有说服力。在第六章图 6 - 2 所介绍的筹款有效性阶梯中，通过个人关系进行面谈位于阶梯的顶端，是最见效果的提出捐赠请求的策略。

这也正是向个人劝募中难度最大的一点。与人谈论钱仿佛是一种文化忌讳，会让彼此觉得尴尬，要让志愿者代表机构去向他们的友人或熟人"要钱"，绝非易事。

筹款专员应该要努力让志愿者明白，提出捐赠请求并不是"要钱"，而是为那些关心非营利机构发展的人同机构建立起相互的关系，为他们提供一个参与公益事业的机会。

通过个人关系进行面谈在高额捐赠中，或者在请求捐赠人增加捐款额的过程中特别重要。如果是希望获得支持者的第一笔捐赠，非营利机构一般使用筹款有效性阶梯中比较下端的方法，如通过直邮、电话和电邮等传递募款请求。尽管这些不那么依赖于个人关系的方法免去了筹款者面对面直接"要钱"的心理顾虑，但是其有效性也随之降低。因此，在运用这些方法时也应尽量地增添一些个人化的色彩，让可能捐赠人所认识且尊重的人发出邮件和电邮进行较有针对性的劝募，这样效果会显著一些。

三　个人捐赠的趋势

向个人劝募的基本要素——确认支持者群体，开展可能捐赠者研究，依据"六大合适"原则确定筹款策略，以及遵循筹款有效性的阶梯提出捐赠请求——经受住了时间和大量实践经验的考验，是实现成功募款的基本诀窍。然而，有效的募款工作还要求我们对捐赠人的社会行为、价值观念、慈善心态和人口结构上的变迁具备高屋建瓴的观察和了解，这样才能与时俱进，随着捐赠人市场变化灵活地调整筹款战略，并根据不同捐赠人群体的特点采取相应的筹款方式。

捐赠人的"代沟"

每代人都有不同的历史经历，从而塑造了他们的生活态度和捐赠习惯，筹款者必须意识到这种隔代间的行为区别，善于分析机构支持者群体的构成情况，以及机构与潜在捐赠人之间关系的质量，从而不断加强和发展个人捐赠项目。非营利机构的捐赠者基础库以多样化为发展目标，不仅要有老一代传统的捐赠人，也要吸纳新生的力量，那种"一刀切"的方式无法带来筹款的成功。

从美国的情况来讲，成长在经济大萧条时代或第二次世界大战期间的人们由于受到经济动荡和战争的影响，习惯忍辱负重，在沉默中以牺牲个人利益换取国家利益，经济前景对他们来说常常是个普遍的未知数，他们的想法与出生于1946～1963年的"婴儿潮一代"就会有很大的不同。"婴儿潮一代"如今进入了中老年期，他们大半生经历了经济的长期繁荣发展，他们中的许多人受过良好的教育，具有较强的社会意识，能够为非营利部门的发展既出钱又出力。或许由于成长环境比较富足，他们为非营利机构提供的首笔捐赠的平均额比战前一代人高[1]。他们不仅是慷慨的捐赠人，也可能担当着社会企业家的

---

[1] 尼科·朱迪斯（Nichols Judith）：《变化中的人口结构：1990年代的筹款》（*Changing Demographics: Fund Raising in the 1990s*），芝加哥，Precept出版社，1990。

角色，为公益事业的管理和发展贡献才智，"婴儿潮一代"已经成为美国公益慈善事业的中坚力量。

出生于1964～1981年的人被称为"未知一代"，与他们的父辈相比显得特立独行，对政治和社会公共事务的关心程度也许没有那么热烈，但是他们参与志愿性慈善活动的热情比较高。1981年之后出生的"千禧年一代"则是在信息革命的浪潮中成长起来的群体，他们对于网络及其他现代传播技术的娴熟和适应程度远远超过了老一代。

尽管我们无法一锤定音地总结出各时代人的特点，但是对于筹款者而言，意识到这些差别的存在是十分重要的。图12-1显示了美国不同年代群体参与慈善捐赠的比例。不同时代人之间的差别影响着他们对特定传播沟通方式的偏好、对捐赠额度的选择，以及他们在作出捐赠决定前所想要了解的信息类型。例如，"千禧年一代"对信息的要求会更加具体化，对非营利机构透明度的要

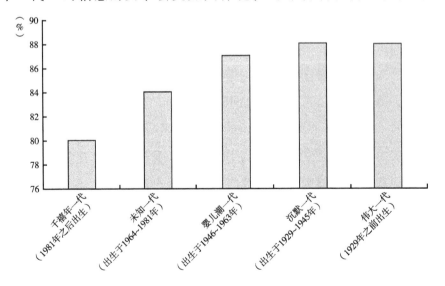

图12-1　美国不同年代群体参与慈善捐赠的比例（2012年）

资料来源：公益中心，《不同年代群体在慈善捐赠和动机方面的区别》，2008。

求更高（对企业和政府的运作同样如此），并且习惯于快速地传递和接受信息。筹款者应选取适合各年龄段人群的方法与他们建立和发展关系。

人口结构上的变迁

过去，筹款者习惯根据一些人口结构状况指标来判断对方属于哪种捐赠类型的可能捐赠人。例如，20～40 岁的成人正处于成家立业的阶段，被视为主要是年度基金的捐赠人。为资本筹款活动提供高额捐赠的可能捐赠人往往在 40～60 岁之间。而计划性捐赠的可能捐赠人一般在 60 岁以上正在准备退休的人。男性被认为是主要的养家者，在捐赠事务上具有较大的决定权。

然而，随着社会人口结构的变迁，这些传统的假设在今天的筹款业中已不复存在。人们结婚生子的年龄在延后，寿命在增加，女性的职业地位、财力和自主权在不断提高。筹款者需要重新定位不同年龄阶段者的捐赠兴趣和资助能力。

美国慈善家近年来呈明显的年轻化趋势。在 2013 年排名前 10 位最慷慨的慈善家中，有四对夫妇在 50 岁以下，包括面书创始人马克·扎克伯格夫妇（捐赠 9.92 亿美元）、对冲基金管理人约翰·阿诺德夫妇（捐赠 2.96 亿美元）、eBay 创始人皮埃尔·奥米迪亚夫妇（捐赠 2.25 亿美元）和谷歌创始人谢尔盖·布林夫妇（捐赠 2.19 亿美元）[①]。这些慈善家们年纪轻轻就创业成功，与老一辈慈善家有所不同的是，他们是"边赚边捐"，在退隐商场之前就开始大规模地回报社会，为非营利部门的发展注入了新鲜活力，美国慈善文化的成熟和

---

① 《公益期刊》：《2013 年美国最慷慨的 50 位慈善家》（"A Look at the 50 Most Generous Donors of 2013"），2014 年 2 月。

深入也可见一斑。

女性也在公益慈善中发挥着日益重要的作用。在美国，50 岁以上女性控制着 19 万亿美元的资产和全国 4/5 的金融财富。"婴儿潮一代"掌握着美国 90% 的净资产和 78% 的金融资产[①]，据估计，到 2030 年"婴儿潮一代"中半数以上人口将是女性（54%）[②]。目前全世界 27 个国家共有 165 个专门致力于为女性和女孩筹款的基金会。

最新研究表明，尽管女性总体收入低于男性，平均寿命比男性长，维持晚年的退休金相对较少，但是年纪较大的妇女（"婴儿潮一代人"或之前）无论拥有多少财富，都比男性更愿意为慈善机构提供资助[③]。最早出现的为女性事业筹款的基金会也都是由"婴儿潮一代"的女慈善家创办的，例如，得克萨斯州石油大亨亨特（H. L. Hunt）的女儿海伦·亨特（Helen LaKelly Hunt）和思婉尼·亨特（Swanee Hunt）开拓了"女性转移百万"的募款活动，鼓励女性为女性基金会提供百万美元以上的赠款。由此可见女性捐赠者对慈善事业发展所能产生的巨大影响。

不仅年长的女性乐衷于慈善活动，研究还表明，单身女性比单身男性更愿意为慈善机构提供资助，平均资助额度也较大[④]。

---

① 婴儿潮一代妇女联合会（National Association of Baby Boomer Women）：《关爱能力》（*Capacity for Care*），2012。

② 戴蒙（Damen, M. M）、米昆（McCuistion, N. N.）：《妇女、财富和捐赠：婴儿潮一代的传统美德》（*Women, Wealth and Giving: The Virtuous Legacy of the Boom Generation*），新泽西霍博肯，John Wiley & Sons 出版社，2010。

③ 印第安纳大学妇女慈善研究所：《2012 年的妇女捐赠》（*Women Give 2012*），2012。

④ 印第安纳大学妇女慈善研究所：《2010 年的妇女捐赠》（*Women Give 2010*），2010。

在高收入群体中，女性比男性更坚信非营利机构能够有效解决社会问题，并更积极地参与社会志愿服务①。在慈善方式上，高收入女性更具有战略性和计划性。跟男性比起来，她们不太愿意在公益投资上冒险，39%的高收入女性说她们不愿意承担风险，比男性高出 16 个百分点。在决定是否捐赠时，她们比男性花的时间长，研究做得更细致。这表现在她们比男性更看重于个人在受赠机构的参与程度，包括志愿服务或曾经受益于这一机构服务的经历。这也表现在她们更重视非营利机构的营销和传播水平，希望更深入地了解机构的运作状况和社会影响。在捐款之后，高收入的女性捐赠人比男性更注重受赠机构能够负责任地使用资金，强调有效、高效地实现公益目的。她们的期望包括：尽快收到赠款收据和感谢信，受赠机构不可随意散布捐赠人的姓名，妥善安排用于支付行政成本的款项，经常提供有关机构成就和项目影响力的最新信息等。这些都是非营利机构在制定和执行筹款战略时需要充分考虑的因素。

新捐赠人

进入 20 世纪 90 年代后期以来，随着信息时代高科技领域创业之风的盛行，这股风潮也刮入了非营利部门，孕育出新一代的慈善捐赠人类型。这些慈善参与者称他们的方式为"风险公益"（venture philanthropy），有时也称为"亲密接触的公益"（high-engagement philanthropy）。

风险公益人把自己视为建设社区，促进社会进步的长期的战略伙伴，将捐赠看作是一种投资。跟商业领域的风险投资人（venture

---

① 印第安纳大学：《高收入女性慈善行为及其捐赠网络影响的研究》（*Study of High Net Worth Women's Philanthropy and the Impact of Women's Giving Networks*），2011 年 12 月。

capitalists）相类似，风险公益人不仅向社会领域投入慈善资本，还会身体力行，像投资者一样亲身参与到非营利机构的运作和成长中去，参与到新项目的开发中去，除了资金支持，还为受赠机构提供切实的帮助和咨询，对项目具有一定程度的控制，帮助它们有效、高效地实现目标，与受赠机构利益共享，风险同担。也正如风险投资人一样，他们对合作机构的业绩表现怀有明确的期望值。

美国目前有50多家风险公益基金，在十几个州及欧洲、亚洲和南美一些国家进行公益投资。此外，不少人以独立投资者的方式参与风险公益。风险公益人所共同面对的最大挑战是如何衡量他们投资的成功程度，这一点至今未有公认的标准。因为非营利机构往往缺乏传统商业意义上的"底线"来比较他们的经营成就。大多数风险投资人只能在与合作机构协商的基础上设定一些成功标杆，并将机构达到这些标杆与否作为是否能够继续获得投资的先决条件。

尽管风险公益表面上是比较新颖的慈善行为，但其本质跟传统的个人捐赠相比并没有太大的差别，在筹款中也遵循同样的原则。关联、能力和兴趣依旧是确定风险公益可能支持者的基本依据，建立和发展机构与风险公益人之间的纽带是筹款的核心工作，只是这一纽带跟传统的受赠方/捐赠人关系相比会更加紧密。

新捐赠载体

传统的捐赠是个人直接捐给非营利机构，但是近年来，人们开始更多地使用一些新的捐赠载体，如设立基金会，使用捐赠人指导性基金（donor-advised funds）等来从事慈善活动。

美国社区基金会和犹太人联合会历来为个人提供包括捐赠人指导性基金在内的各种捐赠载体。社区基金会自20世纪90年代以来增长速度很快，通过社区基金会的捐赠载体参与慈善活动的人也越来越多。

　　金融服务机构也能替人们设立捐赠人指导性基金，帮助他们将慈善行为融合到个人和家庭的整体理财规划中来。如美国富达投资集团（Fidelity）自 20 世纪 90 年代初推出个人捐赠咨询服务，不仅协助客户理财，还为他们提供非营利部门的信息，便于他们找到自己感兴趣的慈善事业，战略性地参与慈善活动。

　　近年来，高收入群体越来越习惯以战略性的思维方式来决定善款的分配，以往那种"一时兴起"式的捐赠行为减少了。大多数富人有捐赠战略和计划（71%），并且有捐赠预算（61%）[1]。他们力求将赠款投入于最有可能产生广泛、深刻、持久影响力的地方，他们更为清晰地明白什么是自己最为关切的地域和领域。这种战略性慈善方式得以发展的部分原因在于，越来越多的高收入群体将大量的善款捐向基金会、慈善基金、捐赠人指导性基金和公募机构等资金中介组织，由专业人员协助调查、评估和确定捐赠的方向。

　　高收入群体在制订慈善计划的过程中，多数会征求一些外部即第三方专业人士的建议。其中最为常见的就是他们的经济顾问和会计，此外还会咨询财产规划或非营利领域的律师，以及他们的慈善家同行。越来越多的富人也会咨询非营利管理方面的顾问和非营利机构的专业从业人员。

　　下一章将介绍专门为非营利机构提供资金的中介组织——基金会的运作模式，以及向基金会募款的过程和策略。

---

[1]　《2012 年美国银行富人慈善研究》（*The 2012 Bank of America Study of High Net Worth Philanthropy*），2012 年 11 月。

第十三章　向基金会筹款

随着公益慈善事业日趋成熟和专业化，出现了专门为非营利机构提供资金的非营利机构——私人的公益基金会①。基金会又可理解为非营利部门的资金中介组织或公益支持性组织，它在捐赠人和非营利机构之间建立了一种结构架设，为"施"与"受"的寻求者提供了相互匹配的机遇。在美国民间捐赠的各个渠道中，各类基金会的资助占慈善总额的15%左右，是继个人捐赠者之后的第二大民间善款来源②。

根据公益目标和运作方式的不同，在美国，基金会一般分为独立基金会、运作型基金、社区基金会和企业基金会。本章介绍的筹款方法主要适用于前三种基金会，这些基金会的筹款方式具有共性。企业基金会的运作和决策与商业公司本身的管理方式和兴趣利益紧密相连，因此有关企业基金会的募款方法和策略将在第十四章讨论向企业筹款时详细介绍。

作为非营利机构，基金会本身具有宗旨、战略、预算、项目重点

---

① 基金会有政府的和私人的，在本书中若没有特别说明，均指私人基金会。

② 15%的比例包括来自家族基金会的资助，但不包括来自企业基金会的资助。企业基金会由商业公司设立，一般归类于企业捐赠。

和运行规则，受赠机构是基金会实现自我公益目标的机制，两者之间是互惠的合作伙伴关系。向基金会募款要获得成效，一个特别重要的因素是应当拥有"投其所好"的筹款理由，并且能够用重点突出且震撼力强的文字表达出来。筹款者需要说服基金会的管理人和理事会，自己所服务的机构是基金会实现公益目标最可信、最有能力、最具创意的合作伙伴，基金会如果选择资助这家机构，就是作出了能够带来最大社会回报的有效公益投资。

基金会内部对所希望资助的项目类型、捐赠额和决策机制等通常都有严格的规定。因此，向基金会募款一般会经历一个比较正式的流程，筹款者需要严格遵守基金会对申请时间和申请材料的规定来操作，最后由基金会的管理层或理事会作出资助决定，申请成功后还需要按照规定向基金会定期呈交受赠项目的书面进展汇报和总结报告。在业内人们常评论说："如果过程是为了努力把非营利机构的经费需求同捐赠者的慈善需求完美匹配起来，那么这个过程就是值得拥有，恰到好处的。"这种公益兴趣的匹配过程正是向基金会募款的关键。

尽管向基金会募款通常注重形式和流程，但是仍然离不开筹款工作的本质核心——了解目标基金会，并让基金会的关键人员与非营利机构培养感情，建立长期的合作关系，为共同的公益目标而努力。有声望的基金会每个月都会收到成百上千份资助申请，筹款竞争十分激烈。人脉是提高申请成功率的重要因素之一。基金会的项目官员和其他资深管理人对资助申请起到"把门人"和"推动者"的作用，筹款工作者应与他们多加沟通，与他们建立互信关系十分重要。除此之外，由于许多基金会的资助方向都由理事会确定，资助项目都需要获得理事会的最终批准，在做前景研究的时候就应注意它们的理事会成员，观察自己机构的理事或其他支持者是否有可能认识对方，并提供引荐，这种"理事对理事"的对话会颇有成效。

下面，让我们在全面了解基金会定义、类型、角色和资助特点的基础上，掌握向基金会筹款的基本要点。

一　基金会的定义和类型

基金会是用于管理私人慈善款项的体制化的渠道。根据美国筹款职业人联合会（Association of Fundraising Professionals）的定义，基金会是由指定性的慈善资金创办的非营利机构，基金会将其资产和/或资产投资所获得的盈利部分捐赠给其他公益性的非营利机构或项目，支持它们开展各种社会慈善事业[①]。美国法律规定，对外捐赠型的基金会（grant-making foundations，或称为 non-operating foundations）每年须将投资资产的至少5%捐赠于公益事业（事实上多数基金会的年度捐赠超过了这一比例）。基金会的资产通常也称为捐赠基金，其投资管理方式与一般非营利机构的捐赠基金基本相同（见第九章）。

在美国有众多资产雄厚的大型基金会，如最大的比尔及梅琳达·盖茨基金会在2012年的资产高达346亿美元，福特基金会和盖迪基金会的资产均达到百亿美元以上。基金会的数量在过去几十年中也得到了迅猛的增长。根据美国基金会中心的统计，目前美国共有约81777家基金会，资产总量达到6220亿美元，每年为公益事业提供约490亿美元的资助[②]。

基金会对于非营利机构是具有吸引力的经费资源，因为它们具有较为清晰、明确的募款程序和资助标准，而且有提供高额捐赠的潜力。要掌握向基金会筹款的秘诀，就必须对基金会的类型和特点有深

---

① 李文（B. R. Levy）：《筹款词典》（*The NSFRE Fund-Raising Dictionary*），纽约，Wiley出版社，1996。

② 基金会中心：《美国基金会的关键事实》（*Key Facts on U. S. Foundations*），2013。

入的了解。

美国基金会分为以下四种基本类型。图 13 - 1 和图 13 - 2 分别展示了不同类型基金会的数量及其资助份额。

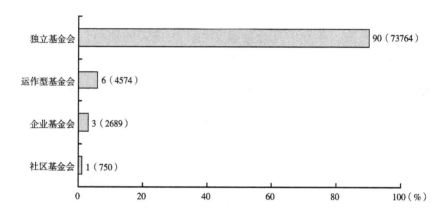

图 13 - 1　2011 年美国各类私人基金会的数量（总数：81777 家）

资料来源：基金会中心，《美国基金会的关键事实》，2013。

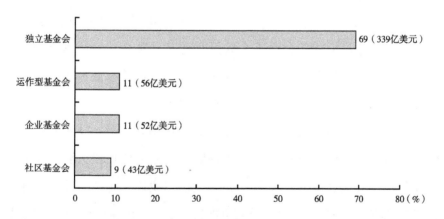

图 13 - 2　2011 年美国各类私人基金会的资助（资助总额：490 亿美元）

资料来源：基金会中心，《美国基金会的关键事实》，2013。

（1）独立基金会(Independent Foundations)：这是最主要的基金会类型（约占美国各类基金会总数的 90%，资产总额约占 82%），对社会的影响也最大（资助额约占基金会总资助额的 69%）。前面提到的资产雄厚的比尔及梅琳达·盖茨基金会、福特基金会和盖迪基金会都属于独立基金会。人们耳熟能详的老牌基金会——赛奇基金会、洛克菲勒基金会和凯洛格基金会等也都是独立基金会。

这种私人的、独立的基金会通常由个人或家族创办，多以创始捐赠人的名字命名。独立基金会管理个人或家族用于慈善事业的资产，将其资产或/和资产投资所获得的盈利部分捐赠给其他公益机构和项目，支持它们开展工作。越来越多的独立基金会由全职的专业人士负责管理，员工规模往往与基金会的资产成正比。大型的基金会可能会有成百上千名员工，项目官员是高度专业化的人士，他们受过良好的教育，有着长期的工作经验，对项目所属的领域拥有广博的知识，同时也是有创意的、高效的管理人才。小型的基金会可能只有一名员工负责日常的行政工作。

独立基金会也包括家族基金会（Family Foundations，或称为 Family Trusts）。家族基金会是个人设立的慈善基金。家族基金会的特点是它的日常管理和捐赠决定权高度掌握在在世的家族成员手中，因此向家族基金会的筹款过程十分接近于向个人劝募。

（2）运作型基金会（Operating Foundations）：运作型基金会的主要目的不是为其他非营利机构提供捐赠，而是将资产投入到自身运作的研究、社会福利或其他项目中去。美国国税局规定，运作型基金会必须至少将85%的收入用于自己的项目之上。有些运作型机构也提供对外资助。美国现有约4574家运作型基金会，占基金会总数的6%，资助额约占基金会总资助额的11%。

（3）企业基金会（Corporate Foundations）：企业基金会是由商业公司设立的基金会，如美国银行基金会和可口可乐基金会等。它们的资产通常来自于企业，是企业为非营利部门提供资助的载体。企业基金会占基金会总数的 3% 左右，资助额约占基金会总资助额的 11% 。

企业创办基金会，主要的好处是可以避免公司的慈善捐赠受到每年经营状况的影响，因此通过设立一个分离的法律实体，以专业的方式维持其相对固定的公益项目。许多公司除了通过基金会赞助公益事业之外，还设有其他的企业捐赠项目（corporate giving programs）与基金会协调合作，公司的市场或社区关系等部门也有可能从营销经费中直接拨款，提供赞助。

企业基金会的宗旨和资助兴趣反映的是商业利益。企业基金会的理事会一般由公司员工或其他与公司相关的人员组成，其管理方式在每家企业各有不同，但总体而言，其资助决定直接受到公司员工和消费者市场兴趣的影响。

（4）社区基金会（Community Foundations）：第四种基金会类型是社区基金会，典型的例子包括加利福尼亚州基金会和纽约社区基金等。社区基金会的发展很快，从 30 年前的不到 200 家增加到目前的 750 家，占基金会总数的 1% ，资助额约占基金会总资助额的 9% 。

独立基金会、运作型基金会和企业基金会都有某个特定的出资者（类似于中国的"私募基金会"），它们一般不向公众募款，而社区基金会则是从社区里不同的捐赠来源获得资金（类似于中国的"公募基金会"），按照美国国税局的规定，它们既可以接受捐赠，也可以为公益事业提供资助。顾名思义，社区基金会往往将资助重点放在某一特定的地区和社区。社区基金会从许多捐赠人那里获得公益资产，随后资助广泛的社区需求。

社区基金会一般拥有非指定性资金、捐赠人指导性基金和捐赠人指定性基金等。捐赠人指导性基金和捐赠人指定性基金都是捐赠人提供给社区基金会的永久性的赠款，基金会可以将这笔捐赠与其他机构资产放在一起进行投资管理。捐赠人愿意将善款交托给社区基金会，通过社区基金会来从事公益活动，是因为这种方式有助于降低个人对慈善资金的行政管理成本——由社区基金会的理事会和专业人士负责资产投资，能够基本保证投资回报的稳定性和增长率，而且捐赠人也能够建议或指定赠款的去向，根据自己的兴趣和时代的变化将财富运用到社区最需要的地方中去。

二　基金会的独特角色

基金会远远不是非营利部门最主要的资助者，然而，基金会存在的更重要的意义在于，它是公益慈善事业走向体制化、科学化和专业化的象征，也是维持非营利部门活力和独立性的根本保证。

基金会的支持性角色不在于它给出钱的多少，而在于宪法所赋予它的独立性和自由度。私人的捐助行为是一种善行，更是一种法律所赋予的权利。只要基金会不违背法律的规定，并保证透明度和公信力，就能自主地决定慈善捐赠的去向，而不受到外部势力和权威的干涉。基金会拥有了独立自主，才可能让它的捐赠对象——其他非营利机构也独立于政府和商业部门之外，充分发挥公民社会的能动性和创新性，从而促进非营利部门服务于多样的公共利益，成为政府和商业的有效补充。

而且，拥有高额资产的大型基金会一般由社会精英和专业人士管理，具有社会企业家的特质。它所行使的公益行为是有理念的，有战略的，它促进了私人慈善行为的科学化，能够较为合理、高效地运用社会资源。基金会是理性地对财富进行再分配的组织架构，它对社会矛盾起到了中介人和调和者的作用，是非营利部门的组织者和协作者。在自主选择资助对象的过程中，基金会促进了非营利机构之间的良性竞争，起到了市场选择机制的作用，提高了整个非营利部门的问责性和专业化程度。

基金会对社会发展的意义可以概括为四个方面：有助于社会稳定，推动社会服务的多样化，促进非营利部门的创新能力以及提高这一部门对公众的问责性。具体而言，基金会在非营利部门中扮演着三大独特的角色：驱动者、伙伴和孵化器。

驱动者：当基金会明确地知晓实现特定社会、经济和文化目标的方式方法的时候，就可以选择成为这一目标的驱动者。在这种情况下，基金会依靠自身资源设定项目的目标和战略，提供资金让其他机构按照自己的想法和要求实施项目。

伙伴：基金会的终极目标是推动社会进步，而实现这一理想的最佳方式莫过于影响并改变其他机构的行为。基金会可以与受赠机构建立合作伙伴关系，共同为项目负责。跟驱动者的角色相比，合作伙伴对项目的控制程度较低，付出的精力和财力一般也较少。例如，基金会与大学建立合作关系，根据基金会的兴趣设立研究中心、研究项目、学院、课程、教职或奖学金。20世纪初，基金会的资助奠定了美国乃至西方世界社会科学研究的诞生和发展。

孵化器：有许多社会问题广泛而复杂，它们跨越部门，还可能融合着某些社会群体的利益，或者不为人所熟悉，单靠基金会的力量无法提供全面的解决方法。因而基金会在更多的情况下是充当着"孵化器"的角色，它对社会变化起推动作用。作为孵化器，基金会主要把资金投入研究解决方案和提高公共意识之中。基金会不必对项目进行直接的管理和控制，而是支持其他机构进行自主地创新和突破。

三 基金会资助的特点

基金会通常提供五种类型的慈善资助：（1）运作资金（即非指定性的捐赠）；（2）项目资金；（3）资本建设资金；（4）试点项目的启动资金；（5）配套捐赠。

对运作资金的资助用以支持机构的日常运作，对具体使用去向和用法不加限制。对项目的资助用以支持具体的公益活动和计划。对资本建设的资助一般用以支持建设新楼，购买大型设备和建立或发展捐赠基金。对试点项目的资助为非营利机构提供新项目的启动资金。配套捐赠用以鼓励其他支持者的捐赠，例如，机构每获得 50 万美元的赠款，基金会将在此基础上投入另外 50 万美元的资助，使捐赠总额上升为 100 万美元。

总体而言，与灵活度更大的个人捐赠相比，来自基金会的捐赠更多地倾向于支持具体的项目。这主要是因为基金会作为公益性的非营利机构，其存在的目的和理由是为社会创造最大程度的福利，它必须注重自身管理的有效性和高效性，力求自己的公益投资能够带来可衡量、可传播、可感知到的社会影响力，资助具体的项目往往更容易直接产生这样的效应。基金会近年来也在反省这一问题，意识到非指定性捐赠等其他资助类型对于非营利机构的宝贵价值，开始对资助战略进行一些适当的调整。

基金会在为公益机构和项目提供资助时，主要呈现出以下四大特点：资助申请和分配过程的专业化程度愈来愈高，注重对项目质量和成果的评估，强调非营利机构的能力建设，以及加强基金会之间的合作。在筹款中应注意这些特点。

资助申请和分配过程的专业化

大多数基金会对自己的资助政策和程序作出了精心的策划和明确的规定。为了实现自身的公益目的，同时也为了避免申请人无谓地耗费精力准备不对口的申请材料，许多基金会都会在网站上清晰地写明它们的资助兴趣、申请和决策程序以及时间表。为了展示对公众和申请人的透明度，在不少美国基金会的网站上，还列有机构的章程、治理模式、各种重要政策（如投资政策以及理事会和员工的行为准则）和财务报告等文件，以及近年来捐赠的项目、捐款额、为什么捐赠和项目的成效。

此外，基金会希望所资助的非营利机构应具备运作有效、体现人口结构多样化的理事会，专业而能干的员工，长远的财务和项目计划，以及与基金会捐赠宗旨两相契合的公益目标。

注重项目评估

对自己所做的公益投资的评估和对受赠机构/项目的严格要求是基金会资助的两大特点。发展成熟的基金会备有一整套项目评估标准。通过评估，基金会能够保证资助政策在财务上的问责性，加快是否继续提供资助的决定，有助于调整和改进基金会的项目领域和今后的公益投资方向。

基金会也希望受赠机构计划和实施评估，并在项目总结报告中呈现出来。这促使了非营利机构重视项目的成果和影响，能更好地将基金会所捍卫的公共资产运用到最能够创造社会价值的地方中去。

强调能力建设

越来越多的基金会开始注重为非营利机构提供能力建设的资源。能力建设是指提高机构的核心技能，包括领导力、人力资源、财务管理和筹款能力、项目及其评估等，以促进机构的有效性和可持续发展①。机构需要通过培训、运作支持和资源交流等渠道获得技术支持，以提高核心能力。基金会出资为非营利机构提供能力建设的机遇，能够协助机构确认和解决内部管理问题，掌握新理论、新才能和新技术，从而为社会提供更有效的服务。

基金会间的合作

基金会通常乐于见到受赠项目同时也获得其他基金会的资助，而且拥有多家合作机构在技术和人员上的支持，因为这体现了这一公益创议的价值和包容性。若干家基金会共同资助某一公益项目，有助于形成气候，凝聚力量，真正解决某一社会问题。

基金会之间的合作也体现在它们"私下里"对于资助方向的协调和配合。重复而过度地资助某一社会服务项目是对公共资源不负责任的浪费，基金会的领导层之间在作出重大资助决定之前会有一定的沟通和协调，以求合理地分配和整合公益资产。

四　向基金会筹款的流程和技巧

基金会更愿意支持拥有多样收入来源的非营利机构。非营利机构如果能够获得来自客户和社区成员的各方支持，就显示出机构具备清晰的宗旨、良好的口碑和广泛的支持者群体，是一个真正为社会所需要和认可的公益组织。因此，非营利机构应该坚持经费来源和筹款项目的多样化原则，始终将基金会资助作为需要争取的多方收入来源的一部分。

---

① 罗拉 · 肯巴梭（Laura Campobasso）、丹尼 · 戴慧思（Dan Davis）：《有关能力建设的反思》（*Reflections on Capacity Building*），洛杉矶，加州福利基金会出版，2001。

在向基金会筹款时，有两大核心因素。一是要善于表达筹款理由，能够撰写出色的、令人印象深刻的项目建议书（proposal）。二是要与基金会建立和发展关系。这两点所起到的作用各不相同，对于有效筹款来说缺一不可。

基金会筹款项目不能理解为"建议书撰写项目"，因为单纯地依靠递交申请材料并非能够取得理想的筹款效果。经验表明，准备 20 份高质量的申请材料或许可以获得 1~2 家基金会的青睐，基金会愿意提供小笔最初的捐赠，但是光靠一次次地"海选"申请是很难培养出长期合作关系的，高额捐赠也不会就此降临。与基金会建立关系就是与人建立关系，基金会固然注重既定的申请程序，但是程序的操作者和最终的决策者还是人。非营利机构必须创造以耕耘培养捐赠者为中心的筹款文化，努力与基金会的关键人员发展个人关系。

例如，机构在获得某家基金会的第一笔捐赠之后，筹款者就应该主动与负责这笔捐赠的基金会项目官员或联系人联络，经常会面，介绍他认识受赠项目的负责人，邀请他参加机构的活动，让他进一步了解机构的工作。有机会的话安排机构的总裁或理事与基金会的领导层人员见面，培养感情，增进友谊。当关系逐渐培养成熟之后再向基金会提出高额捐赠的请求，成功率就会大大提高。"建议书撰写项目"应当转变为"基金会联络项目"，这样才能为机构建立起一个系统化的、有目标可衡量的基金会筹款项目。

向基金会筹款一般要经历做准备工作、预先接触、递交项目建议书、等候基金会审批和作出资助决定的步骤，下面按顺序介绍。

准备工作

与其他筹款项目一样，在向基金会撰写项目建议书提出捐赠请求之前，筹款者必须进行充分的准备工作，做好自己的"功课"。

判断基金会是否能够成为可能捐赠者离不开三大标准：关联、能力和兴趣。筹款者应该在研究中寻找以下三组问题的答案。

1. 确定机构与基金会的任何关联：这一基金会以前是否与我所工作的机构有关系？机构是否有志愿者、员工或其他支持者认识基金会的关键人员，或能够帮忙引起基金会的注意？

2. 通过观察基金会的资产情况和捐赠历史，了解它通常会提供怎样的捐赠额度：这一基金会有足够的资产和捐赠能力提供我们所需要的资金吗？

3. 了解基金会的捐赠准则和项目领域：这一基金会是否会对我们的项目感兴趣？它是否资助过类似的项目？

在美国，有关基金会的信息十分公开透明，很容易便能找到所需要的资料。首先，筹款者应该仔细浏览基金会的网站，了解基金会的宗旨、历史、领导结构、捐赠兴趣和准则等。其次，一些非营利部门的支持性组织为筹款者提供了丰富的资源，许多还是免费的。基金会中心拥有最为全面的基金会信息，筹款者可以订阅它的网上数据库（http：//fconline. foundationcenter. org），也可以在基金会中心的纽约总部或其他合作机构免费使用，这一数据库提供了至少 12 万家美国基金会和企业赞助商的详细信息，每周更新，用户可以搜索到可能会对自己项目感兴趣的基金会，使用很方便。此外，基金会的会员组织——基金会协会（Council on Foundations）提供各种有关基金会政策和研究的资源。指南星网站也很有用，它免费提供包括基金会在内的所有正式注册的非营利机构递交给国税局的年度报告，从中能准确地看到基金会的资产和财务状况。

预先接触

在详尽研究的基础上，筹款者的第一步是要与目标基金会取得联系，获得与基金会代表接触的机会。如果有理事或机构其他支持者能够提供引荐的话，就比较容易得到对话或会面的机会。筹款者还可以直接打电话与基金会联系，同基金会代表作初步的交谈，询问基金会是否对机构的项目有兴趣，是否打算在今年提供资助，进一步探求基金会的期望值。这种初步的交流虽然无法保证任何资助，但是能为筹款者准备申请材料提供极有价值的信息。

对于基金会来说，与非营利机构的接触也是他们进行研究调研、选择合适受赠机构的工作的重要组成部分。由《时代周刊》创始人亨利·路思创办的路思基金会（Henry Luce Foundation）前副主席泰瑞·劳兹（Terrill Lautz）说："成功的基金会能够看准社会的需要，并采取有效的战略来满足这些需要。认准需求的最佳方式就是直接与潜在受赠机构的人交流探讨，深入了解他们的领域。"这种以开放的心态与非营利机构进行交流的做法，正体现了基金会在决定善款使用过程中的科学性和战略性。

有些基金会声明不接听未经邀请的电话。在这种情况下，筹款者可以准备一封简短的询问信（letter of inquiry），在一页纸之内说明机构需要资助的原因。如果基金会对这一项目感兴趣的话，会进一步要求对话和递交完整的项目建议书。

项目建议书

如果初始的对话或询问信取得了积极的反应，基金会鼓励机构继续深入对话，那么这时候，筹款者就需要准备申请材料了。不同的基金会对申请材料的要求及其具体格式会有不同的规定，不过其核心部分——项目建议书却万变不离其宗，一般由以下部分组成：

封面信：大致介绍机构、机构项目、所需款额、为什么这一项目

与对方的公益目的相符以及机构联系人的信息等。

机构背景介绍：机构介绍，尤其是和本项目有关的业绩。为什么有能力和优势开展这个项目，为什么捐赠者应该选择自己而不是其他机构。

社会需求介绍：指出这一项目是在填补某一社会需求或在解决某一社会问题，最好加上引用和具体数字，说明需求的迫切性。

目标、目的与效果：以战略性的眼光，从广义和具体的角度分别阐述开展这一项目的意义。

项目介绍：描述项目的具体行动计划，谁来执行，以什么方法执行，为什么所选择的方式是最佳途径。

评估：解释机构将怎样衡量项目是否达到了预期的目标、目的和效果，最好有定性和定量的具体评估标准。

机构治理和管理结构：理事会的组成，负责项目的专业员工的背景等。

预算：在合理估计的基础上，列出开展项目的成本和经费来源，指明希望对方提供的款额及其用途。

一份好的项目建议书无疑是赢得捐助方青睐的重要工具。它能够清晰地阐明一个迫切的社会需求，令人信服地证明在基金会的资助下，自己的机构能够以最有效的方式满足这一需求。成功的项目建议书思路清晰、言简意赅、内容殷实、重点明确，令人一目了然，同时饱含热忱，具有强烈的感召力。

整套申请材料应当规范、严谨、专业，并在基金会所要求的递交期限之前送到，这样才能给捐助方留下良好的印象。

审批过程

当基金会收到申请材料之后，一般会记录在案，并检查材料是否齐全，是否大致符合基金会的规定。

接下来，基金会的项目官员会阅览申请材料，判断所申请的项目是否符合基金会的捐赠兴趣。基金会的项目官员负责调查、评估、确认并向总裁和理事会推荐资助项目。他们与受赠机构直接交往、沟通、合作，并在项目实施的过程中进行咨询和监控。如果项目官员认为这一项目值得资助，就有可能与机构联系，以获取更多的信息，此时这位项目官员就成为基金会内部对这一项目的推动者，是申请机构的"战略同盟"。

在一些小型的基金会，由于没有专业员工，理事会也有可能直接寻找并确认资助项目。在很多基金会，理事会制定公益活动的战略方向和大政方针，由项目官员推荐值得捐助的项目，理事会定期召开会议，一般一年三到四次，负责审批项目。例如，洛克菲勒兄弟基金会规定捐助额在10万美元以上的项目必须得到理事会的批准，10万美元以下的项目可由总裁直接批准，但是也须在理事会会议上让理事过目。在少数大型的基金会中，理事会的作用主要是战略规划、咨询和评估，而将日常运作和资助项目的审批任务委托给总裁和资深的项目官员。例如，福特基金会的理事会在批准了各大项目的预算之后，将具体项目的决定权委托给高级管理人员。

资助决定

当非营利机构获得了来自基金会的第一笔资助，就意味着与基金会合作关系迎来了开端，如果能够妥善管理好彼此的关系，就完全有可能继续获得基金会的资助，甚至获得高额捐赠。机构首先要向基金会表示感谢和认可。机构项目的成功对于基金会而言同样重要。在项目进行过程中，基金会会要求递交定期的项目报告，包括陈述性报告和财务报告，便于监控和审核。机构应该与基金会保持联系和沟通，

如果需要的话，基金会的工作人员也会在项目过程中提供支持和指导。

即便基金会拒绝提供资助，也并不意味着合作关系就此结束。拒绝背后会有多种原因，如时机、基金会目前的捐款分配和资金运转等情况都会影响到它的资助决定。筹款者应试图了解基金会拒绝的原因，有的基金会还会提供尝试再度申请的建议。

第十四章将介绍除了个人和基金会之外的第三大重要的民间捐赠渠道——企业在慈善领域的运作情况，以及非营利机构和向企业募款的方略。

第十四章　向企业筹款

在一个成熟的市场经济社会里，企业如同一位独立而理性的"现代公民"，它不仅可以自主地追求商业利益，而且也会有回报社会、积极促进人类进步的责任感。这是社会赋予它的权利和义务。同时，"社区环境越健康，商业机会便越充分"，企业支持公益事业，也有助于提升商业运作环境的总体质量，最终有利于企业的生存和发展。一位跨国公司的总经理曾经说过："企业和它周边的社区环境就好比是金鱼和鱼缸里的水，要养好鱼，不但要喂食，还需要保持鱼缸里的水干净。"让社区具有适合企业成长的环境，是企业反馈社区的关键原因。

商业公司对非营利机构的支持主要是 20 世纪的产物。许多历史学家认为 20 世纪初美国铁路公司资助基督教青年会（The Young Men's Christian Association，YMCA），为铁路工人提供安全方便的住宿是现代企业慈善的开端，这项创议就是现在遍布全球的基督教青年会设立的廉价旅馆的起源。而慈善活动成为企业固定的项目最先发展于美国的 20 世纪 30 年代，企业慈善捐赠于 1936 年列入了公司所得税申报中的固定条目，这标志着企业捐赠成为公司运作的正式组成部分[①]。这段

[①] 海登·史密斯（Hayden W. Smith）：《如果不是企业公益，那是什么？》（"If Not Corporate Philanthropy，Then What?"），纽约法学院《法学评论》（*New York Law School Law Review*），1997 年第 41 期，第 757～770 页。

历史的政治经济学原理也十分有意义。正是 20 世纪 20～30 年代的经济大萧条促使政府和企业都要思考如何使自由市场经济得到调控。政府需要承担更多社会再分配的保障与福利责任，而企业也开始选择把反馈社区作为自己牟利后的社会责任。第二次世界大战结束以后，随着和平时代经济的发展，商业公司的规模和数目不断增长，商业利益国际化，人们对企业的社会责任达成共识，公益慈善的法律环境日益完善，企业捐赠在 20 世纪 70 年代以后得以迅速发展。

如今，在美国民间捐赠的各种渠道中，包括企业基金会在内的企业捐赠占慈善总额的 6% 左右，所以从宏观上看，美国企业的捐助远远小于来自个人和基金会的善款。大约 1/10 的商业公司积极参与慈善活动，企业捐赠的平均额仅仅是公司每年税前利润的 1% 左右。因此筹款人员必须清楚地意识到，企业存在的本质是为了赢得利润，而不是赠送利润，自始至终，企业的慈善行为更多是为了直接或间接地满足自身牟利的需求。正因如此，企业捐赠不可能是纯粹的"无私奉献"，也不可能成为非营利机构赖以生存的稳定收入来源。同样，企业对受赠对象的选择往往取决于非营利机构的服务领域和公益目标是否符合企业的战略利益。在美国，企业善款的流向分布就很不均匀，有的非营利机构很少能够获得企业捐赠，有的机构则高度依赖于企业的支持，这与商业公司的战略利益有关。例如，公共教育机构一般获得较多的企业资助，而宗教机构则所得极少。企业捐赠的动因和特点构成了筹款者与企业打交道时的基本话题。

企业关注的底线是经济利益，也就是以私自目标为起点，而非营利机构注重的是公共目标，它们的社会功能不同；企业的运作基于商业管理的实践，而非营利机构的运作基于社会互助的关系网，它们的运作环境不同。这些本质区别决定了两者合作共事时无形的隔阂，以及机构文化和工作方式上不可避免的差异。本章的重点在于深入分析企业捐赠的动因、特点、载体和方式，非营利机构的管理人只有在深切体会企业组织和捐赠文化的基础上，才能真正掌握向企业募款的要点，与企业成功建立互惠共赢的合作伙伴关系。

一　企业为何捐赠？

亚当·斯密（Adam Smith）在现代自由市场经济的奠基之作《国富论》（*The Wealth of Nations*）中论述道："我们并不是从屠夫、酿酒师和面包师的善心中获得了我们的晚餐，而是从他们实现自我利益的驱动中得到了我们的所需。"从古至今，企业的公益行为通常与它的商业利益相关。概括地说，企业参与公益事业，并不是在"无私"赠送它们的商业利润，而是在对其社会知名度、良好的公共形象和社区关系进行战略性的投资。现代企业是理性的机构，非营利机构需要尊重和利用它们的商业目的和企业文化建设的需求。

在现代市场经济中，企业履行社会责任也是消费者、企业员工和投资者（股东）共同的期望。在美国的调查显示，92％的消费者对支持公益事业的企业产生了更好的印象，而且84％的消费者愿意为了支持某一公益事业选择购买特定牌子的商品；40％的雇员会因为自己工作的企业支持公益事业而为公司的价值观感到自豪，25％的雇员会因此而加强对公司的忠诚度；75％认可企业公益行为的投资者会选择继续投资[①]。可见，现代企业的捐赠行为同时受到了外部和内部利益相关者的压力驱动。

---

① 美国基金会协会、沃克信息咨询：《科恩企业公民研究：公益品牌战略的角色》（*Cone Corporate Citizenship Study：The Role of Cause Branding*），2002。

自 20 世纪 90 年代以来，美国学者将企业捐赠的动因用各个模型加以综合阐述，这可以为我们理解企业捐赠文化的特点提供较为全面的思路。归纳起来，有三种捐赠模型最具代表性——道德模型、生产力模型和利益相关者模型，它们分别阐述了企业从事慈善的三大目的——体现社会责任感、提升企业盈利能力以及帮助企业积累社会资本。

道德模型

道德模型是对企业捐赠最为传统的诠释。这一模型认为，企业及企业领导人具备社会责任，他们应该回报社会所赋予的经商牟利权，利用自身占有的资源与非营利机构合作，共同解决社会问题，满足公众的需求。

因此，筹款者应该在了解企业领导人公益兴趣的基础上，在筹款理由中阐明本机构是如何来满足社区需求的，而且公司的员工可以怎样参与到机构的活动中来，合力解决社区中存在的问题，用道德的感召力来说服企业回报社会。

生产力模型

根据生产力模型，商业公司之所以愿意将股东们的盈利所得捐赠给非营利机构，是因为这样做直接或间接地有利于企业的经济利益底线，从长远来看能够提升企业获取更多利润的能力。这种动力被生动地称为"有觉悟的自私行为"（enlightened self-interest）。这一模型认为，公益行为是企业整体发展战略的有机组成部分，它理所当然地服务于企业实现利润最大化的目的。

对于筹款者来说，劝募工作的关键就在于确定自己所服务的非营利机构有哪些特点能够协助企业树立起良好的公众形象和知名度，有哪些重点项目可以帮助企业提升员工士气，和/或协助企业推广产品和拓展市场。募款人通常可以怂恿企业提供赞助或以事业关联营销等方式来进行合作。这是生产型募款的典型做法。

利益相关者模型

以上无论"道德模型"还是"生产力模型"都是从企业自身的利益出发的，而"利益相关者模型"的募款机制是从比较深层次的企业社会责任出发的，这种模型在企业的对外和对内关系中都有所表现。

从企业的对外关系来看，利益相关者模型认为，企业除了对股东和投资者负责之外，还必须对其他各个利益相关群体的要求作出反应。这些利益相关群体包括员工、社区、消费者、董事会、供应商、媒体、意见领袖、社会组织和政府部门等。在全球化的今天，企业所面临的国际政治环境越复杂，所涉及的利益相关者越繁多。因此，企业希望自己的捐赠行为能够影响到尽可能多元的利益相关者群体，企业的慈善项目应该成为其联系社区"权力中心"的重要纽带，是企业积累社会资本、经营社会关系的长期社会投资。

针对企业积累和投入社会资本的需求，筹款者应强调这一非营利机构如何能为捐赠者提供接触关键利益相关者的机会，并且怎样帮助企业加强同社区、媒体和政府的关系。简单地说，企业捐助就是为了搞好各类社会关系。

从企业的内部关系来看，利益相关者模型认为，企业负责捐赠项目的部门是公司内部政治布局的一部分，负责人必须考虑到公司的慈善策略如何为体制内的其他部门带来福利和益处，从而巩固自己在全局中的地位。例如，企业捐赠项目的负责人希望他的工作能为公司员工、研究部门、营销部门和公关部门带来积极的影响，这就可以解释

为什么企业热衷于资助员工志愿者项目、与公司产品和目标相关的公益研究项目以及赞助活动和事业关联营销等领域，因为这些公益行为直接关系到公司内部利益相关者的喜好。

针对这一特点，筹款者就需要揣摩和掌握公司内部的权力结构和利益关系，明白企业对外资助有可能来自于公司各个部门的哪些资源，展示与非营利机构建立合作能够为公司不同职能部门和工作领域带来多少实际的益处，实现"多赢"。

在深刻理解企业捐赠动因的同时，筹款者还应意识到，许多商业公司对公益慈善领域的了解其实是十分有限的。在与企业负责人的沟通和对话中，筹款者需要担当起"教育工作者"和"公益引导者"的角色，让商业领袖熟悉与非营利机构合作的各种潜在机遇（捐赠现金或其他资产种类、提供免费的服务和实物产品、贡献志愿者、赞助活动，以及事业关联营销等多种渠道），使他们体会到从事公益活动的乐趣和益处，让企业成为社会公民。也就是说，非营利机构要积极地为自己跟企业合作创造机会，激发企业参与公益事业的动力。

二 企业捐赠的特点

在理解企业从事慈善的动因之后，就不难总结出企业捐赠的两大特点：一是着眼于与非营利机构在宗旨上的契合；二是重视获得相对具体的投资收益。

着眼于宗旨上的契合

企业是否愿意为一家非营利机构提供捐赠，以及捐多少、怎么捐，关键取决于这一机构的公益宗旨是否符合企业的战略利益，很多情况下应该与实现企业社会责任的目标相符。这是筹款者判断哪家企业是可能捐赠者时的重要依据。

调查显示，商业公司在选择公益项目时最希望顾及的利益相关者依次是雇员（88%）、社区（72%）和消费者（44%）[1]。由于商业公司以雇员、市场、品牌和舆论为重，所以它们一般不会支持带有"争议性"的公共项目，以免影响到雇员和某一特定市场的消费者群体对企业的看法和态度。企业大多会去支持那些能直接有利于雇员生活福利的、影响到它们客户市场的、在政治和公共舆论上比较"安全"的公益事业。此外，地理位置也是非营利机构能够获得企业资助的一个因素。坐落在大城市的非营利机构更容易获得企业资助，因为那里是很多企业总部、雇员和核心客户市场的大本营，企业愿意通过社会投资来增强与当地政府和社区的关系，提升自身的能见度和知名度。

总体而言，企业更可能为以下类型的非营利机构或公益项目提供资助。

1. 能够提高企业员工社区生活质量的机构（如公园、交响乐团、博物馆、图书馆等社区设施）。

2. 为员工提供志愿活动参与机会的机构，或者员工捐赠的机构。

3. 能够协助解决普遍的劳工问题，提高劳工生产效率的机构（如戒酒戒毒所和致力于预防家庭暴力的组织等）。

4. 能帮助公司开发新产品或推销现有产品的研究活动（如高等院校的各类研究所和研究项目等）。

5. 有助于为公司培养人才的教育性机构和项目（如有创意的教育培训项目和奖学金项目等）。

---

[1]　美国企业公益促进委员会（Committee Encouraging Corporate Philanthropy）：《捐赠数据》（*Giving in Numbers*），2009。

重视具体的投资收益

对于务实而追求经济利益底线的企业管理人而言，他们希望自己的社会投资能够像商业投资一样，以最低的成本获得最大化的回报。这种回报应该包括一些相对具体、切实的收益。筹款者在接触企业捐赠者时一定要注意对方的这种期望值，提出令企业感兴趣的，能够突出企业实际收益的捐赠方案和捐赠者认可计划。

非营利机构与商业公司的合作建立在互惠共赢的基础之上，表14 – 1列出了双方各自所能获得的益处。

表 14 – 1　非营利机构与企业的互惠合作

非营利机构	企业捐赠者
获得新的捐赠者	获得营销机遇
发展志愿者	发展新的消费者
增加志愿性的服务/专业指导	增加销售量
得到免费提供的实物产品	得到与关键利益相关者接触和发展关系的机会
良好的能见度、知名度	良好的公关
	良好的社区关系
	加强员工的凝聚力和忠诚度
	吸引有质量的新雇员

在第一章中提到，与非营利机构合作能为企业带来两个层面的益处。第一层面上的益处是"有形"的经济效益。例如，在事业关联营销中，顾客购买商品的一部分钱将捐给某家非营利机构，许多顾客出于对公益事业的支持，会选择购买这一品牌的商品，这就为企业直接带来了市场推广效应，增加了顾客群和销售量。

第二层面上的益处是"无形"的品牌效应和潜在市场。企业通过资助合适的项目，与具有影响力的非营利机构建立合作关系，以捐赠者的重要身份出现，得以参与非营利机构举办的活动，从中建立和巩固与当地政府、社区或媒体领袖的关系，扩大社会网络资源，改善经商和投资环境，这有利于企业在当地的发展。并且，企业通过体现其社会责任感，能够提升公众形象，吸引消费者的青睐，提高消费者忠诚度，培育潜在市场，鼓舞公司士气，进而有利于吸引优秀员工的加入、投资者的支持和商业伙伴的合作兴趣。

针对企业注重投资回报率的特点，筹款者在向企业劝募时必须清晰地展示捐赠所能带来的积极影响，最有效的方法是运用具体的数字来说明影响力，并运用科学而系统的方式来衡量项目的成果，这最容易赢得极具"商业头脑"、习惯于用商业语言思考的企业管理人的青睐。企业也希望能够与自己选择支持的非营利机构建立长期有效的合作关系，品牌的树立不仅在于将两个有声望的机构名字连在一起，更在于公益项目本身的质量和影响力，非营利机构必须加强接受企业捐赠者问责的能力。

三 企业的捐赠载体

企业对非营利机构的资助一般有两种主要途径。一是通过设立自己的企业基金会，二是通过公司内部的公关部门、公共事务部门、社区关系部门或营销部门负责管理公益慈善活动。表14-2列出了这两大捐赠载体的特点及区别。

企业基金会在法律上是与公司分离的实体，它是一个非营利组织，其资产来自于企业（属于私募基金会），当公司把捐款放到这个基金会的时候，公司本身就会享受到抵税的优惠。企业基金会一般由公司员工或其他与公司相关的人员组成理事会，在运作和决策上与企业关系密切。它的资助决定往往要最先满足公司员工和消费者市场的兴趣和需求，因此许多企业基金会在捐赠策略上对非营利机构所服务

表 14 - 2　企业捐赠的两大载体

企业基金会	企业捐赠项目
• 在法律上与企业分离的实体,但是在实际运作中与企业关系密切	• 由企业公关部门或其他部门直接管理
• 地理位置对于资助项目起到很大的决定性作用	• 经常包含员工的捐赠配套项目和以提供免费服务/产品为形式的捐赠
• 经常在企业经营状况良好的年份扩大捐赠基金,而在企业经营状况不佳的年份动用部分捐赠基金,以丰补歉。	• 作为企业基金会的补充,支持企业基金会资助范畴之外的公益项目

　　的社区地理位置有限制,通常希望在企业和企业员工所处的地区,以及重点市场所处的地区进行社会投资。企业基金会的捐赠基金和资助预算会因为公司的经营状况发生改变,例如,在企业经营状况良好的年份扩大捐赠基金,而在企业经营状况不佳的年份动用部分资产。多数企业基金会并没有专门的捐赠基金,近半数（43%）企业基金会的资产是从其他部门或预算中划账（pass-through）过来的。

　　企业捐赠项目一般由公司的公关部门或其他职能部门管理。公司所普遍提供的员工捐赠配套项目（matching gifts）和以提供免费服务及实物产品为形式的捐助（in-kind gifts）通常来自于企业捐赠项目的经费。企业捐赠项目是企业基金会的补充。企业捐赠项目受公司每年盈利情况的直接影响,稳定性在一定程度上比企业基金会的资助更差。但是跟基金会的资助相比,企业捐赠项目的资助范围经常更为广阔,决策过程较为灵活,资助额度有可能更高。

　　企业捐赠项目的资助额度之所以有可能更高,是因为它的经费不一定来自于固定而保守的企业慈善投资,而是有可能被划入企业广告营销和公关方面的开支,这笔预算可计入商业成本中,与慈善预算比起来往往就会大很多。正如美国青少年活动组织男孩女孩俱乐部（Boys & Girls Clubs of America）的前首席营销官科特·阿西曼 （Kurt

Aschermann）所言："在新的运作环境中，非营利机构能够获得企业几百万美元以上的用于市场营销的资金，而不是过去企业赠予非营利机构的少量的用于慈善活动的资金。"当然，要获得这种类型的高额捐赠，非营利机构的项目就必须为企业带来营销方面的益处。男孩女孩俱乐部在这一点上就做得非常成功，它与可口可乐公司的合作长达10年，总资助额达到6000万美元以上，与微软公司的合作总资助额高达1亿美元。

四　与企业合作的方式

非营利机构与商业公司的合作可以采取多种方式，因此，筹款者在和商业公司接触时应该让对方了解各种合作方式的可能性，不要限制获得捐助的机会。

现金资助

最为常见的企业资助方式是为非营利机构的特别项目、新项目、资本筹款活动或特别活动提供完全而直接的现金捐赠。企业一般较少专门为非营利机构出资支持其日常的运作，不过机构可将企业赞助特别活动的部分资金用于日常运作。

现金捐赠可能来自于企业基金会，也可能来自于企业捐赠项目。有的捐赠计划还加入了员工配套捐赠项目，如企业资助100万元，如果员工也向这一公益项目提供个人捐赠的话，企业可以进行1：1的匹配，企业愿意提供的配套总额可达到50万美元，这样如果员工积极参与的话，非营利机构就可从企业本身得到150万美元的赠款。

企业赞助非营利机构的特别活动也是十分常见的合作形式。企业通过赞助，能够获得参与某一特定活动或公益事业的机会。这不属于

"无私奉献",而是能够看到实际"收益"的社会投资。例如,在机构年度筹款活动中作为捐赠者购买 10 位客人的门票,或者作为体育活动的赞助商。美国各大城市的年度业余马拉松比赛的组织者都是非营利机构,活动的主要捐赠者多是企业。赞助商所寻求的是加强公关,得到公共能见度和广而告知的效应,非营利机构必须为它们提供直接而鲜明的捐赠者认可机会,这种互惠合作的机会是屡见不鲜、无处不在的。

鼓励公司雇员的慈善参与

许多企业会与非营利机构合作,提供员工捐赠项目和志愿项目,其规模和力度参差不齐。员工的捐赠和志愿项目有的持续整年,有的集中在一年的特定时期(如新年前夕),有的是为了突发事件(如自然灾害的救援工作等)。如果非营利机构能直接参与到推广过程中来,为员工提供信息和指导,这些项目的效果就会更好。

员工捐赠项目是由员工自发组织的慈善行为。一般情况下,员工捐赠项目鼓励员工提供完全而直接的现金捐赠,并能够获得公司的配套捐赠。非营利机构也应该了解捐赠人在哪里工作,他的公司是否提供配套捐赠,不要错过获得公司匹配的额外捐助的机会。

企业鼓励员工进行慈善捐赠,并且用配套的办法来操作,这被认为是企业组织文化中一个很好的制度设置。它的优点是多方面的,它可以增强企业员工对企业的认同度,增加企业凝聚力和对外整体形象。它把企业公民和社会公民有机结合了起来,是成功企业彰显自我的重要指标。

服务和实物捐赠

企业以服务或产品捐赠为主,而不是直接提供现金捐赠,这是非营利机构与商业公司合作的另一种重要形式，从捐赠金额上来看，这也是规模最大的一种企业捐助形式，一般统称为"服务或实物捐赠"。

例如，电脑公司为非营利机构赞助个人电脑及其他工作设备，建筑公司为机构盖建新楼提供免费的施工材料，通信公司为机构提供免费的视频会议设备，快递公司为机构提供一定额度的免费速递服务，航空公司为公益机构员工或活动提供免费的机票，律师事务所为机构活动提供免费的场地，餐馆为机构的活动提供免费的餐饮服务，商业电视台、电台和报纸为机构提供免费的公益广告版面，公关公司为机构提供免费的形象包装、媒体接触和公关服务，等等。公司将产品赠送给非营利机构使用，把产品推广与社会问题或公益事业相结合，既提高了产品的知名度，促进了销售额的增长，又有助于社会问题的解决，达到了提高企业公共形象的目的。

事业关联营销

在美国购物，经常会看到店家作为促销活动，将商品销售的部分收入捐赠给某家非营利机构的公益事业。这种方式面向客户，基于商业交易，能够为商业合作伙伴带来触手可及的中短期市场推广效应，同时也能为其非营利合作伙伴增加经费和能见度。这便是自 20 世纪 80 年代起就开始在美国兴起的"事业关联营销"（cause-related marketing）。我们通常讲的"义卖"也可以算作此类。事业关联营销发展迅速，资助总额从 1984 年的 4.5 亿美元增长到 2000 年的 100 亿美元①，如今已成为商业部门与非营利部门广泛运用的合作方式。

---

① 《科恩/路坡公益趋势报告：公益品牌战略的演化过程》（*Cone/Roper Cause Trends Report: The Evolution of Cause Branding*），波士顿，科恩公司，1999。

非营利机构的公益慈善性本身就是一种"品牌",从商业角度来讲具有潜在的经济价值。人们原本有购买各种商品的选择,但是许多人会愿意选择那些有益于社会事业的产品。在事业关联营销中,企业为非营利机构提供的捐赠额直接与特定时间段内客户购买的产品和服务成正比。事业关联营销可以是短期的合作,也可以是长期的合作,人们常把长期的合作称为"公益品牌战略"(cause branding)。让人们在商业消费的同时,也进行了"公益消费",可谓"有道德的消费主义"。

例如,美法合资优诺酸奶的母公司美国通用磨坊食品公司(General Mills)推出"省下盖子,拯救生命"(Save Lids to Save Lives)的公益创议。消费者只需将酸奶的粉红色盖子寄回公司,每一个盖子就相当于10 美分的捐赠。所有的赠款主要用于支持美国最大的致力于乳腺癌防治工作的非营利机构——苏珊·科曼(Susan G. Komen)在全世界120 多个地区的教育和研究项目。在过去 15 年中,这一公益创议共为乳腺癌的防治工作提供了 5000 亿美元的捐赠。每一份小小的爱心凝聚起来,就可以改变世界。

再如,耐克、苹果、贺曼、星巴克、Gap、阿玛尼、美国运通等多家企业于 2006 年联合加入了名为"红色商品"(Product Red)的公益品牌创议活动。每一家合作企业制作一种带有"红色商品"标签的产品,以获得"红色商品"的经营执照。销售"红色商品"后所获得的部分利润则捐赠给抗击艾滋病、结核病和疟疾全球基金(The Global Fund to Fight AIDS, Tuberculosis and Malaria),旨在帮助抑制艾滋病在非洲的传播。

从以上两个例子可以看出,事业关联营销是一种可以有无限创意的合作方式。筹款者在与企业商议的过程中,应善于展示与非营利品牌合作的优势和收益,共同寻找和设计出使得双方都能成为受惠者的合作方案。

五　向企业筹款的要点

企业虽然是一个结构复杂的组织，但是与企业打交道归根结底还是要和人打交道，与企业发展关系主要是与商业领袖及负责企业慈善项目的管理人培养感情，因为最终做出捐赠决定的还是人。从这一意义上来说，向企业筹款与向个人筹款并无本质区别。

与一般筹款工作一样，向企业劝募要经历一个过程：研究、确定、培养、介绍业务、提出捐赠请求和对捐赠者的认可和问责。在研究和确定可能捐赠者的工作中，有可能提供捐赠的企业也通常符合三个标准：关联、能力和兴趣。

与一般筹款工作比起来，向企业募款的要点突出体现在以下方面：（1）寻找企业与机构的"关联"并善于运用这种关系十分重要；（2）尽量从多方位多层次对企业捐赠者进行耕耘培养；（3）放宽与企业的合作范围，以灵活、开放和富有创造性的心态考虑除现金捐赠之外的其他合作方式。

抓住"关联"

在向企业筹款时，非营利机构的社会"关系"起到决定性的作用。调查显示，对企业慈善项目方向最有决定权和发言权的是公司首席执行官或董事会成员的捐赠兴趣[1]。尽管企业的慈善项目通常由专人负责管理，但是捐赠决策权往往掌握在企业的高级管理层中，这对于高额捐赠尤其如此。如果非营利机构能够直接接触到企业高管，认识"正确的人"，得到他们的认同和支持，那么整个募款过程就会相

---

[1]　麦肯锡公司的企业公益季度调查报告，2008 年 1 月。

对顺畅许多。非营利机构的社会关系在企业中越高层，对于筹款就越
有益。

关系提供了彼此间所需要的信任和信息，可以大大缩短非营利机
构和商业公司之间的社会距离和沟通成本。要寻找到这种关联，筹款
者可以借助机构理事会成员或其他有影响的支持者的社会网。筹款者
还应了解机构的个人捐赠者分别在哪些公司任职，是否愿意提供引
荐，让企业基金会或其他部门也成为捐赠者。

筹款者也应充分了解机构所在地区的企业界状况，与"邻居"
保持和睦关系，多认识多接触当地的商业精英。商业公司致力于自己
所处社区的社会体系建设工作，以创造繁荣稳定的经商环境，所以往
往愿意资助当地的公益机构。

多方位的耕耘培养

对企业捐赠者的耕耘培养是筹款者需要时时进行的任务，是提出
任何募款请求之前所必须经历的步骤。

非营利机构应该尽量多方位多层次地与企业培养关系。从一开始
的引荐和会面，到邀请企业领导人担任顾问委员会或理事会成员，到
邀请企业员工参与直接为社区提供服务的志愿者活动，到邀请企业代
表参加特别活动和参观机构场所，再到通过期刊和年度报告随时向企
业代表保持联络，直到向企业提出捐赠请求，所有的努力都是为了让
企业逐步成为机构工作中不可或缺的一分子。

向企业提出捐赠请求的最有效方式是面谈。由于企业往往需要通
过委员会或董事会对金额较大的捐赠作出决定，企业代表在面谈后通
常不能马上给予承诺。筹款者在面谈之后必须跟进——电话、电邮、
再度拜访或其他联系方式都可以，跟进是筹款中的必然步骤。

在获得企业的捐赠承诺之后要在第一时间发出感谢信。其他感谢

方式可以包括在捐赠方同意的情况下发布有关捐赠的新闻稿，在特别活动、顾问委员会或理事会上公开表达感谢，在机构网站和期刊上列出捐赠企业，根据捐赠额度将企业列为某捐赠团体的会员，兑现命名权，并定期向企业汇报工作进展和赠款使用情况，等等。业内常说的一句话是："向捐赠者表达感谢，次数再多也不为过。"致谢是继续培养捐赠者的一部分工作，是再次提出募款请求的前奏。切不可"有事有人，无事无人"。

灵活变通的合作方案

与个人和基金会捐赠相比，非营利机构与企业合作的形式更为多样，筹款者应该放宽思路，寻求各种合作方案的可能性。

如果企业出于种种原因目前无法为非营利机构提供现金捐赠，筹款者可以继续与企业代表商谈：是否有可能提供免费服务或实物捐赠？是否有可能让员工成为机构的志愿者？如果某一公益项目不符合企业基金会眼下的资助重点，是否有可能成为企业营销战略的一部分？如果企业现在无法决定是否与非营利机构建立长期的战略伙伴关系，是否有可能先尝试赞助一次特别活动，在获得益处的同时增进对机构的了解？等等。这些参与渠道同样能为企业带来作为捐赠者的益处和认可。为企业准备的项目建议书也应该体现出这种多样性，为对方提供多个合作选择，终极目的是找到双方利益的结合点。

通过第三部分的介绍，我们了解了非营利机构的三大民间善款来源渠道（个人、基金会和企业）的特点，以及向它们进行劝募的相通之处和各自不同的策略重点。第四部分将具体介绍一些常用的筹款方式。

第四部分　常用的筹款方式

第十五章 直接反应式：直邮、电话、网络和社交媒体

　　在我们的日常生活中，几乎每天都会收到广告宣传品，或者在电子邮箱内、手机里和社交媒体上也会收到各种营销信息。筹款是一门传播和推广的学问，和商业公司一样，非营利机构同样会运用这些传媒渠道向它的潜在捐赠者市场传播信息、推广服务并寻求支持。这种筹款方式称为"直接反应式筹款"（direct response fundraising）。

　　直接反应式筹款源于市场营销学中所常用的直接反应式广告或营销，是一种以特定传媒手段为载体，直接向众多捐赠者传播信息，提出募款请求的方式。直接反应法普遍用于年度基金的劝募工作中。

　　直接反应式筹款在美国兴起于第二次世界大战之后，由于当时邮价低廉，又没有其他通用的信息传递方式，直接反应式筹款中最传统的形式——直邮（direct mail）就成为非营利机构接触广大可能捐赠者市场，寻找、确定和获得新捐赠者的首选方式。如今，直接反应式筹款不仅包括直邮，还包括电话、电视、电台、报纸、杂志、网络、电子邮件营销、手机和社交媒体筹款等多种方式，是筹款者对多种媒介的综合运用。筹款是温和地教会别人享受捐赠乐趣的艺术。直接反应式筹款虽然看似机械的统发过程，仿佛一点也不"温和"且人性化，但是发展到今天，其手法却愈来愈以捐赠者为中心，愈来愈讲究

战略性。

计算机技术的发展极大地推动了社会各领域的飞速进步。在政治筹款和竞选中，美国 2008 年和 2012 年的大选被称为"数据的较量"。奥巴马的竞选团队使用了大数据，对不同特点的选民采取不同的竞选和筹款宣传（microtargeting）。在商业上，广告商通过数据分析精确地判断客户市场的购买习惯和消费模式，零售商利用顾客的电子消费记录预测客户的需求和偏好。以沃尔玛为例，它每小时要处理 100 多万笔电子交易记录，可谓每分每秒都在源源不断地生产数据，用以预测消费者的需求和购买行为。许多购物网站能够根据客户的购买记录预测他们感兴趣的消费领域，为他们自动提供一些购买建议。在体育方面，数据分析也成为教练挑选和训练队员的有力工具。电影《点球成金》（*Moneyball*）描述的就是一支小型棒球队如何通过数据分析挑选优秀的球员，最后获得史无前例的联盟连破纪录的故事。在这个大环境之下，公益慈善领域采用计算机技术分析捐赠市场的大数据，在对支持者群体进行细分的基础上采取更具针对性的营销、传播和募款手法，想必也是一大趋势。

本章介绍最为主要的几种直接反应式渠道——直邮、电话、网络和社交媒体。非营利机构不仅应该将多样的传媒渠道有机地融合到直接反应式筹款的整体战略中，让对外传播为劝募工作服务，而且也应将直接反应式筹款与高额捐赠、计划性捐赠等其他筹款项目整合起来，制订和实行一个综合而协调有序的筹款计划。

一　直邮

长久以来，直邮被筹款者认为是获取小笔捐赠，尤其是新捐赠的低成本、高效益的方式。随着直邮的不断发展，以及传统邮件与电子邮件的紧密结合，如今已能够对处于不同阶段的捐赠者的劝募工作发挥作用，直邮是可以灵活运用于筹款中各环节的工具。

新捐赠者。许多调查显示，"我收到了邮件"是多数人首度成为慈善组织捐赠者的最主要原因。直邮能够接触到非营利机构否则无法接触到的潜在支持者。直邮是迄今为止能够以最低的成本影响到最大量潜在捐赠者的机制，网络时代也并未改变直邮在这一领域的地位。

活跃的捐赠者。为非营利机构提供超过一次捐赠的人可以归为活跃的捐赠者。经验表明，在首度捐赠的人中，通常只有半数的人会再度提供捐赠；而为机构提供过两次捐赠的人中，通常会有2/3的人继续提供第三次捐赠。在将首度捐赠者"转化"为活跃捐赠者的过程中，直邮往往是有效的方式。

忠实的捐赠者。直邮的核心构成群体是那些为机构每二三年提供二三次低额捐赠的人。那些捐赠人虽然不能一次性地为机构提供一笔高额捐赠，但是他们的忠诚度体现在细水长流的支持中，日积月累，小笔捐赠累计下来的总额也有可能是高额捐赠，这些捐赠人还有可能最终为机构提供数额更大的计划性捐赠。直邮对于确保重复捐赠，维持低额捐赠者的忠诚度能起到关键的作用。

较高额度的捐赠者。过去，大多数直邮项目所获得的捐赠都是低于100美元的低额捐赠，进入21世纪之后，捐赠额度有所提高，开始出现了500美元、1000美元甚至更多的赠款。从直邮的质量和信息包装来看，较高额度捐赠的邮件与一般邮件有所不同，但是其筹款过程和原则是一致的。直邮很少用于向高额捐赠者劝募，因为与高额捐赠者的信息沟通要求高度的个人化。高额捐赠者当然也会收到来自非营利机构的材料，但是为他们准备的邮件不等同于面向大众的、"统发稿"式的直邮邮件。

计划性捐赠者。许多计划性捐赠者只为非营利机构提供过低额捐

赠，甚至从来没有给机构捐过钱。通过遗赠或其他计划性捐赠载体，他们就可以成为高额捐赠者。直邮是推广计划性捐赠项目、耕耘培养计划性捐赠者的十分有效的途径，在非营利部门广泛使用。

直邮与筹款战略的五大基本功能

直邮不仅是适用于筹款各阶段的工具，同时也在非营利机构整个筹款工作的发展中起到战略性的作用。

所有的筹款战略都可以归为五大基本功能——增长捐赠者基础库、扩大捐赠者参与度、提高机构的能见度、加强筹款的高效性，以及保证财务的稳定性。直邮能为分别实现这些战略功能作出贡献。

增长：获得新的捐赠者是直邮最传统的使用目的。如果非营利机构的战略重点是增长自己的捐赠者基础库，那么直邮无疑是首选方法。

参与：直邮可以用来扩大捐赠者对机构的参与范围，加强其参与程度。例如，博物馆可以通过直邮为捐赠者寄去最新展览的免费票或博物馆纪念品商店的购物优惠券。

能见度：许多非营利机构筹款不利是因为缺乏公众能见度，直邮能帮助其走出这一困境。邮件本质上就是广告的一种形式，能够加深人们对机构名字、形象和宗旨的印象。

高效性：尽管直邮是获得新捐赠者的低成本方法，却很难在短期内为机构带来显著的资金来源，所以并不是全面降低筹款成本的方式。但是直邮在培养和增加捐赠者捐款额度方面却是比较低成本的方法。

稳定性：筹款项目多样化是机构获得稳定经费来源的保证，直邮项目在这一点上也可发挥作用。

直邮的操作

获得新的捐赠者和发展已有的捐赠者是直邮筹款的"阴阳"两面，需要齐头并进。如果没有新捐赠者的不断加入，非营利机构现有的捐赠者基础库会因捐赠者的健康、经济和兴趣转变等缩小。相反，如果不努力发展已有的捐赠者，获得的赠款始终处于低额状态，那么慈善收益就不足以抵消为了获得新捐赠者而花费的大量成本投入。

总体而言，根据目的不同可以把直邮分为两大类别。一是用于获得新捐赠者的直邮，即通过邮寄成千上万封信件寻找和确定新的捐赠者，在预算允许的情况下争取接触到尽可能多的潜在捐赠者群体。二是用于发展已有捐赠者的直邮，即把信件只寄往那些已经提供过捐赠的人，不仅是为了提出募款请求，还为了教育、耕耘和培养这些捐赠者，以达到巩固他们对机构的忠诚度，增加他们捐赠额的目的。

直邮的成功最为关键的因素在于邮寄名单的质量。在选择名单用于获得新捐赠者时，要考虑两大重要因素：一方面，这些潜在支持者是否具有对公益慈善和机构工作的兴趣，是否为相关社会事业捐过钱。另一方面，这些潜在支持者是否对直邮这一筹款方式有所反应，有的人只对电话筹款有反应，或者只喜欢参加特别筹款活动，这和个人的生活习惯有关。

在选择名单用于发展已有捐赠者时，要考虑到：（1）向同一位捐赠者寄发邮件需要间隔一定的时间，不能拖得太长，也不能太急促；（2）捐赠者向机构捐钱的次数越多，就越可能再度捐钱；（3）向机构提供的捐赠额越大，就说明这位捐赠者财力更大或者对机构的工作更关心；（4）选择那些对直邮筹款有反应的捐赠者。名单的选择越精细，对市场分析得越准确，就越有可能以最低的成本获得最高的收益。

从用于获得新捐赠者的名单中（常称为"冷名单"），非营利机构通常只能得到十分有限的回应率，根据具体情况的不同，目前这一比例在 0.5% ~ 2.5% 之间浮动。用于发展已有捐赠者的名单（常称为"热名单"）所能得到的回应率会高一些，能达到 2% ~ 3%，甚至半数以上的回应率。回应率的高低主要取决于名单性质的不同。同样道理，新捐赠者提供的捐赠额也通常低于从已有捐赠者那里所获得的捐赠。

除了名单选择之外，还有一些其他因素会影响到直邮的成功率。这包括机构的声誉和知名度、直邮的内容、格式的设计、机构领导层的影响力、公众对机构工作领域的普遍关注程度等等。

对直邮时机的选择也是不可忽略的因素。直邮是非营利机构与大批人群沟通并建立关系的过程，建立关系需要反复接触，因此直邮是一年中发生多次的、一系列的传播行为，而非一次性的活动。非营利机构利用直邮筹款，应该鼓励捐赠者至少每年捐一次钱，否则会造成直邮项目入不敷出。人们一般在年末或传统的节日前夕会关注慈善，对募款请求更有可能作出回应。人们也会对重大的自然灾害或历史性事件作出反应。非营利机构还应根据支持者群体的特点调整每年直邮的分发日期和间隙。

直邮的形式多样，关键是要遵循营销原则，在每次直邮中机构的品牌、形象和信息传达要保持一致，募款的理由要重点突出，简明易懂，能在受众市场中引发快速而直接的反应。直邮的内容一般包括以下组成部分：

- 主体信件
- 外部信封
- 供捐赠者提供赠款的回执单
- 供捐赠者回复的信封

- 辅助宣传品（重要人物的贺信、捐赠认可和益处介绍、新闻稿、照片等）

有关捐赠者的数据信息和行为记录是直邮项目有效运作的基础。非营利机构必须随时记录直邮中捐赠者的捐助情况，保证捐赠者数据库的完整性和时效性，这样才有可能细分市场、确定名单、评估项目、控制成效，及时地向捐赠者表达感谢和认可，接受捐赠者的问责。没有准确的数据，直邮项目就无法存在。

直邮有效性的评估

花钱才能筹到钱，直邮项目从长远看能为机构带来比较稳定的收入，但是在项目启动期间要经历一年左右测试和调整的过程，一般要在 2~3 年之后才能看到投资回报。重要的并不是成本本身，而是投资回报率。直邮项目所能得到的最大回报往往是带动了高额的计划性捐赠，这显然不是短期内能够实现的。因此，对直邮有效性的评估也应该理性地放长眼光，在了解这一筹款方式特性的基础上避免急功近利。

非营利机构经常通过比较获得新捐赠者的成本（acquisition cost）和他们为机构带来的长期慈善收益作为衡量直邮项目有效性的基准。从每封邮件来看，美国非营利机构一般花费 2~25 美元以获得第一笔捐赠。寄往"热名单"（已有捐赠者）的直邮则回报率会高一些，通常能获得高于成本 2~10 倍的收入。从直邮项目的整体来看，一个大型的直邮项目能够获得高于成本 4~8 倍的收入。

如果从机构的整个筹款运作来看，可以通过两大基准来衡量直邮的效用：（1）直邮捐赠群体中达到某一较高捐赠额（如 1000 美元）的人数；（2）直邮捐赠群体中表达对计划性捐赠有兴趣者的人数。从宏观角度来看，直邮项目对于筹款工作的最大价值并不在于慈善收

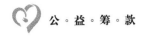

益本身，因为在很多情况下与成本相比直邮的效益并不算高，但它却是机构用以获取新捐赠者，发展已有捐赠者，培养和确认年度捐赠者、高额捐赠者和计划性捐赠者的有用工具，体现的是捐赠者"一辈子"的长远价值。

二　电话

电话营销（telemarketing）最早出现于 20 世纪 80 年代的美国，也运用于非营利机构的筹款工作，是电话和传真普及后的产物。电话营销不等同于随机地打出大量电话，靠碰运气去募集资金，这种电话往往会引起潜在捐赠者的反感，结果适得其反。电话营销是通过使用电话来实现有计划、有组织并且高效率地扩大支持者群体，提高机构知名度，维护捐赠者市场的做法。

随着人们生活方式的转变，统发性的电话劝募运用得越来越少了。在很多情况下，非营利机构会采取相对个人化的电话筹款方式，在达到劝募目的的同时不至于起到反作用。这种个人化的"修正"方式体现在两个方面：一是使用"热名单"，例如机构过去和现在的捐赠者、理事会成员的朋友、机构员工或者类似机构的捐赠者，这样更容易使对方接受。二是组织志愿者来打电话，这往往好于专业电话营销人员"冷冰冰"的声音。这也是增强志愿者参与感的途径，而且成本不高。

三　网络

如今，互联网已全然成为筹款工作中必不可少的载体之一。在美国，网上捐赠占所有慈善捐赠不到 10%，但是这个比例每年都在增长。正如互联网还没有取代电视和平面媒体一样，"电子公益"（e-philanthropy）也并未取代传统的筹款手法，而是将互联网和公益慈善结合起来，为筹款工作提高了前所未有的效率。成功的电子公益体现在将"线上"技术与"线下"筹款活动有机地整合，让网络为筹款者所用，娴熟地使用多种传媒技术接触和培养支持者群体，发展机构与捐赠者之间的关系，提出募款请求，并且在信息时代更好地接受捐赠者的问责。

电子公益可定义为一组基于网络，以有效性为准则的用来为非营利机构与其利益相关者建立和加深关系的技术。电子公益不仅包括让人们通过互联网提供捐赠，更重要的是利用网络技术支持各类与筹款相关的活动，与捐赠者发展关系。

在美国，2001年的"9·11"恐怖袭击事件直接触动了网络筹款的发展和普遍化。在"9·11"事件后的几星期内，包括美国在线、微软、雅虎和亚马逊在内的多家网络媒体技术公司与20多家大型非营利机构合作，提升了这些非营利机构通过网络接受赠款的技术能力，并开通了若干家为灾难提供捐赠的特别网站。一时之间，互联网为百万捐赠者建立起了迅速提供捐赠的平台，人们每分每秒都在网上捐钱。美国红十字会在"9·11"事件后仅一周内就从网上筹得了近4000万美元的善款，发言人不禁感叹："网络的力量是无穷的。"①可以说，"9·11"事件的募款工作标志着电子公益时代的到来。近年来，网上捐赠更是成为突发灾难之后直接反应式筹款的首选，与2010年海地地震相比，"9·11"事件后的5天内，美国人的网上捐赠总额仅占海地地震捐赠总额的1%。

---

① 乔恩·克里斯登（Jon Christensen）：《后续工具》（"Tools for the Aftermath"），《纽约时报》，2001年9月26日。

随着人们对电子公益的熟悉和信任，网上捐赠的金额也在增加。2010 年，88% 的非营利机构通过网络至少获得了一笔 1000 美元以上的捐赠，41% 的网上捐赠额达到 1000 美元[①]。网上捐赠开始为发展高额捐赠提供潜在捐赠群体。

发展关系第一，筹款第二

电子公益的无穷力量不仅在于它在网上为人们开辟了可以方便放心地提供捐款的功能，更重要的是网络为非营利机构搭建了接触、影响和培养可能捐赠者的平台，使非营利机构能够广泛地传播信息，接触到靠传统媒体所无法接触到的受众群。如今，一家小型的非营利机构能够借助互联网技术以较低的成本向全世界各地传播信息、寻求支持，这在网络时代之前是绝不可能实现的。

如今，尽管很多人已经习惯了在网上捐赠，但是人们并不是因为网络本身而捐钱，极少有人会靠网上搜索来确定应该捐给哪家非营利机构。人们之所以捐助非营利机构，不是因为它的网站做得漂亮（当然网站也是非营利机构专业能力的一种重要体现），也不是因为一个劝募电邮写得有多打动人[②]，而是因为支持它的宗旨，欣赏它所提供的服务，并且知道这个机构提供了多种渠道欢迎人们的加入和支持（包括网上捐赠），这是非营利机构不断传播信息、耕耘培养捐赠者的结果。大多数人在上网提供捐款之前都已经在"线下"打定了主意。互联网作为信息时代的主流传播媒介，是培养捐赠者和为捐赠者提供捐款渠道的载体。非营利机构应该将网络首先作为用来培养捐赠者和接受捐赠者问责的传播工具，其次才是筹款工具。

---

① 《Blackbaud 网上捐赠报告》，2010。
② 根据美国 2010 年的调查数据，电邮劝募的回应率仍然比传统的直邮要低很多，只有 0.08% 左右。电邮劝募虽然便捷而低成本，却只能靠"以量取胜"。

归根结底，任何筹款的成功都是建立在有效地传播和发展关系的基础之上的。

整合多样传播手段

网络时代要求每一位筹款专员都能熟悉并善于利用新媒体与捐赠者沟通。网站、电子邮件和社交媒体等电子公益载体需要和非营利机构的其他传播媒介整合起来，才能达到成功维护和发展捐赠者市场的目的。其他传播媒介包括直邮、电话营销、各种印刷宣传品，刊登在电视、广播和平面媒体上的公益广告等。只有将多个渠道结合起来，才能够有效地把信息传递给不同地域、不同年龄段、不同生活习惯的潜在捐赠者，才能够充分利用网络技术所带来的益处，为捐赠者提供有关捐赠机会、赠款去向和机构动向的最新信息，大大提升机构的透明度。信息更开放、更完整，就更有利于增进捐赠者的满意度，加强机构与支持者的关系和建立彼此之间的信任。

非营利机构在建立电子公益能力的时候，应该循序渐进，先设立电邮、网站等最基本的通信设施，创建网上捐赠的功能，然后再不断扩充页面的内容和功能，以及在社交媒体上的信息。

电子公益的功能领域

电子公益一般涵盖以下六大功能领域。

1. 传播、教育并接受捐赠者的问责

互联网并未取代传统的传播方式，而是增加了传播的整体有效性。通过电邮、网站和社交媒体等，人们可以随时随地为非营利机构提供捐赠，也可以随时随地分享信息。非营利机构应该运用传统媒体（直邮、电话营销、印刷品、公益广告和媒体活动等）积极推广自己的网站和其他网上服务功能。

2. 网上捐赠

非营利机构的网站既是为捐赠者准备的信息资源，也是机构的营销平台。有效的网站为阅览者提供多种支持机构的渠道：捐赠、成为志愿者以及参与某项公益事业的倡议。许多非营利机构的网站首页都在醒目位置处有"捐赠"标记，让人们方便地进入捐赠网页。很多网站还会提供比较详尽的有关计划性捐赠的信息，方便捐赠者了解机构所提供的各种计划性捐赠载体。研究表明，将捐赠网页做得好，的确能够吸引更多的网上捐赠，而且必然的趋势是要将捐赠网页做得能够方便在手机上阅读和操作。①

例如，致力于维护儿童权益和为发展中国家儿童提供救助的国际慈善组织"救助儿童会"（Save the Children）拥有一个相当清晰的捐赠网页。网页内容分成几大类：（1）通过信用卡或贝宝（PayPal）在网上提供一次性的捐助；（2）在网上预设每月提供捐助；（3）将赠款作为送给某人的礼品卡；（4）为纪念某人而提供捐助，机构会通知那位以他名义捐赠的人，并给他寄去写着捐赠人留言的卡片；（5）为女孩或孤儿购买礼品袋，并可附上便条，捐赠者会收到受赠人的感谢信；（6）为指定的孩子提供捐赠，可选择孩子的地区、性别和年龄；（7）有关计划性捐赠和设立捐赠人指定性基金的信息；（8）有关企业配套捐赠的信息，捐赠者可以搜索他所供职的公司是否提供配套捐赠；（9）为企业提供的鼓励员工捐赠的信息。整个捐赠网页对于用户来说易懂易用，主题明确，体现了救助儿童会募款工作具有条理性和专业性。

要吸引网上捐赠，除了网站的基础设施完备之外，还需要运用现

---

① 《研究表明大多慈善组织未充分利用网络筹款》（"Most Charities Fail at Online Fundraising Basics，Says Study"），《公益期刊》，2014 年 2 月 4 日。

代数据分析的方法来科学系统地研究和跟进捐赠者的行为。美国环保协会（Environmental Defense Fund）的网上筹款就做得很成功，2005年它从网上获得的慈善收入是 20 万美元，到 2014 年已经达到 230 万美元（它从个人捐赠者中获得的总慈善收入是 1300 万美元）。美国环保协会所雇用的许多筹款者有着在大公司从事网络营销的经验背景，跟其他类似的非营利机构相比，它更多地运用电子邮件来传达各种信息。在获得第一笔捐赠后，能够抓住与捐赠者的"蜜月期"，恰到好处地再度提出捐赠请求，或以其他方式邀请捐赠者进一步参与机构活动，让他成为活跃的支持者。而且，这一机构善于分析人们收到机构电邮信息之后的反应，包括确定寄发多少电邮之后就无法再对捐赠者产生影响，必须作出战略调整的转折点。全国性扶贫组织"消除美国饥饿"（Feeding America）同样强调关注人们对含有不同信息量的募款电邮的反应，并随时作出修正。2014 年这一组织的网上筹款收入比五年前增加一倍，约占所有直接反应式筹款收入总额的30%。

3. 活动注册及管理

网络为非营利机构组织特别活动提供了有效的工具。通过各种功能性网站和软件，非营利机构可以通过互联网发送电子请帖、核算注册情况、管理和提醒注册者的参与、组织志愿者、记录收入和支出的情况、播发活动实况，以及在活动之后通过网上调查得到参与者的反馈意见。

4. 可能捐赠者研究

互联网为非营利机构提供了有关捐赠者信息的前所未有的资源。除了浏览网页获取信息之外，还有不少免费的或需订购的专业数据库，有些公司专门提供捐赠人筛选服务，能够运用数据库软件对大量的潜在捐赠者按照客户的要求作初步筛选。

5. 召集和管理志愿者

网络为非营利机构接触和动员志愿者提供了新的平台，而发展志愿者其实也是在培养未来的可能捐赠者。这些志愿者可能是通过传统方式所无法联系上的，如年轻人、残疾人和少数民族群体等。向志愿者经常发送有关机构最新信息和志愿活动的电子邮件，将志愿者需要知道的信息清晰地放在网上，建立志愿者可以相互聊天、交换经验的网络平台，等等，这些都是召集和管理志愿者的基本手段。

6. 参与公益倡议

非营利机构可以通过电邮、网站和网络服务软件争取公众对某项公益倡议的支持。在不少非营利机构的捐赠网页上还可以看到鼓励捐赠者协助筹款的信息。例如，致力于防止虐待动物的"美国爱护动物协会"（American Society for the Prevention of Cruelty to Animals）在网页上充当"募款人"的角色，自行举办筹款活动的详细指南，这包括如何在社区里组织倡议爱护动物的小型游行、与当地的动物庇护所协办动物收养活动，以及为全国各地的募款行动（如马拉松义跑）组织筹款音乐会等。通过爱护动物协会的网站，支持者还能自行制作一个网站用以推广自己的筹款活动。

四　社交媒体

运用社交媒体为筹款服务也属于电子公益的一种。不过作为新生的网络媒介，社交媒体有其特殊性，在非营利筹款中的作用也在不断地演化，甚至充满争论，因此在这里专门补充讨论。

社交媒体是非营利机构向目标受众群体传播的另一渠道，可以将机构在网站、期刊和直邮中分享的信息再度定位。目前，非营利机构主要运用社交媒体来接触和培养下一代捐赠者，即 1981 年以后出生的"千禧年一代"。"千禧年一代"是在信息革命的浪潮中成长起来的群体，他们对于社交媒体的娴熟和适应程度远远超过了传统捐赠者，他们对于信息量的渴望程度也远远超越了上一代人。与此同时，人们对于一些传统筹款方式（如直邮）的回应率则随着年龄的降低而大幅下降[1]。非营利机构眼下所使用的筹款方法都是针对较大年纪的捐赠者的，但是这部分捐赠者群体无可避免地会减少，如何吸引和争取到新一代捐赠者的支持是非营利部门普遍关心的议题。非营利机构"走上"社交媒体是渗透这一部分潜在捐赠者市场，与未来主流捐赠者发展关系的时代要求。

据调查，近年来绝大多数非营利机构把"面书"（facebook）"推客"（twitter）"领英"（Linkedin）等社交媒体作为与支持者群体传播联络的渠道（营销、接触、教育和倡议等机会），而非直接的筹款[2]。仅约 2% 的美国非营利机构在最为广泛使用的"面书"上筹得 1 万美元以上的赠款[3]。

尽管年轻人习惯从社交媒体中获取和传递信息，但是他们是否会对社交媒体上所提出的募款请求作出反应，还有待观察。美国最新一项对 20~40 岁人的慈善行为的全国性调研发现，当非营利机构提出捐赠请求或提出召集志愿者请求的时候，年轻人最重视的仍是面对面的交流，绝大多数年轻人表示会对此有所反应，而只有 8% 的受访者表示会对电邮发送或网络上贴出的捐赠请求作出真正的反应。可见，与其他电子公益渠道一样，筹款者应该把社交媒体首先作为用来发展

---

① Convio 公司报告：《下一代美国人的捐赠》（*The Next Generation of American Giving*），2010 年 3 月。

② 《CASE 网上筹款调查》，2009。

③ 《公益期刊网上筹款调查》，2009。

与捐赠人关系的工具，其次才是筹款工具。非营利机构在社交媒体方面的投资是极其必要的，然而也应该抱有合理的期待，这份投资是为了获得长远的回报。

第十六章将介绍普遍运用于年度基金筹款的另一募款方式——特别活动。

第十六章　特别活动

真实的生活是人与人面对面的互动，筹款亦是如此——"真正"的筹款必须与捐赠者见面。非营利机构的特别活动（special events，也常称为 fundraising benefits）作为年度筹款计划中的一部分，是面对面地将机构、捐赠者和社区联系起来的筹款方式，它通过视觉和亲身感受向公众展现非营利机构的宗旨及其存在的必要性。

举办特别活动是美国乃至全球公益机构常用的为年度基金募款的方式，拥有悠久的历史传统。特别活动不仅能吸引多种资金来源，而且筹得的资金多是非指定性的，可以用于机构运作的各种目的。更一举两得的是，成功的筹款活动是提升机构社会知名度和影响力的有效公关方式，除了吸引资金之外（fund-raising），还能吸引新的朋友与支持者（friend-raising），它使机构领导层和员工巩固了与现有捐赠者的关系，认识和培养了潜在捐赠者以及未来有可能担任理事和筹款引领者的对象。

特别活动尤其能够吸引个人和企业的赞助。人们希望通过参加合适的高端活动巩固和扩展交际网，经营社会关系；企业则希望通过赞助增加知名度，加强社区关系，积累社会资本。

特别活动的缺点是成本高，而且需要投入大量人力和时间进行筹划和准备。一般而言，举办一场特别活动所筹得的资金中有一半需要用来抵消办活动的成本，因此从筹款角度来讲，成本是比较高的。但是由于特别活动除了募款以外所具有的各种综合功能，能够满足非营利管理中的多种重要需求，所以它仍是许多非营利机构所热衷的筹款方式。

本章将介绍特别活动的基本形式以及成功举办一场特别活动的重要元素（目标、计划、筹款引领者、推广和公关）。

一　多姿多彩的特别活动

筹款是创意无限的工作，这一点在特别活动的策划中可以充分表现出来。特别活动几乎可以采取任何形式。在财富集中的纽约，特别活动被称为是"曼哈顿夜生活"的一部分，是许多公司总裁和社会名流的重要社交场合之一。例如，大都会艺术博物馆传统服装展馆的年度晚宴云集好莱坞明星，争奇斗艳，群星璀璨，被称为"年度最棒的派对"；扶贫组织罗宾汉基金会年度晚宴的客人多是华尔街投资家和好莱坞明星，一个晚上就能筹得好几千万美元；由美国华裔所发起的组织（如美国华人博物馆）的年度晚宴，是增强人们对亚洲文化兴趣和华裔族群意识的契机。除了晚宴之外，还有其他形式多姿多彩的筹款活动，如舞会、义卖、演出、品酒、食品节、音乐会、体育比赛、参观花园、艺术品销售等等。活动的内容应该让参与者感到愉悦、有趣甚至感动，成为一个社区里人人都想参加的活动，这样才能获得良好的筹款和公关效果。只要能够吸引目标对象的参与，满足机构的需求，其创意空间是没有边界的。

再举一些有趣而典型的特别活动实例。美国癌症协会（American Cancer Society）自 1993 年正式开始在全国 270 多个地区举办"大步

图 16 - 1　在美国华人博物馆 2013 年的筹款晚宴上，当时的纽约市市长
迈克尔·布隆伯格作为荣誉奖项的获得者发表讲话

前进战胜乳腺癌"（Making Strides Walk）的活动，历年来吸引了 800
多万名志愿者的参与，为乳腺癌的防治和宣传工作筹集了 4.6 亿美元
的经费。人们捐钱时，可以指定是针对哪位步行者、步行团队或步行
活动。活动主要的赞助者为企业，它们如果为癌症协会提供 20 万美
元以上的捐赠便可被称为"全国合作伙伴"。

再如，旧金山的老年服务中心（Institute on Aging）在每年情人
节前的星期二举办"爱心晚餐"活动。机构邀请当地饭店参与，它
们或者免费提供一定数量的晚餐，或者低价销售饭菜。机构按照餐饮
价位把各饭店分类，将活动作为颁奖晚宴进行推广，选择星期二是因

为这一天往往是饭店生意清淡的日子。餐馆十分乐意与这一有声望的慈善组织合作，以吸引更多的未来客户，活动每年吸引了1000多名客人光顾。

概括而言，特别活动包括五种基本模式，在此基础上又可以演化出千变万化的形式。

全体社区的活动：如马拉松比赛、大型文化艺术机构（交响乐团、歌剧院、芭蕾舞团、博物馆）的晚宴、抽奖活动、烹饪比赛、时装表演、别具一格的别墅或其他建筑物/场地游览等。

仪式性的活动：颁奖晚宴、午餐/早餐会、各类招待会等。

体育竞技活动：高尔夫球、网球、保龄球和垒球比赛等。

剧场与画廊的开幕式：预展、新电影首播、展览场地等专门为非营利机构的客人开放，销售额的一部分捐赠给非营利机构。

义卖：可以是独立的活动，也可以与仪式性活动或体育活动结合起来。例如在颁奖晚宴上举行义卖，将拍卖所得收入捐赠给主办机构。

非营利机构需要找到适合自己的筹款活动形式，然后至少连续几年都采取这种形式，在大致固定的时间举办活动，成为被公众所知晓的机构传统和"品牌"，这样一方面能够让捐赠者提前计划参加，另一方面也便于机构本身的组织工作。

非营利机构在选择自己的"品牌"活动时，需要考虑如下因素：（1）活动会为机构塑造怎样的形象，是否符合并有利于机构的品牌树立；（2）机构是否拥有足够活跃的筹款引领者和志愿者来担当繁琐的组织工作；（3）机构是否拥有足够的启动资金来举办活动；（4）是否可以每年重复这样的活动，活动规划是否符合了有效且高效的衡量标准；（5）活动时机如何，是否适合关键邀请对象一年一度的时间表，是否与社区内类似机构的筹款活动发生冲突，从而直接影响到活动的参与率和筹款效果；（6）活动将在机构的整体筹款运作中扮演怎样的角色，办活动的实际目的是什么——寻找新捐赠者？巩固与现有捐赠者的关系？如果活动并不能为机构带来预期的能见度和新的捐赠群体，那么机构应该慎重考虑一下是否值得花那么多财力和精力来组织一场活动。

二　从目标到计划

成功的筹款必须要找到非营利机构、捐赠者和社区共同价值观的结合点，在举办特别活动的过程中，非营利机构就是在与捐赠者和社区一起努力实现一系列的目标，并从中确定和分享彼此的价值观。表16-1列出了特别活动的七大基本目标，每一目标都代表着特别活动的组成部分之一，只有全面实现了这些目标，才能完成活动的终极目标——筹款。表中还列出了对机构现状的分析及达成目标的具体战略。

表 16-1　非营利机构特别活动的目标

活动目标	现状	需求
1. 筹款（总目标）	已筹得 50 万美元	需总共筹得 100 万美元（成本 + 利润）；对活动门票价格、晚宴座位价格和不同赞助额度等都要有战略性的定位
2. 鼓舞筹款引领者	10 位理事比较活跃，捐钱或出力（共 25 位理事）	希望活跃的理事人数到 20 位
3. 招募志愿者（包括未来有可能担任理事和筹款引领者的对象）	有 35 位志愿者	希望志愿者人数达到 60 位
4. 扩大社交网	活动注册人数 300 名；捐赠者及可能捐赠者有 150 名	希望注册人数达到 500 名；捐赠者总数达到 250 名
5. 教育社区	在某些社区开展有限的项目	推广到全国，逐步设立地区服务点
6. 营销推广	目前只在当地有一定知名度	希望能有全国影响力
7. 获得领袖的支持	只有当地政府的贺信/出席	希望获得中央政府的贺信/代表出席

要实现特别活动的筹款目标，筹款者应遵循以下规划步骤：

1. 确定以上七个方面的具体目标。

2. 战略：活动计划。

3. 组织：与志愿者合作，制定具体的操作步骤和时间表。

4. 管理：后勤细节，活动领导层，动员各方完成活动的整个策划和实施过程。

特别活动的准备工作要提前、充分，许多非营利机构刚结束前一年的筹款活动就开始筹划下一年的活动了。筹款活动需要各个部门的分工协作，包括理事、执行总监、筹款者、公关人员、项目管理人员、志愿者，有时还需要聘请专业的活动策划和公关公司协助执行。

在活动的组织和管理过程中，以下四项工作会起到较好的辅助作用。

首先是活动的组织结构表。谁是领导层？谁负责总体策划？员工和志愿者的分工如何？筹款活动通常要设立筹划委员会作为主要领导结构，委员会的成员一般是志愿者。

其次是活动预算。这既包括预计的收入，也包括预计的支出。活动成功的秘诀在于增加"利润"，而不是总收入，因此在筹划过程中应当尽可能地降低成本。做预算的时候需要考虑到超支的可能性，为最坏的情况做打算。

再次是准备工作的时间表。在时间表中按星期倒计时，列出所有需要完成的任务，越细致越周到越好，并包括各项任务的负责人，以及有待完成的时间，这对促进机构内部的沟通和管理项目进度很有用。

最后是确定与筹划委员会召开策划会议的时间表及每次会议的大致议程。"管理"好引领者并充分发挥他们的作用对于特别活动的成功至关重要。

对于筹款工作来说，需要制定能够满足机构资金需求和活动具体安排的赞助方案。例如，如果是举办筹款晚宴，可以将捐赠者按照资助额度的不同分为 50000 美元（白金级）、25000 美元（钻石级）、12500 美元（黄金级）、7500 美元（翡翠级）、5000 美元（白银级）和 2500 美元（青铜级）六个层次，每个层次的捐赠者将得到不同的认可和益处。提供 50000 美元最高级别的捐赠者名额仅限一个，将得到如下认可和益处：

1. 捐赠人或企业代表担任晚宴开幕嘉宾并致辞
2. 由晚宴司仪在台上特别鸣谢
3. 出席晚宴的名额 20 个，获得贵宾席内两桌座位
4. 出席捐赠者特别招待会的名额 10 个
5. 在晚宴刊物中刊登满页广告
6. 列入晚宴网页、刊物及现场标识牌

赞助方案应该公平且合理。公平是指对所有的捐赠者一视同仁，同一级别的捐赠者获得相同的认可和益处，不同级别的捐赠者所得到的认可和益处存在着相应的差别，座位或门票的单价也相对一致。合理是指定出的价位和名额能够符合机构的筹款目标和可能捐赠者群体的情况，保证活动中的座位或门票能够全部卖掉，为机构获得财务盈余。

三　特别活动中的筹款引领者

特别活动的成败很大程度上取决于志愿性领导成员的得力与否。对于每一场特别活动，非营利机构通常会设立筹划委员会（或其他类似名称的团队）作为活动的主要领导结构和筹款实体。活动筹划委员会的成员可以由理事、顾问委员会成员以及他们所推荐的志愿者组成，由一位志愿者担任主席或若干位志愿者共同担任联席主席。活动准备期间需要定期召开筹划委员会会议，根据活动的性质和进度，

多则一周一次，少则一月一次，在机构管理层（执行总监、合作发展主任、公关主任等）的协作支持下共同负责活动的一切筹备事务。

筹划委员会的组成要"少而精"。委员会成员特别是联席主席本身就是吸引人们参加活动的重要部分，因此应该邀请有声望、有人脉的人来担当，而且保证他们之间能够优势互补，共同帮助筹款，筹划活动，邀请赞助者、晚宴中荣誉奖项的获得者和其他嘉宾，以及联系媒体。委员会成员不宜多，一般总共不超过 5～7 人，否则领导结构臃肿庞杂，会大大影响活动规划的整体效率。

为了保证活动的成功，筹划委员会成员必须积极分享他们的资源。联席主席是特别活动的筹款引领者，他们应该为活动提供引领性的关键捐赠，并且大力动用自己的社会关系寻找、引荐其他捐赠者，代表机构向他们提出募款请求。联席主席还会在多方面为活动加以支持：与机构员工一起共同策划和决定活动的主题和议程安排，协助邀请荣誉奖项的获得者和其他重要嘉宾的参与，协助处理活动的对外宣传、推广和媒体关系，在自己家中或其他合适的场地主办特别招待会，等等。常常听到非营利机构的工作人员这样感叹："我们这次活动能够筹到那么多钱，请到那么多高规格的客人，全靠筹款委员会的大力相助。"

动员和支持志愿性领导者为特别活动出钱出力，是筹款者及其他机构管理人员的首要任务。除了保持平日与志愿者愉快地沟通和有效地共事之外，管理好筹划委员会的例会也显得格外重要。筹款者应在会议前准备好并分发会议所要用到的全部相关材料，包括会议议程、活动议程、筹款进度报告、在上次会议中分别为每位筹款委员会成员"布置"的任务等。每次会议结束后，必须尽快分发会议记录，特别是表明每位志愿者和员工下一步的任务及有待完成的时间。计划和筹款是委员会最重要的任务，大多数具体的后勤工作细节应该尽可能地下放，让员工或雇用的活动策划公司来操作。筹款引领者往往都是大忙人，组织活动又是一件劳动密集型的工作，他们特别需要这种来自机构员工的有效的管理、支持和协助，员工的专业性是保持志愿者积极性的最佳动力。

特别活动也是接触和培养未来筹款引领者的机遇。例如，筹划委员会所介绍的筹款晚宴荣誉奖项的获得者，很有可能在答应参加晚宴，接受颁奖的同时，也为晚宴提供关键资助，这在美国几乎是不成文的约定。通过参与晚宴，了解机构的工作，这些有声望的人也有可能进一步支持机构的项目，成为机构活跃的捐赠者。

四　推广与公关

在所有的筹款方式中，特别活动是唯一一种让捐赠者为"付钱"而来的项目，因此在一定意义上，特别活动是筹款项目和营销项目（推广与公关）的结合，它为机构的筹款和营销工作同时搭建了吸引受众的平台。推广与公关工作是组织特别活动的手段和战略，也是特别活动的目标之一。

推广与公关是让机构的支持者群体及整个社区知晓非营利机构的名字、宗旨、项目及特别活动的过程。"营销是将机构的目标和资源与外部世界的需求和谐整合起来的方式。"①

非营利机构需要为特别活动制订营销计划，这一营销计划用以确定宣传对象及传播方式，描述所要使用的公关技术及实行方案。营销计划应包括以下基本元素。

1. 潜在的活动参与者名单（嘉宾、捐赠者、一般与会者、媒体

---

① 彼得·德鲁克：《管理非营利机构》，纽约，Collins Business 出版社，1990，第84页。

领袖、前来采访报道的媒体代表等）

    2. 需要推广的机构价值观

    3. 活动所要支持的重点公益项目

    4. 传播渠道

    5. 媒体活动（活动报道、专访、新闻发布会等）

    6. 对关键员工和志愿者的培训

    7. 时间表及执行情况

    对营销计划的实行意味着机构的每一页纸、每一个对外传播渠道都应该起到推广特别活动的作用（活动主题、日期、时间和地点），这包括所有的信函类文具、电邮签名、名片、网站、社交媒体、期刊、各类通知等。

    非营利机构不仅需要在网站主页上推广活动，最好还能设计一个专门的网页，提供有关活动的全面信息及注册和捐赠功能。有的机构设法获得商业媒体的资助，例如让《纽约时报》免费赞助半页广告版面，刊登有关活动的广告，而《纽约时报》就可成为活动的媒体合作伙伴。与其他非营利机构建立合作也是有效的推广方式，其他机构可以利用它们的传播渠道协助推广活动。这些营销战略，再加上活动策划委员会的工作，能在社区中引起积极的反响，有利于特别活动的筹款工作和整个非营利机构的能见度。

    在了解了特别活动之后，第十七章将介绍另一种注重跟捐赠者面对面互动的募款方式——与捐赠人面谈。

第十七章　面谈

　　募款时所要求的捐赠金额越高，筹款方式就必须越依赖于个人关系和面对面的交流。因此，提出高额捐赠请求必须通过个人关系进行劝募面谈。

　　在具体探讨与捐赠者面谈的方法和策略之前，让我们先来看一个事例。

　　某非营利机构与一位新的理事会成员约定了会面，讨论为机构资本筹款活动捐赠的事宜。这位理事是一位知名的慈善家，机构希望他能够为资本筹款活动提供200万美元的引领性捐赠。能否获得这笔赠款对于资本筹款活动的成败十分重要，因此理事长、执行总监和资本筹款活动主任打算一起参加这一关键会面。

　　会议当天，由于事先没有确定清楚，大家一时对会议的地点有所混淆，本来想使用的会议室竟被另一会议占用了，而执行总监的办公室正在维修空调设备，也无法使用。更未曾料到的是，合作发展委员会的主任理事也到场了，原来他误以为自己也要参加会议。

　　最后，四位筹款者和一位可能捐赠者一起挤在合作发展主任的办公室内开会。20分钟后，大家失望而归——那位理事只答应捐50万美元，只有期望值的1/4。

第二天，合作发展主任打电话给那位理事，在询问起他的感受时，对方回答说："那个房间真挤，我感觉所有的人都把我往墙角逼，当时我只想快点离开，于是报出了脑子里最先冒出来的那个数字。"

这个小故事告诉我们，在劝募面谈前做好准备工作很重要。与捐赠者面谈绝不可抱有"船到桥头自然直"的侥幸心理。在面谈之前，筹款者必须整合他们所有的知识、信息和经验，为劝募会议设计出最有可能成功的策略。面谈成功的一半在于充分的准备工作。

概括地说，劝募面谈是与已经"培养成熟"的可能捐赠者进行会面，会面中要向对方提出具体的捐赠金额。劝募者将在面谈中陈述捐赠的理由、影响及其为捐赠者带来的认可和益处。在会议结束之前，劝募者应该与可能捐赠者就作出决定的日期或下一步骤达成共识。

面谈如同在和可能捐赠者共舞，在舞步交错的过程中，筹款者既要欣然迎合对方的节奏，同时也要引导对方走向自己期望中的方向。面谈也好比外交会晤，外交家需要运用精湛的沟通能力和私人关系力求在自己和谈判者之间建立起一座理解之桥，找到符合双方共同利益的解决方案。面谈更仿佛是一场棋局，聪明的筹款者会站在可能捐赠者的角度，事先多想三步棋后再移动棋子，棋局的最终目标不是为了决出胜负，而是创造共赢的局面。

单靠一场顺利的面谈往往还不能保证筹款成功，非营利机构还需要有一套"完成募款"的策略（closing strategy）。获得捐赠者的书面承诺，真正地结束筹款阶段有时是筹款中最困难的一环。筹款者必须要知道如何与可能捐赠者展开"谈判"，怎样妥善地回应和解决对方心中的疑虑，寻找到双方都能乐于接受的捐赠方式，将对方的初步慈善意向最终转化为慈善收入或白纸黑字的捐赠合同。

对于每一位可能捐赠者，非营利机构都应该有指定的可能捐赠者经理人负责管理与这位可能捐赠者相关的所有筹款步骤（第七章）。可能捐赠者经理人不仅要运用志愿者和其他支持者的协助共同培养与那位捐赠者的关系，做好提出募款请求前的一切准备工作，促成面谈的成功，还要协调所有的后续跟进工作。可能捐赠者经理人应该认真策划和管理提出募款请求的整个过程，将捐赠者的捐助潜能最大化。

如何做好面谈前的"功课"，如何专业地提出捐赠请求，以及在面谈后如何完成募款，都是本章要讨论的内容。

一　"做功课"

前面的章节提到，任何成功的筹款计划都应当遵循"六大合适"的原则，即要让合适的人，在合适的时机，以合适的方式，向合适的可能捐赠者，为合适的公益目标，提出合适的捐赠请求。与捐赠者面谈前的准备工作也是本着这些原则而展开的。

如何判断"培养成熟"

任何筹款都要经历一个基本的过程（第五章）：（1）研究潜在捐赠者；（2）确定筹款的目标对象；（3）培养可能捐赠者；（4）培养成熟并开始介绍业务；（5）提出捐赠请求；（6）对捐赠者的认可和问责。当可能捐赠者培养达到比较"成熟"的阶段之后，筹款者便可以开始向他正式介绍有关机构业务方面的事务，在此基础上进一步提出捐赠请求。

对捐赠者的耕耘培养是成功面谈的必要前提。那么，何时才是向可能捐赠者提出募款请求的最佳时机呢？这个问题恐怕没有正确答案。每一位可能捐赠者都是独一无二的个体，必须根据他们的具体情况区别对待。筹款者也不可能对每一位可能捐赠者的情况和心理都了如指掌，拥有100％的劝募把握。筹款者所能做到的是尽可能根据一些基本原则来掌握捐赠者培养的"火候"，从而对提出募款请求的时机作出相对准确的判断。

捐赠者培养成熟的标志体现在四大方面：了解、参与、捐赠倾向和捐赠能力。所要求的募款金额越高，这四个方面的程度就必须越深。以下是培养成熟的"公式"：

了解 + 参与 + 捐赠倾向 + 捐赠能力 ＝ 培养成熟（提出捐赠请求的合适时机）

没有人会在对对方不知情的情况下轻易地将自己的财富拱手相让。在提出募款请求之前，筹款者应该让可能捐赠者很好地了解机构及其需要资助的项目。筹款金额越高，就应该让对方获得更全面更精确的信息。例如，在资本筹款活动的高额捐赠筹款中，很多非营利机构会与可能捐赠者安排一次介绍业务的会面，这其实是一场劝募会议之前的准备会议。在这次会面中，筹款者不急于提出募款请求，而是向对方详尽地介绍资本筹款活动各方面的情况，包括资本筹款活动的资助重点，目前所取得的成就，接下来的计划，并且借此机会更多地了解对方的想法。如果所要求的只是支持年度基金的较低额度的捐赠，那么可能捐赠者在会面时只需了解机构的出色业绩、他的赠款去向，以及对捐赠者认可和问责的承诺等基本信息就足够了。

可能捐赠者对机构的参与程度也是判断捐赠时机是否成熟的指标之一。他们是否热衷于阅读机构的网站和刊物？是否积极参加机构的特别活动？是否当过志愿者？同样，筹款金额越高，就应该让对方更深入地参与到机构的活动甚至管理过程中来。例如，如果对方是能够提供引领性捐赠的人，就应该考虑邀请他作为特邀嘉宾在特别活动上发言，或者接受机构颁发的荣誉奖项，也可以邀请他成为顾问委员会的一员。这样的参与程度为日后提供高额捐赠铺平了道路。

人们除了对机构有充分的了解和参与之外，还必须有捐赠的倾向，也就是说有捐赠的动机和动力。非营利机构必须想方设法给予可能捐赠者这种动力和鼓舞。例如，非营利机构在年度筹款晚宴上为一家大企业的创办人兼总裁颁发荣誉奖项，活动将他引入了机构核心支持者群体的圈子之内，因此活动结束后便是获奖者最有捐赠动力的时候，如果机构在这一时刻向他提出高额捐赠请求，其成功的概率是相当高的。

最后，可能捐赠者必须有足够的资产来提供机构所想要提出的募款金额。他的事业和家庭状况能够允许他在此时此刻回报社会。这也是达到最佳劝募时机的必要条件。

选择合适的劝募人

当确定了提出捐赠请求的适当时机之后，接下来的一个重要决定就是谁去与捐赠者进行面谈。在英语中，提出捐赠请求的人称为"solicitors"。这一般由可能捐赠者的经理人或机构内最了解可能捐赠者的人决定。

一位世界500强企业的首席执行官这样说道："经常会有许多非营利机构向企业家提出捐赠请求，或是为了企业捐赠，或是为了个人捐赠，这些机构大多都从事着有意义的慈善事业。对于我个人来说，我基于两点来作出捐赠决定：要么是出于生活经历，我对某一机构怀有特殊的感情，要么是有对于我来说十分重要的人向我劝募，以支持他心中的那个特别的机构。这两条原因非此即彼，其他的劝募往往则只能遭到拒绝。"筹款有效性的阶梯告诉我们（第六章），安排与可能捐赠者社会地位和财力相当的人和可能捐赠者进行面谈是最有效的提出捐赠请求的方式，人们事实上是冲着代表公益事业的人捐钱的。

非营利机构首先要对机构中能够出面向捐赠人募款的人员有个估计——有多少人可以代表机构与捐赠人进行面谈。这些提出捐赠请求的人可能是机构的管理层（执行总监、合作发展主任、资本筹款活动主任等），筹款团队的其他工作人员，其他部门的工作人员（如项目主任等能够向捐赠者详细介绍项目的人），理事，捐赠者及其他志愿者。有能力并有时间积极参与提出捐赠请求的人越多，对于筹款工作越有利。筹款专员也需要为志愿性的劝募者提供培训和各种专业支持。

在可能捐赠者眼中，提出捐赠请求的人代表着机构的形象以及机构对捐赠人的态度。理想中的人选是那种充满个人魅力、有自信、有感染力、焕发着积极能量的人，这个人必须了解可能捐赠者，并受到可能捐赠者的尊重和喜爱，说出来的话"有分量"。更为重要的是，提出捐赠请求的志愿者必须"先捐钱，再要钱"，只有身体力行，自己先为机构提供了捐赠，他的劝募行为才会有说服力。他所捐出的金额或付出的心意应当不亚于他向对方劝募的数量。"请一起加入我进行这一有意义的投资。""我已经支持了这家机构，它也同样值得拥有你的支持。""请一起加入我和其他捐赠人为这一项目捐款，我们的影响力加在一起是不可估量的。"在筹款中，这些是最有力量的劝募言语。

在向个人筹款时，非营利机构应该尽可能地安排两位筹款者参加劝募面谈。双人组合能够将一个人的才能和力量翻倍，起到最好的面谈效果[1]。

由两个人共同参加会面有许多好处。首先，两人同去显示出机构

---

[1] 苏珊·俄威尔（Suzanne Irwin-Wells）：《规划和实行你的高额捐赠筹款活动》（*Planning and Implementing Your Major Gifts Campaigns*），旧金山，Jossey-Bass 出版社，2002，第83页。

对会面的重视，但也不会显得隆重过头而给可能捐赠者带来太多的压力，人数过多也会造成各抒己见，言不达意的局面。

其次，两个人同时在场有利于全面把握对方的态度和面谈的结果。一个人在讲话的时候，另一个人就可以悉心观察和记录可能捐赠者的反应及肢体语言，甚至体察可能捐赠者所处的周边环境，捕捉更多的细节信息。会谈结束后双方交换笔记和感受，相互补充后所得出的判断会更加准确，作出的跟进计划会更具针对性。

再次，两人合作可以有效分工，优势互补。例如，机构的理事长与某位可能捐赠者关系甚好，理事长为机构的新项目已经投入了大笔启动资金，让理事长作为开口"要钱"之人十分合适。执行总监则可以与理事长同去参加面谈，因为执行总监比理事长更了解新项目的具体运营情况，可以为可能捐赠者提供完整的背景信息。而且，会面并不是筹款的结束，会面之后还有许多跟进工作，捐赠者一般都指望与自己见过面的人成为继续讨论这笔捐赠事宜的联系人，所以两人之中必然有一人需要负责具体的后续工作，成为这位可能捐赠者的经理人，而执行总监就能担负起这方面的责任。

最后，有的人虽然人脉好，却总是羞于启齿向他们的朋友提出捐赠请求。在这种情况下，同去会面的另一位同事就可以担当起提出捐钱的角色。在我曾经担任顾问的一家大型非营利机构，它的总裁在位多年，深受人们的喜爱，与许多支持者保持着很好的私交，但是合作发展主任发现，这位总裁一到"要钱"的关键时刻，往往就会迟疑不前，因此错过了不少筹款良机。最后，合作发展主任决定采取优势互补的策略，让总裁发挥培养捐赠者的作用，在可能捐赠者与机构建立了坚实关系的基础上，自己或其他一些资深的筹款专员跟进并提出募款请求。事实证明，这一"搭档法"明显提高了机构的筹款业绩。

在向基金会和企业筹款时，有时需要向对方进行更为正式的项目介绍，与会者可以多一些，尤其应该包括具备专业知识的负责项目运作的人员，这样有利于全面系统地向基金会和企业代表描述项目的情况。

所要求的金额越高，参与劝募会议的机构人员身份地位也应该越高。最重要的募款请求应该交给机构最重要的领导者完成，这包括执行总监、理事长或者积极而有影响力的理事。理事长和执行总监往往是机构最有筹款影响力的双人组合，应该"留给"关键的高额捐赠者。领导者不是全职的筹款工作人员，他们往往除了筹款之外还日理万机，因此，筹款管理人在分配每位筹款者的工作量时，要现实地考虑到如何合理有效地安排领导者的时间，理清轻重缓急，将他们有限的精力用到能为机构带来最大回报的地方中去。

会面前的准备

每一次劝募会议都是珍贵的机会，需要精心的准备。确保与会的劝募者或劝募团队做好充分的准备工作是筹款专员的职责。

准备工作首先包括选择一个合适的会面地点。通常理想的地点是可能捐赠者的家中或办公室、非营利机构私密性强的房间、执行总监的办公室、会议室或私人俱乐部等。总之应该避免公共场所，选择安静、无干扰并让对方感到舒适自在的地方，也要优先尊重对方的选择。

会面时筹款者的仪态很重要。筹款者应该呈现出热情、魅力和积极的能量，外表端庄自信，言谈举止专业，语言表达清晰且有说服力。

在面谈前，筹款者必须做好两大"功课"：第一，仔细阅读可能捐赠者研究的材料和筹款数据库内的记录，熟悉对方的情况及对方与机构的关系史。第二，仔细阅读为可能捐赠者准备的项目建议书，也就是捐赠的具体方案，熟悉其中的内容。有的捐赠方案相对简单，如请求对方捐助一场特别活动或增加年度捐赠；有的捐赠方案则比较复杂，如请求对方支持多个项目、计划性捐赠项目或资本筹款活动。无论是何种情况，筹款者必须对捐赠方案中的一些基本点了然于心，能够很好地回答几乎所有可能捐赠者都会关心的问题：为什么机构眼下需要这笔捐赠？为什么支持这一项目符合我的公益目标和利益？机构将怎样使用我的赠款？表 17－1 列出了这些最基本的要点。

表 17－1　面谈前筹款者必须准备的问题

1. 捐赠目的。
2. 为什么这笔捐赠符合可能捐赠者的兴趣和利益。
3. 捐赠认可（筹款者需要准备好不同赠款级别的捐赠认可）。
4. 捐赠益处。
5. 为什么这一捐赠机会"开价"那么高。
6. 机构可以接受的捐赠方式（股票、实物等形式是否可以）。
7. 赠款承诺一般在多少年之内付清。
8. 支付赠款的大致时间。
9. 捐赠所能带来的潜在退税收益。
10. 这一项目已经获得的捐赠额以及还需要多少赠款/捐赠者。
11. 类似赠款额的其他捐赠者。

在提出捐赠请求时，理想情况下筹款者应该直接提出具体的赠款数额。这意味着筹款者事先必须对捐赠者的情况和意向有着理性的分析和把握。每一个公益项目都是有"价格"的。作为筹款者，应该有充分的理由来解释所定出的"价位"，并且不要因为捐赠者的要求而轻易"降价"，轻易降价意味着随意贬低了捐赠及其相应的认可和益处的价值。筹款者应该坚持原则，说服可能捐赠者为什么只有出 10 万美元，而不是 7.5 万美元才能符合捐赠者的利益、兴趣和身份，才能获得他们所应得的认可和益处。

最后，"排练"是为会面做好准备的十分有效的办法。公益机构的顾问常会为客户准备劝募会议的"讲话稿"，讲话稿中写明面谈中的关键言辞，先说什么，后说什么，谁先说，谁后说，谁主导会议的流程，会议的大致时间安排，如何应对可能捐赠者的各种反应，以及带哪些材料给可能捐赠者等。与会者事先通过电话会议或预备会议按此作简短的排练，对于他们提升信心，理清思路，保证相互默契配合很有帮助。

二 提出捐赠请求

劝募面谈一般在 25～45 分钟之间。会议时间不宜拖得太长，使之变成与可能捐赠者泛泛聊天的机会，而游离了主题，更糟的是未能真正地抓住机会提出捐赠请求。建议会议的核心部分（有关捐赠的部分）控制在 25 分钟左右，留有更多的时间聆听可能捐赠者的想法，讨论他们所关心的问题，倘若还有剩余的时间则可用于和捐赠者"拉家常"，以增进彼此之间的感情。

表 17－2 列出了劝募面谈中的基本时间安排。本章先概括介绍面谈的流程和要点，在第六部分第二十四章中讨论如何通过"问"的艺术赢得高额捐赠时，将对提出捐赠请求和完成募款的技巧作更多的举例分析。

表 17－2　劝募面谈中的时间安排

● 开场寒暄	5～10 分钟
● 提出捐赠请求	6～10 分钟
● 可能捐赠者的反馈	10～20 分钟
● 结束语和确定跟进步骤	4～5 分钟
● 会面总时间	25～45 分钟

（1）开场寒暄。开场的这段时间用于问候可能捐赠者，可以问及对方的近况（如近期的度假、太太的身体状况、孙子的出世等），以达到活跃气氛，拉近距离的目的。放松、微笑和建立彼此间的舒适感是一开始 5～10 分钟的主题。问候的内容是否恰到好处，关系到筹款者是否事先认真了解了可能捐赠者的近况和喜好。

（2）提出捐赠请求。在言归正传，提出捐赠请求的时间内，筹款者需要完成几项重要任务。首先要陈述筹款的理由，说明机构为何现在需要捐款。不要光顾着自己侃侃而谈，而是要有适当的停顿，鼓励对方问问题和提建议，使对方成为对话的参与者。其次是使用过渡性的语句，在认可对方的兴趣和/或过去支持的基础上自然转换到提出捐赠请求。提出捐赠请求时应该言简意赅，表明具体的捐赠数额和资助目的（或者若干个供选择的捐赠数额及其不同的资助目的）。接着要阐明捐赠的益处。最后保持沉默，静听对方的回答。

直接而具体地提出捐赠数额（或若干个选择方案）有利于筹款者掌握一定的主导权，可能捐赠者也能清晰地了解机构希望他如何参与。如果在这一点上含糊不清，任对方凭空"猜测"，对方说出来的数字可能会远远低于机构的实际期望值，从而造成不必要的混淆和尴尬。

（3）可能捐赠者的反馈。这一环节是面谈中的关键，通常花费的时间最多。筹款者必须仔细聆听对方完整地阐述他的回应，永远不要打断可能捐赠者说话，然后试图解决他的各种问题和疑虑。在一场会面中往往无法解决所有的问题，因此筹款者需要跟进，为对方提供更多的信息，进一步地讨论，直到可能捐赠者作出决定。

（4）结束语和确定跟进步骤。在聆听了可能捐赠者的反馈，并尽可能地解决了他的问题和疑虑之后，会面就可以收尾了。无论可能捐赠者的反应如何，筹款者都应以热情饱满的语调向他们表达感谢，仿佛对方已经答应了捐钱。在会议结束之前，一定要向可能捐赠者约定跟进步骤，或下一次会面的（大致）时间。如果当场不确定，事后再联系就会困难很多。筹款者可以总结一遍接下来的步骤。要让可能捐赠者觉得，他的问题、疑虑或意见得到了聆听和重视，他的参与为机构带来了极大的益处。

三 完成募款

应对"谈判"中常见的问题

捐赠者往往不太可能立刻同意筹款者所提出的捐赠额及其资助目，他们的第一反应不会说"好的""可以""在哪里签字？"，更多的情形则是捐赠者会提出问题，给出一些延迟捐赠的理由，或者给出另一捐赠方案，甚至倾吐对以往捐赠经历的不满。不同的捐赠者对募款请求会有各不相同的反应。有经验的筹款者能够预见出常见的反应并事先做好应答准备。他们用心聆听对方的每一句话，注意他的语气和肢体语言，在回答问题的时候不要过于积极进取，不能"辩论"式地急于立刻说服对方，要相信自信、热情、耐心和积极的态度最终能够带来筹款的胜利。

如果可能捐赠者对资助项目提出问题，那么这是一个好的征兆，因为这表示对方有兴趣。筹款者回答问题时应当坦诚，如果不清楚答案，千万不要胡编乱造，而是向对方表示，会尽快地找到信息提供给他。希望延迟作出决定是许多可能捐赠者会采取的应对，有时筹款者无法清晰地揣摩对方的意图和延迟背后的真正原因——到底是对方当真需要更多的时间考虑，还是一种婉言拒绝？最好的办法是约定下次联系的日期，从而保证对话能够继续进行下去。

跟进

离开会场之后，筹款者应该抓紧采取跟进步骤。缺乏跟进，再有效的面谈也会化为泡影。距离会面所拖的时间越长，成功完成募款的可能性就越小。"眼不见，心忘之"，长时间没有听到筹款者的消息，可能捐赠者便会渐行渐远，注意力转移到其他的事务中去，他也会因此怀疑机构对公益项目的热切程度和资金需求的紧迫程度。

会议结束后，筹款者首先要做的是在 24 小时之内发出感谢信，在表达谢意的同时强调捐赠的重要性和迫切性。筹款者需要将会面的主要内容和结论记录在筹款数据库里。筹款者应该尽快为可能捐赠者送去他在面谈中希望得到的信息。如果可能捐赠者需要其他专业帮助，如计划性捐赠，筹款者应马上介绍有这方面专业知识的同事或顾问与捐赠者联系，或在合适的情况下与可能捐赠者的顾问联系。

如果可能捐赠者说他需要更多时间考虑的话，筹款者应该继续跟他联系，关键是确定下次面谈的时间（面谈好于其他联系方式），为他送去更多的相关材料，每隔一段时间便向他汇报筹款的进展，特别是传递除了他的潜在捐赠之外，机构近期获得的类似金额的其他捐赠的好消息，这样可以显示机构维持财务稳定和健康运作的能力，人们总是喜欢与成功者和成功的机构为伍。

以上概述了面谈的基本流程。表 17 - 3 总结了其中的一些要点。

表 17 - 3　劝募面谈的五大基本原则

1. 选择合适的劝募人是面谈准备工作中最关键的决定。

2. 参加劝募的志愿者必须自己先为机构提供捐赠。

3. 每位劝募人必须事先分配角色,知道自己在会面中的任务是什么。

4. 在会面中直接明了地向可能捐赠者提出捐赠额及其资助目的。

5. 没有跟进,面谈便如同空谈。

　　在第五部分中,我们将探讨组建和管理一支专业有效的筹款团队的方方面面。筹款是一个跨领域、多部门、多层次的活动,需要机构所有支持者群体的参与。筹款管理人不仅要管理好合作发展办公室,还要"管理"好理事会和志愿性的筹款引领者,不断挖掘和发展他们的潜能,自上而下地在机构推广筹款文化,营造机构内部的综合发展实力。

第五部分　组建和管理筹款团队

第十八章　管理理事会和筹款志愿者

随着社会的发展和对公共服务需求的增加，多元的服务市场开始形成，非营利机构在提供服务产品时遵循以市场的方式来配置资源，以求最大化"产出"的原则，因此必须注重它的运作效率。一个商业公司的成功与否能够从利润上明显地看出，但是非营利机构却缺乏如此清晰地衡量业绩的"底线"，非营利机构只有通过高效的管理才能保证它的资源和战略集中服务于它的宗旨。而且，非营利机构的发展通常依赖于支持者们自发的、良好的愿望，当支持者缺乏"底线"标准来比较非营利机构的成就时，他们判断的基础也就是机构管理的有效性和高效性程度。所以，专业的管理对于非营利机构尤为重要。非营利机构事实上具有"管理上的底线"。

非营利机构的管理方式与商业公司有许多相似之处，然而也有其特性和具体的需求。例如，宗旨对非营利机构而言比商业公司有着更深刻的意义；非营利机构的"成果"不同于商业公司；非营利机构融资（即筹款）的方式不同于商业公司；非营利机构的理事会有着不同于公司董事会的职能；非营利机构需要吸引、发展和管理志愿者；非营利机构的领导者必须周旋于多样的、同等重要的机构利益相关者之间，在时而自相矛盾的呼声和要求中创造平衡与和谐，在各种

利益冲突中保持其宗旨的公益性和有效性。

管理不仅包括"对下"管理自己的团队，而且包括"对上"管理领导层。对于非营利机构的管理人而言，更大的挑战还在于他们的领导层是由许多志愿者组成的。志愿者是公益组织的灵魂，也是非营利部门不可或缺的、相对稳定的"劳动力"组成部分之一。无论是理事会成员还是资本筹款活动中的领导委员会成员，他们的参与都不是以金钱利益最大化为驱动力的，而是自觉自愿的行为，对他们的"管理"无法以行政强权或市场私权为机制。如何保持志愿性领导人的积极性，充分发挥他们的专长，是非营利管理不同于商业管理的最大学问。

筹款归根结底是领导者发起的一项工作，拥有筹款引领者是成功筹款的基石之一。筹款引领者通常是志愿者。筹款是以引领者的志愿参与为核心而展开的工作过程，"管理"筹款志愿者和发展筹款引领者是筹款管理人的重要任务。

非营利机构需要筹款引领者率先提供关键的捐赠，确定机构的战略眼光、宗旨和筹款理由，并成为其热烈的推广者和"外交大使"，利用自身的社会关系和影响力为机构吸引、带动更多的捐赠者。持续的领导力对于吸引公益投资、发展机构资源至关重要。

筹款应该从理事会开始——理事会是非营利机构最重要的筹款引领者。保证所治理的非营利机构资金充足、财务健康运作是理事们应尽的道德义务。筹款也为理事和其他志愿者创造了担当社会部门领导角色的绝佳机会，让他们能够靠个人和私人机构的努力来解决政府或企业所没有解决的社会问题，这是一种荣耀和特权。那么，一个善于筹款的理事会应当具备怎样的特点？非营利机构如何组建和发展一个善于筹款的理事会，以及更好地组织理事会和员工的互动，让理事会成员们在筹款工作中充分发挥领导潜能？这些是本章要讨论的内容。

资本筹款活动注重高额捐赠，获得高额捐赠尤其需要依赖于筹款志愿者的领导力。怎样运用志愿者的能力和动力为机构筹措到大量资金，也是本章要讨论的内容。

一 发展一个善于筹款的理事会

如何更好地将理事会融入筹款工作之中，始终是非营利机构管理人最关注的问题和最大的挑战之一。连续几年的调查显示，美国非营利机构的总裁们纷纷把筹款列为理事会表现最不尽如人意的地方：40%的总裁认为理事会成员不太情愿担当起筹款的职责，只有41%的总裁认为他们的理事能够较为自在地与潜在捐赠者进行劝募面谈[1]。

过去，说起善于筹款的理事会，人们脑海中便会浮现出"富人俱乐部"的形象。这些富人们将自己的社交兴趣和慈善兴趣结合起来，从他们富有的朋友那里帮助公益机构筹得资金。这样的理事会固然关心慈善事业，却更多地是为了机构眼下的标语、口号、性质或魅力而聚合起来，它可能会忽略了将公益理想和价值观制度化，确保机构永久地为实现宗旨目标而服务。

在现代社会，一个真正善于筹款的理事会是由致力于建设机构、为长期实现宗旨而努力的人组成的。他们心怀渴望，会牢牢抓住每一个发展的机遇和新的资助来源。这样的理事会愿意为公益项目投资，随时准备行动，决心于接触、培养和邀请新的支持者，并为筹款成功而欢欣鼓舞。尽管理事会时时将募款放在首位，但它并不是功利性的，而是代表着机构广大支持者群体的利益，充满使命感。

---

[1] 理事资源协会：《2012年非营利机构治理指标》，华盛顿特区，2012。

"模范" 理事会的特点

善于筹款的理事会一般会具备以下部分特征：

1. 理事会维持机构的存在价值，以最佳管理操作经验、成本效益分析和道德准则来衡量机构的运作情况。

2. 理事会中每一位成员都参与筹款活动，在每位理事尽己所能的情况下达到100%的捐赠率。

3. 理事会深知在筹款方面进行投资的必要性，将筹款支出看作是能够带来战略性收益的重要投入。它为筹款工作提供足够的预算，为吸引筹款专业人才而提供有竞争力的工资和行政支持，它不仅保证公认有效的筹款项目的运作，并且愿意创造性地探索新方式。

4. 理事会谨慎地使用筹款预算，坚持运用理性和战略性的规划方式。

5. 理事会为每一次筹款创议都精心确定筹款理由，在筹款理由上达成统一的声音，向支持者清晰地表明机构将怎样使用善款为社区谋福利。

6. 理事会通过吸引和融入非理事成员的社区精英，为机构扩大筹款引领者的队伍，为机构建立一个能够领导筹款，包容性强的联盟。

7. 理事会积极地与合适的潜在捐赠者进行社交，乐于传递机构的宗旨和讯息。

8. 理事会明白制定筹款政策对进行高效、有效和有道德的筹款的重要性。理事会根据行业标准批准了接受捐赠政策、捐赠者认可计划和资产管理政策。

9. 理事会对筹款进度保持监管，关注筹款的净收入，支出和获得，确保、升级捐赠者的进展，以及不同支持者的细分市场在筹款方面的参与情况。

10. 理事会同样关注自身的表现，根据行动基准及时评估工作进度。

11. 理事会尊重捐赠者的权利和义务，根据提出捐赠请求时的承诺将善款使用到预定的目标中去。

12. 理事会认可并祝贺捐赠者，保证他们从慈善行为中和与机构打交道的过程中获得自我满足感，体验到慈善的意义。

13. 理事会为慈善捐赠行为带来乐趣。

组建、评价与更新：培养理事会的筹款能力

培养理事会的筹款能力应当从选择理事会成员开始。非营利机构需要有一个系统性的理事会组建过程，避免"机会主义"地临时招募理事"充数"。系统性的过程就意味着要从机构的战略眼光、目标以及既定的章程和流程出发，使得理事会的组成真正能够反映机构的领导需求，将筹款能力作为选择新理事的重要条件。

一般认为，"三分之一"法则是比较符合机构利益的理事会构成方式。也就是说，1/3 的理事会成员应该将它所服务的非营利机构作为他们在慈善工作中的第一重点，他们有能力提供高额捐赠，且愿意全心全意地帮助机构筹款。接下来 1/3 的理事将它所服务的机构作为他们慈善工作前三位的重点之一。而剩下来的 1/3 理事能够为机构带来专业知识技能、人脉和能见度，他们也有着成为前两类理事的潜力。如果理事会的组成大多数都是第三类人，那么机构就有可能面临着筹款领导力不足的困境，而且也不利于机构招募善于筹款的新理事。在组建负责筹款事务的合作发展委员会时，必须选择第一类理事，也就是那些真正能对募款起到作用的人。

组建一个有筹款能力的理事会与设立一个成功的个人捐赠者项目十分相似。如果一家非营利机构难以邀请到筹款有力的理事，这很有

可能是因为机构缺乏个人捐赠者基础，也缺乏一个有效运作的确认、培养可能捐赠人和提出募款请求的流程。反过来，一个筹款文化缺失的机构在组建理事会时也往往会羞于讨论理事会的筹款职责和期望值，最后理事会成员都是不愿意筹款的人，造成一个走不出的怪圈。

理事及其所服务的委员会都应该像全职员工一样有一份工作职权说明书，理事在就任前应该签署类似合同、声明或委派书的文件，跟他们阐释清楚为什么机构需要他们加入，理事的角色和具体职责，理清彼此间的期待值。例如，一些非营利机构会规定理事年度捐赠的最低额度，并对理事在筹款方面的职责列出基本的描述和评价指标。这样才能让潜在的理事会成员对自己将要花费的财力、时间和精力有所了解，避免将来真正成为理事之后所产生的许多问题，这对提高理事会在筹款领域的表现特别有帮助。

当对方在明确职责的基础上答应加入理事会之后，这些新的成员必须得到培训，让他们在短时间内感觉到自己是机构的一分子，融入到理事会的工作之中，积极地为机构作出贡献。这种培训通常包括与执行总监和其他管理人员会面，参观机构，收到阐明理事会成员职责、程序和其他具体规定的材料，参阅机构章程和以往理事会会议记录等重要文件，与任命委员会的会员交流等。培训的首要任务是要让理事们对机构的宗旨理解透彻，无论他们的背景和在理事会中的具体职责有何不同，他们都必须出于对机构的兴趣和热忱才加入这一理事会。培训应该是鼓舞人心、信息量充沛的，培训的内容不仅包括机构本身，还应该包括重申机构赋予理事们的职责和期望值，特别是与筹款有关的期望值。机构还应该把鼓励领导力发展和理事接任的信息传递给每一位理事，让他们看到在机构志愿领导层的人事结构中获得升迁的可能性。

一个善于筹款的理事会必然是一个懂得持续地自我管理、自我更新的组织结构，领导者需要培养新的领导者。在美国非营利机构的实际操作中，主要通过三种方式来奠定理事会自我更新能力的基础，一是规定理事会成员的任期，二是设立任命委员会，三是对理事会的表现进行年度评价。

非营利机构的理事会成员需要有固定的任期。美国多数机构规定理事会成员由全体理事会选举产生，任期三年，届满后可以继任三年，六年之后必须离任，离任至少一年后可以再次当选。理事会实行交错任期制，因此每年总有 1/3 的理事会成员需要被取代或重新提名。交错任期制可以保证理事会的延续性，即 2/3 的理事会成员已经具有经验，熟悉机构的运作情况，同时也可以保证每年有一些"新鲜血液"和新生力量的注入，带来新的思路和能量，改变原来一成不变的权力平衡状况。对于不适合担任理事的人，机构可以感谢他的服务，然后顺利地让他届满后离开理事会，"识趣"的理事也明白自己在机构的位置，愿意另谋高就；而对于出色的理事，机构可以邀请他们连任，考虑提拔为理事长或其他理事会官员。这一切，都需要在机构的章程中得到明确地说明。

有的机构为了保证领导力的持续发展，在人们加入理事会之前，为他们提供其他的志愿服务机会，如参加特别任务小组、临时的或固定的委员会等，从而也能发挥他们在筹款等方面的作用，为酝酿培养新的理事会成员做好准备。

任命委员会与理事长和执行总监并肩合作，实现两方面的功能：一是评价现任理事会成员，二是发掘和邀请新的理事会成员。任命委员会可以是常设的，也可以是临时的，一般认为常设性的任命委员会更有利于理事会的自我更新。

对理事会成员的业绩要进行客观、系统的评价，这样才能为保留现有的出色的理事、提名新的理事提供依据，才会对一些有可能阻碍理事会发挥有效领导力的问题作出评估。评价一般每年一次，包括自我评价和对机构综合领导力的评价。评价的内容包括：是否有提供直接和间接的捐助；是否帮助联系过捐赠者；是否贡献过专业技能；是否具有领导力；理事会会议的出席率；有无吸引合适的新理事的能力，等等。这样的评价过程能够促进理事们重审机构的战略计划，显露机构运作的强项和弱点，为理事更好地为机构的宗旨和目标服务提供指南。

"互惠原则"：激发理事会的筹款领导力

理事会成员承担着如此大的责任，需要花那么多的金钱、时间和精力来贡献他们的非营利机构，那么，人们为什么还要做理事呢？筹款管理人员要激发理事会的筹款领导力，就必须深刻理解人们从事志愿筹款的动因。

理事会的工作是公共服务的一种形式，人们参与公共服务是为了满足自己的兴趣和利益，以私人非物质需要最大化为驱动力来实现公共利益的需要。这里我们需要谈到的是"互惠原则"。所谓互惠，是指一个人的行为或付出与其所获得的价值成正比。"互惠原则"是理事会成员从事筹款的根本动因和决定因素。一位理事的筹款参与程度反映了他为机构争取支持的行为是否能够为他个人和社会带来意义。

筹款经常被认为是一项艰巨的任务，因为它触及人们的经济状况和价值观，会对筹款者与他人（特别是朋友）之间的关系造成负面影响。非营利机构必须打破理事们的这种误解，通过培训、历练和同事之间的鼓励，让理事们看到募款的重要性，以及担任筹款引领者对于实现自我的巨大价值。筹款是建立在筹款的理由之上的，而不是光靠私交。对于理事们的筹款业绩，非营利机构必须以他们能够清晰感受到的方式加以感谢、认可、赞誉和奖励。

大多数理事会成员都是普通人，但是他们担负起了卓越的职责，在履行这些神圣职责的过程中，他们也成了卓越的人。非营利机构应该努力为他们注入力量，加深他们对公共事务的理解和自信，提高他们对自我社会地位和形象的认知，使这种认知与他们所担当的职责相匹配。他们需要明白作为机构领导者就要努力成为机构、捐赠者、服务对象、宗旨、理想和公益需求等各种力量的合成者。

在邀请理事会新成员的时候，机构应该在强调理事职责的同时突出个人荣誉——那种承担起公共责任以及被公众所信任的自豪感，被挑选为理事是因为认可了他们具备关怀公益、追求理想、承担责任的能力，参与筹款意味着成为代表公共理想的声音，反过来能够进一步提升他们的社会地位和影响力。非营利机构应该强调理事的这种地位和声望，毫不吝啬地祝贺理事们为机构发展所作出的贡献。理事们会因此更深切地感受到，推广一份理想和吸引他人共同支持这份理想会为他们带来社会的尊重、人生的意义和自我的满足感。"高额捐赠使得人们寻找到工作的意义，树立起对自我的信念和对生命价值的信心，以及对未来的希望。"① 筹款为人们带来了各种无法以金钱来衡量的报酬——增进归属感，提高社会地位，为公共利益作出贡献后独一无二的成就感，等等。这些都是非营利机构能够用来回报筹款志愿者努力的交换价值。

总体而言，非营利机构需要遵循以下操作方法，以激励理事会的领导力、团队精神和赢得高额捐赠的能力：

1. 在理事会会议上要让每位理事都对机构的战略眼光、宗旨和计划充满兴趣，避免少数人主导议程、对话和讨论。

---

① 李·保门、特伦斯·迪尔（Lee G. Bolman and Terrence E. Deal）：《精神领袖：不同寻常的灵魂之旅》（*Leading with Soul: An Uncommon Journey of Spirit*），旧金山，Jossey-Bass 出版社，1995，第 113 页。

2. 在理事会会议上围绕机构的宗旨展开对项目的讨论。

3. 让每位理事都有参与的机会，不要让任何一位理事感到被排除在外。

4. 尽量让更多的理事参与决策，决定权不能过度集中在执行委员会中少数人的手里。理事们希望自己是真正的参与者，而非"橡皮图章"。

筹款管理人与理事会的共事法则

"互惠原则"告诉我们，非营利机构需要肯定理事会成员参与筹款的重要性，强调他们从中可能获得的自我实现价值，这样才有助于提升理事会的筹款领导力。筹款工作人员和理事会之间的关系和互动深刻影响着非营利机构的筹款运作状况。筹款管理人需要制定和执行与理事会的接触计划，以推动和维持整个理事会以及每位理事参与到筹款中来，这是筹款管理人的重要职责之一。

针对每一位理事，筹款管理人可以运用以下策略来鼓励他们参与筹款。

（1）了解每位理事的核心价值观。筹款管理人需要思考，"互惠原则"在各位理事身上是如何体现的？是什么促动这位理事服务于非营利机构？如何运用他的这种动因为筹款服务？怎样向他突出从事筹款能为他带来的益处？

（2）评估每位理事的能力、特长和特征。如何发挥每位理事的强项？谁的社交能力比较强，可以多参与一些培养捐赠者的活动？每位理事是否在筹款领域都有合适的分工？是否还有未被发掘的潜力？

（3）增加每位理事对机构的认知度，包括宗旨、成就、服务对象以及服务对象怎样受益。协助理事在面对可能捐赠者时能够清晰地阐述机构的理想和价值观，从而提升理事从事筹款的自在程度。同时也让他们知道，不必担心要对机构工作的所有细节都了然于心，他们总是可以委托工作人员来应对各种细节问题。

（4）为理事提供公益教育。筹款管理人应该多向理事会展现广大社区、全国乃至全球其他地区支持者群体的捐助行为及其趋势（超越机构已有的支持者群体范围），向理事表明推动筹款的重要性和普遍性，筹款能在满足社区需要的同时为募款人带来自我实现的机遇。

（5）确定整个理事会的筹款目标。在制定理事会的筹款目标时要着眼整体，如设定整个理事会在资本筹款活动中的捐赠总额和参与百分比，这样可以避免理事会内部完全按照个人的捐赠额度而分成阶层和派系，不利于发扬团队精神，甚至会"吓退"新理事的加入。

（6）突出每位理事参与筹款的具体成就。递交书面或口头的有关理事协助筹款的内部报告，认可哪怕是日常性的筹款参与过程，以促进理事们进一步为机构发展出钱出力。

（7）鼓励理事会成员珍惜、接受并利用自己作为理事的地位和身份。例如，筹款管理人在参加相关公益机构的午餐会或行业内的招待会时，可以邀请理事同去，让他代表机构建立人脉，争取更多的支持者，提供机会让理事为他所承担的公共服务职责感到自豪。

（8）通过参与"影响较小"的筹款行为来鼓励不愿筹款的理事。例如，筹款管理人可以邀请不太熟悉筹款业务的理事共同带领一位重要的可能捐赠者参观机构的场地，或者鼓励理事与他们的朋友介绍机构（而不是"要钱"）。从这些"小活动"开始培养理事对筹款的了解和信心。

（9）提醒那些羞于开口"要钱"的理事们：筹款者应该把自身"放在一边"，让机构和宗旨"进来说话"。

（10）强调理事会具有治理和向捐赠者问责的宏观职责。理事们的责任是将机构带往一个成功的未来，他们应该着眼明天，而非今天日常的琐碎事务。筹款管理人与理事协调共事时需要强调这一点，在鼓励理事接触、培养捐赠者和提出募款请求的同时，避免促动他们卷入日常管理过程，而是要把具体的工作留给专业筹款人员来处理。筹款管理人摆正自己和理事的位置和角色十分关键。

（11）强调宗旨，而非金钱。在与理事沟通时，强调筹款是一个寻求进步、促进理解、赢得支持、建立合作、壮大事业的过程，而不是单纯地积累资金。将数字转化为社区的实际需求，用人和社区的真实故事来描述这些需求，让筹款的理由成为筹款的基石。提醒理事会成员，他们是公益事业的外交大使，而非筹款金额目标的外交大使。

（12）不断扩展接触范围。只要机构具有存在的价值，就不必把潜在支持者局限于某一特定范围之内。筹款管理人需要帮助理事们体会捐赠的乐趣，告诉他们，总有人愿意捐钱，喜欢从中赋予生命更多的意义，而劝募者则是找到这些人，帮助他们实现慈善梦想，促进社会进步的推动者，这是一份很值得自豪的工作。

表 18 - 1 进一步列出了筹款管理人应该积极主动让理事们参与的具体行为和活动。如果理事能够至少做到这些行为中的七种的话，对机构的筹款成功会大有裨益。

表 18 - 1　理事会至少应该参与以下筹款行为中的七种

1. 与非营利机构分享他的联系人（潜在捐赠者）名单。
2. 向他的朋友募款。
3. 向相关企业寻求赞助。
4. 利用个人关系为机构引荐可能捐赠者。
5. 与可能捐赠者面谈。
6. 主办特别筹款活动。
7. 允许机构在筹款材料中引用他的名字。
8. 担任特别筹款活动的主席。
9. 感谢捐赠者。
10. 协助机构评估可能捐赠者的捐赠能力。
11. 协助机构制定筹款计划。

资料来源：美国非营利合作研究组的调研（Nonprofit Research Collaborative），2012。

二　资本筹款活动中的筹款志愿者

在高度注重高额捐赠的资本筹款活动中，筹款引领者对筹款的成功起着决定性的作用。这里的筹款引领者不仅包括理事会成员，还包括其他筹款志愿者。非营利机构一般通过设立资本筹款活动领导委员会或其他类似组织结构作为平台，来组织和发挥这些志愿者在筹款领域的领导作用（第十章）。

员工与志愿者的筹款分工

成功的资本筹款活动既依赖于热忱而得力的志愿者提供社会信誉和丰富的人脉资源，也依赖于筹款管理人员提供专业的管理服务，融入、管理和支持志愿者的筹款努力，两者如同筹款的左右臂膀，缺一不可。表 18 – 2 概括了志愿者和员工在资本筹款活动中的分工合作情况。

表 18 – 2　员工和志愿者在资本筹款活动中的角色

筹款志愿者	筹款员工
● 确认可能捐赠者	● 提供筹款策略
● 为机构引荐可能捐赠者	● 对可能捐赠者进行研究,准备志愿者在劝募过程中所需的材料
● 向可能捐赠者提出募款请求	● 组织和准备劝募面谈前的预备会议,为面谈的顺利完成做好一切准备工作
● 为资本筹款活动树立信用度和说服力	● 掌握和管理筹款进度
● 分享、传播他们对资本筹款活动的热情	● 动员志愿者,鼓舞他们的筹款信心
● 为资本筹款活动提供引领性的捐赠	

邀请筹款引领者的方法

筹款活动领导委员会的潜在成员应该是机构长期忠诚的支持者，

邀请他们以领导者的身份参与资本筹款活动，与邀请他们提供捐赠并无本质区别。有的机构采取"先给头衔，再捐钱"的方式，有的机构采取"捐了钱，再给头衔"的办法，还有的机构采取提出"双重请求"的方法，即在提出捐赠请求的同时，也询问对方是否愿意加入筹款活动领导委员会，在个人提供引领性捐赠的基础上，为筹款创议提供引导、咨询和新的捐赠者。

邀请对方担任筹款活动领导委员会成员应该尽可能通过面谈。在提出邀请的时候，机构管理人应该突出如下信息：

> 我深信这次资本筹款活动会为机构带来前所未有的转型，这不仅能为我们提供建设新楼的资金，而且能为我们提供与支持者拉近距离的机遇。多年来机构有许多忠诚的支持者，却始终没有机会为机构担任起领导职责，这次筹款活动则可以把我们与这些支持者的关系变得更为正式化。
>
> 这次资本筹款活动的成败对于我们来说至关重要，我们必须走对每一步，因此我们需要得到像您这样最重要、最有影响的朋友的帮助。您对这一创议的参与和指导非常关键。
>
> 您在理事会上的领导角色和您的捐赠充分显示了您对机构的热忱支持。作为一位杰出的企业家，您可以帮助我们接触与您类似的商业领袖级人物，让他们共同参与到这份有意义的慈善事业中来。
>
> 您愿意吗？

在邀请过程中，应该让对方明确地知晓筹款活动领导委员会的目的，以及成员所要承担的角色和职能。为了鼓励志愿者的积极性，机构也可以准备一些认可办法，如为成员赠送匾牌作为纪念品，在年度慈善晚宴上公开表达感谢，在机构网站上和其他对外宣传材料中列出名字等。这种认可无需花费多少金钱和人力投入，但是对志愿者本人有一定的情感意义。

做好推动者

筹款管理人是志愿者筹款行为背后的推动者和"默默无闻的引领者"。如果缺乏来自筹款人员的组织管理、进度控制和专业支持，志愿者很难做到不断地向与他们社会地位和财力相当的人提出捐赠请求。一位儿童教育机构的总裁这样说道："志愿者跟与他类似的人进行募款对话，是前台上的劝募人，而筹款专职员工则是幕后英雄，是他们坚持不懈的推动和说服才使得一切有关募款的对话成为现实。"资本筹款活动的志愿领导群体哪怕再"星光璀璨"，倘若没有指定的专业筹款人员加以组织管理，那么整个领导结构往往就是一团散沙，缺乏方向，甚至乱象丛生，导致志愿者们感到筹款"疲劳"，自己付出的劳动无意义，丧失了支持机构的兴趣，最终孤立和得罪了机构发展中最需要的、最有可能提供帮助的人。

筹款专员要为志愿者提供对可能捐赠者的研究、筹款策略和信心。每一位志愿者都要获得筹款培训，一方面对机构的筹款理由和计划形成全面的了解，另一方面掌握劝募的技巧，在募款面谈前进行精心的准备和"排练"。

资本筹款活动的管理人要时刻掌握筹款的进度，并且要善于利用进度报告对筹款志愿者适当地施加压力，推动他们更积极地与可能捐赠人展开对话，获得更多的成果。常用的"压力点"包括：资本筹款活动预定的完成日期、下一次筹款活动领导委员会开会的日期、下一次理事会开会的日期、新项目启动的日期、新楼奠基仪式，等等。

筹款专员应该定期组织与筹款活动领导委员会及其他相关领导团

体的会议，如果这些例会开得有成效，则可以成为能够帮助机构带来更多善款的十分有用的管理工具。与筹款志愿者开会时需要注意一些技巧。首先是保证每位志愿者都发言，讲述他们自上次会议以来各自的筹款进度。其次，筹款管理人要向与会者汇报筹款总进度，离筹款目标还相差多少，是否按照计划稳步发展。此外，筹款管理人需要为志愿者提供有关筹款活动的必要信息，回答志愿者的任何疑问，为志愿者与可能捐赠者的对话和下一步行动出谋划策。最后，筹款管理人应该再次认可和鼓舞筹款志愿者的努力，明确每位筹款者在下次开会前必须要完成的任务。这样的会议具有极强的针对性，能够起到推动志愿者筹款工作的"压力点"的功效。

在第十九章中，我们将全面探讨筹款员工的职责，以及如何合理分配和管理筹款员工的不同角色，建立起一个能够与筹款志愿者并肩作战的合作发展办公室。

第十九章　合作发展办公室

无论非营利机构的规模大小或年代长短，每一位筹款管理人每天都在面对着各种挑战，耗费着他们大量的时间、精力和资源。一边是仿佛永远无法满足的公益需求，一边是永远也不够用的资金，筹款压力始终存在。理事会、捐赠者和公众对非营利机构的问责性也提出了越来越高的要求，非营利机构必须以实际业绩向公众证明，为什么它们值得享受免税待遇，为什么它们可以比政府和商业部门更有效、更高效地运用社会资源，提供公共服务。在资源有限的情况下，筹款管理人还经常要通过非物质的奖励机制来吸引和保留员工和志愿者，不断激发他们的工作热情。非营利机构要运作一个能够适应挑战的筹款项目，就必须具备管理制度、管理技术、机构内部程序和专职员工等必要的元素。

有人将管理公益筹款项目比作"帮助人们有效协同共事的柔和的锻炼"。成功的筹款管理人善于综合运用机构现有的能力、人力资源、领导层、市场和各种载体来整合人员、想法和项目，让他们共同服务于机构的利益。尽管筹款管理的过程强调高度的包容性，但不是静态的，而是一个需要不断调整和演变的过程，以求最终找到适合机构及其支持者需求的做法，让筹款过程与机构共同成长。

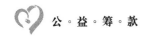

如何组建一个适合现代公益组织需求的合作发展办公室，如何有效地管理筹款员工，是本章讨论的重点。

一　合作发展办公室的组织结构

雇用筹款人员是对机构未来和对员工个人在非营利领域职业生涯的投资，这对每家非营利机构而言都是一项重要的投入。总体而言，筹款人员分为两大部分，一是直接与捐赠者打交道，以争取捐款为目的的身处一线的直接筹款者；二是为直接筹款者提供协助，维持合作发展办公室有效运行的筹款支持者。不少非营利机构还会聘用外部专家为筹款提供咨询和管理服务。

和任何工作一样，筹款人员只有对管理人的期望值有了清晰的了解之后，才可能做好本职工作。因此，一份完整的工作职权说明书和一个筹款部门的组织结构图是必须制订的，它们能说明员工在团队中的角色和岗位的职责，并且为日后员工的业绩评估和专业发展提供指南。

筹款专员的职责

毋庸置疑，工作在一线的筹款专员的职责就是筹款，力求为机构创造慈善收入。在美国大多数非营利机构，筹款专员的职位是按照资金来源和筹款的功能性领域来设定的，如包括个人捐赠者筹款专员、基金会资助专员、企业合作专员、政府资助专员，等等。在针对个人捐赠者筹款的部门中，按筹款的功能性领域可分为高额捐赠筹款专员、计划性捐赠筹款专员、年度基金筹款专员等，年度基金筹款专员又可包括负责直接反应式筹款的人员等。在针对企业捐赠的部门中，可以雇用专人管理事业关联营销类的合作和专人管理活动赞助商的后勤联系工作。会员制的非营利机构可能需要专人负责管理会费等事务。如果机构正在从事资本筹款活动，则需要一名专员负责资本筹款活动的相关工作。此外，特别筹款活动的组织工作要耗费更多人力，有条件的话应该雇用专人管理。一个成熟运作的合作发展办公室还需要筹款服务性的专员，包括分别负责可能捐赠者研究、数据库管理、捐赠者服务和捐赠处理的人员。

图19-1和图19-2分别以一家小型和一家大中型扶贫机构的合作发展办公室的组织结构为例，前者体现最基本的人员配置情况，后者则展现较大机构内更为复杂的人事架构。在组建筹款团队的初期，应从最基本的配置入手，根据机构的情况雇用关键职位的筹款人员，随着筹款运作的成熟，再逐步增添其他的筹款项目及其专员。

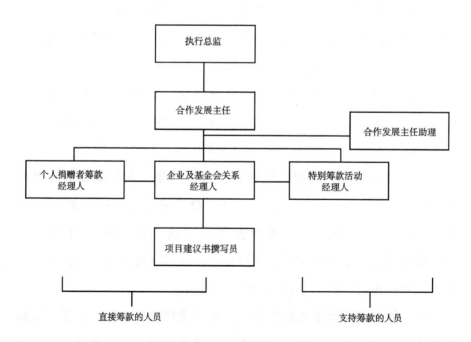

图 19-1　小型扶贫机构合作发展办公室的组织结构举例

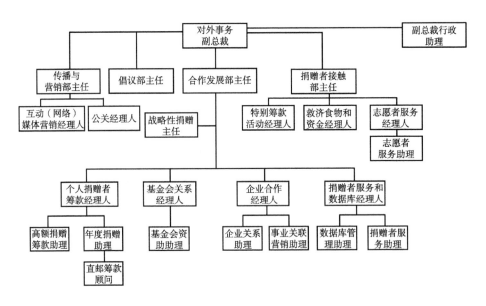

图 19 – 2 大中型扶贫机构合作发展办公室的组织结构举例

许多非营利机构会为每位筹款专员制定季度和年度筹款金额目标，以及每月与捐赠者接触频率的行动评价指标，这种系统性的制度设置有利于追踪和促动筹款行动，因为没有行动，就不可能赢得新的资金。这些指标都应当符合机构的成熟程度、捐赠者基础库和员工规模等实际情形。例如，一家大型的、具有成熟筹款项目的机构可以要求每位高额捐赠筹款专员管理 100 ~ 150 名可能捐赠者，作为他的"可能捐赠者组合"，也就是他的工作目标对象，年度筹款的金额目标可以设定为 50 万美元，每个月与捐赠者进行有意义的接触（拜访、电话和电邮联系等）可期待为 30 ~ 40 次左右；相反，仅拥有一名筹款专员的小型非营利机构的年度筹款目标可能只有 5 万美元，筹款专员所管理的可能捐赠者人数也会减少。

行动的强度即数量固然重要，然而更难以衡量的是筹款者与捐赠者接触的质量。在筹款专员拜访之后，可能捐赠者对机构的人和项目是否产生了更好的印象，建立了更紧密的关系？筹款专员最基本的能力就在于积极而谨慎地与可能捐赠者发展关系，筹款专员及其管理人都应随时关注这种关系的互动和演变状况。

如果某一筹款专员需要监督其他员工的工作，那么在工作职权说明书和组织结构图里应该指明。管理人也应鼓励筹款专员制定短期和长期的目标，为新员工准备工作职权说明书，成为理事和其他志愿者与机构的联系人，并且对机构所投入的人力和物质成本负责。在多于一名筹款员工的机构内，合作发展办公室的员工每周都应举行例会，讨论工作进度、策略和下一步计划。

支持性员工的职责

得力的支持性员工和志愿者一样，是维持筹款项目顺利运作的支柱。外部支持者在与机构接触的时候，所遇到的"第一张脸"往往就是支持性员工。态度和善、乐于助人、举止专业的支持性员工能使人对机构留下美好的印象，甚至在筹款中起到很大的作用。

有一个例子可以说明这一点。美国印第安纳的一家医护中心让一位合作发展助理为捐款 100 美元以下的捐赠者致电表达谢意。一位女捐赠者接到她的电话后十分高兴，因为这是她第一次接到医护中心的电话，而且电话里的筹款人员只是很有礼貌很周全地表达谢意，并没有急切地再次动员筹款。这位捐赠者向合作发展助理要求了解机构的更多信息，与机构保持着联系，最终她为机构提供了 150 万美元的遗赠，一切成功都源于最初合作发展助理那一个友善的电话。可见，与捐赠者的每一次接触都如同播下了一粒种子，每一粒种子经过筹款员工的精心呵护，都有可能生长为枝繁叶茂的大树。

支持性员工通常为一位或几位筹款专员提供行政上的帮助，他们的具体职责相当宽泛。他们的工作包括撰写给捐赠者的普通书信，与捐赠者预约会面并安排后勤细节，为理事会或员工会议做笔记等。他们的关键工作还包括处理捐赠、在数据库内及时准确地记录信息、在必要时做一些可能捐赠者研究并协助管理好筹款专员的时间。管理人应该为支持性员工提供接受更多教育和培训的机会，增强他们的信心和干劲。

筹款顾问的角色

在某些情况下，非营利机构所面临的筹款任务超出了现有员工有能力处理或有时间处理的范畴，这时聘用外部顾问来担当此任不失为一个好办法。筹款顾问也是非营利机构筹款团队的组成部分之一，合适的顾问能为团队带来巨大的价值，成为机构领导者有力的合作伙伴。

聘用顾问的优势体现在多个方面。有时非营利机构的人事需求是短期的，如策划和管理资本筹款活动或一场特别活动，机构没有必要雇用永久性的全职员工，便可以聘用筹款顾问来完成所有和项目有关的工作。有时非营利机构急需有经验的筹款者协助它启动某个项目，而无法坐等逐步组建起一个完整的内部团队，如设立直邮项目或计划性捐赠项目等，这些项目专业性较强，聘用专家往往能够受益。有时非营利机构需要一个临时的筹款领导者，外部顾问可以暂时担任合作发展主任的职位，并协助机构招聘全职的主任和其他关键筹款人员。有时非营利机构需要独立的第三方为它的筹款运作提供客观公正的评价和切实的建议，如资本筹款活动的可行性研究、设立新筹款项目前的计划研究、对合作发展办公室运作的评估、理事会的评估和发展等，这类研究项目由外部顾问来担当最为合适。有时非营利机构需要顾问的经验、学识和才能帮助他们撰写筹款理由和其他文件材料，或者帮助他们做可能捐赠者研究，分析机构支持者群体的现状。总之，聘用顾问能在战略上和实务上为非营利机构的发展带来独特的益处。

筹款顾问不仅能成为机构额外的有能力的筹款人员，为筹款团队注入活力和动力，而且能为机构带来他们与其他机构接触和服务所积累的丰富经验、相关实例和广阔视野。与此同时，非营利机构对于顾问的工作成果要有合理的期待。在美国，筹款顾问的角色是"管理人"和"培训师"，而不是"拉关系的人"，专业的筹款顾问一般不利用私人关系（或在为其他客户服务时维护的关系）为机构"介绍"新的捐赠者。一家非营利机构要获得长远的筹款成功，必须依赖机构的全职员工为机构发展和维系与捐赠者的关系，这些关系是机构最为宝贵的财富，应该始终属于机构本身，而不属于一个临时的顾问。作为顾问可以与客户分享他们对可能捐赠者的了解和掌握的信息，也可以协助机构与高额捐赠者建立关系，却不该代表机构成为关系的拥有者。

同样道理，顾问可以帮助机构做好与捐赠者面谈前的准备工作，在筹款战略上和面谈技术上为机构员工和志愿者提供建议和培训，也可以参与面谈。但是顾问一般不该单独出面向捐赠者提出募款请求，这在捐赠者看来，恐怕也是古怪而难以接受的。

在收费方面，美国的筹款顾问一般按完成预定任务所需的时间收费，与机构签署一定期限的合同（如三个月、半年或一年），如果需要继续合作的话，合同可以续签。非营利机构应该坚持固定收费的原则，而不是按筹到金额的百分比让顾问"抽成"。一般认为，筹款顾问按照赠款收入的百分比收取佣金是不道德的行为①。因为这么做会激励顾问将捐赠者的兴趣转化为自身的利益，造成急功近利，扭曲初

---

① 美国筹款职业人联合会：《AFP 道德准则》（*Code of Ethical Principles and Standards*），2008。其中指出筹款专业人员不应根据捐赠所得的百分比计算报酬，但是可以接受符合机构常规的基于工作表现的收入，如奖金。

衷，弄虚作假，最终损害非营利机构与捐赠者的关系，以及整个公益慈善部门的纯洁性。

二　有效管理

吸引和保留专业人才

非营利机构领导者所面临的最大困扰就是如何吸引和保留筹款人才。筹款专员的流动性很大，频繁地从一家机构"跳槽"到另一家机构是司空见惯的现象，这对非营利机构的发展其实是很不利的。招募和培训新员工所耗费的财务和情感代价是相当大的，在找到接任的筹款专员之前，机构已经在"空档期"损失了慈善收入。一名新员工一般要花半年到一年的时间才能真正开始独当一面地提出捐赠请求，或与理事会成员和其他筹款志愿者紧密合作。更糟糕的是，当资深的筹款人员离开机构的时候，也意味着带走了他多年来努力经营的捐赠者关系，机构与捐赠者的联系可能会受阻甚至中断，即便保持联系，其质量和深度也常常不可同日而语了。因此，留住有用的人才符合机构的利益。

为什么筹款专员的工作流动性会那么大呢？这首先与工资的竞争力有关。在美国，随着非营利部门专业化发展程度的加深，专业人士的工资待遇竞争也愈演愈烈，许多非营利机构不惜投入血本吸引人才，这对于筹款这种直接影响到机构运作的关键职位尤其如此。其次，筹款专员选择离职是因为他们感到自己的劳动付出并没有得到机构领导层应有的认可和重视，或者他们的工作没有得到自上而下足够的支持，缺乏决策权和让工作得以顺利展开的在机构内部的影响力。此外，很多筹款专员压力过大，他们工作的时间很长，又身负不切实际的期望值，仿佛机构的财务压力都指望他们来解决，长期超负荷的工作和心理压力使他们选择离开。

针对筹款专员的这些常见问题，机构领导层可以通过一些手段来缓解他们的压力，加强他们的工作热情和忠诚度。采取非物质奖励手段对于吸引和保留非营利部门的从业者往往具有较大的效力，这是非营利机构人力资源管理与商业公司的不同之处。例如，提供较为灵活的工作时间制度是除了金钱报酬之外很具有吸引力的工作福利；增强对员工的认可，和其他职员一样，筹款人员希望他们的业绩能够获得领导者真诚的赞许和谢意，他们在工作上的困难则能够得到对方的理解和支持；营造一个充满爱心、乐趣和奉献精神的工作环境；为员工提供职业培训和进修的机会，让他们看到在机构内获得成长和升迁的机遇；制订和调整合理的筹款金额目标——筹款专员在"温柔的压力"下方能发挥才能，否则只会被压力制约，反而磨灭了工作积极性。机构领导者必须善于倾听下属的声音，并且善于估计未来的趋势。领导者要为员工带来机遇，有建设性的反馈、尊重、诚实、目标和期望值。这一切努力的结果是拥有一个愉快而有效的筹款团队，员工愿意将他们的职业未来投入到每天为机构的服务之中，因为他们在这里寻找到了属于自己的位置和有意义的职业发展前景。

防止"领地纷争"

筹款过程是让可能捐赠者与非营利机构发展关系的过程，这一过程必须通过井然有序的协调管理来完成。在第七章高额捐赠中，我们强调了筹款专员对可能捐赠者进行分工管理的重要性——在合作发展办公室内部，必须建立明确的责任制，即哪位筹款专员联系和"管理"哪位可能捐赠者。每一位活跃在一线的筹款专员都是"可能捐赠者的经理人"，他们负责维系和发展机构与指定可能捐赠者之间的关系，管理与之相关的筹款步骤。他们都应该有自己的可能捐赠者组合，彼此之间的工作对象不能重合。

如果合作发展办公室对于可能捐赠者的管理缺乏协作，会对筹款工作和筹款人员造成巨大的挫折感。非营利机构应该有一位内部管理人负责统筹协调对所有可能捐赠者的分工管理。在即便只有一位筹款专员的小型非营利机构，他必须保证执行总监、理事长或其他筹款志愿者知道他负责管理的可能捐赠者的状态，分配好自己和其他筹款者对于这一工作目标的职责。在大中型的非营利机构中，合作发展主任或类似职位的筹款管理人应该负责监管可能捐赠者的管理工作，保证可能捐赠者经理人各司其职、相互协调，将可能捐赠者从一开始的确定状态最终"移动"到可以提出捐赠请求的培养成熟状态。合作发展办公室内部必须存在一种开放的沟通渠道，让每一位筹款专员都知道谁在负责哪一位可能捐赠者，可能捐赠者目前所处的状态，所打算采取的下一步骤是什么。

合作发展办公室如果时时充满彼此嫉妒、恶性竞争的"领地纷争"气氛，对筹款工作是极其不利的。例如，在一家小型的非营利机构，只有一位筹款专员，但是执行总监经常不让他知道自己和一些高额捐赠的可能捐赠者接触的情况，这就会让那位筹款专员感到不愉快。在筹款人员众多、部门繁多的大中型非营利机构，"领地纷争"情况往往更加严重，例如几位筹款专员会联系同一位高额捐赠的可能捐赠者，并且各自认为这位捐赠者是他们的工作对象，这会直接影响到机构在可能捐赠者眼中的形象以及工作的效率。要避免这种混乱情况的发生，就必须在部门间和合作发展办公室内建立起公认的、正式的布置和协调工作对象的方式，在所有的筹款工作者之间保持畅通、透明、诚实的沟通渠道。

筹款管理人应该定期召开可能捐赠者管理会议，协调所有筹款专员的工作，明确各自的职责和进度。每一位筹款专员都应该参加这一例会。通过会议中的交流，他们可以共同了解机构目前需要重点筹款的项目是什么，筹款专员各自的可能捐赠者组合情况怎样，知晓每一位可能捐赠者的预计捐赠额、预计捐赠领域、预计完成募款的时间，而最为重要的是谁负责管理和跟进这位可能捐赠者。

在有些情况下需要两位筹款专员共同管理一位可能捐赠者，那么其中一位筹款专员可以设定为"主要可能捐赠者经理人"，而另一位则为"次要可能捐赠者经理人"。在很多情形中，提出募款请求的人不一定是筹款专员本人，有可能是执行总监、理事长或其他更合适"开口"的工作人员或志愿者，所以除了可能捐赠者经理人之外，还需要明确谁是提出募款请求的人。在实际操作中，可能捐赠者经理人是提出募款请求背后的推动者和"默默无闻的引领者"，他具有管理整个筹款过程，确保执行力的职责。

确立政策和程序

非营利机构要妥善管理筹款的过程，就必须制定一系列有关筹款项目的书面政策和程序，为员工和志愿者提供指南。这对日后节省管理时间、金钱和人力是很有价值的投入，而且能够促进筹款过程中更精确、更全面的沟通。

1. 捐赠处理与致谢程序

在处理捐赠和向捐赠者致谢的领域，拥有一套系统和程序是必不可少的。在机构收到捐款（承诺）之后，业内的标准是要在24小时之内向捐赠者确认收到赠款，并表达至少是初步的、非正式的感谢，从而向捐赠者显示机构对他的赠款的重视和对捐赠者的可问责性。此外，非营利机构需出具正式的文函，作为对捐赠、捐赠额和捐赠目的的证明，捐赠者可以此凭据为捐款抵税。工作人员应该将赠款记录到

数据库中，如果是分期支付的捐赠承诺的话，需注明支付日期及提醒捐赠者付款的日期。

向捐赠者表达感谢可以采取多种方法，包括登门致谢、信件、电话或电邮等。根据捐赠额度，非营利机构应该规定谁是致谢者或感谢信的署名者，如 1000 美元以下的年度捐赠可以由年度捐赠经理人负责签署所有的感谢信，而 10000 美元以上的捐赠则由执行总监签署感谢信，批准和签署的过程也要有一组流畅的程序，确保尽快寄出感谢信。

2. 记录系统及其维护

尽管每家非营利机构可以有各自记录关键筹款信息的方法和格式，但是其核心内容是一致的，这包括捐赠者的名字、联系方式、捐赠日期、捐赠（承诺）额、分期支付的时间表和捐赠目的。其他需要注明的信息包括是否以实物或免费服务作为捐赠，捐赠者是否希望匿名，捐款是否为了某人的名义（纪念对象是否需要得到通知），个人捐赠能否获得企业的配套捐赠等。

大多数美国非营利机构使用专业的筹款数据库来记录有关筹款活动和捐赠者的信息。在合作发展办公室内部必须设定谁能看到数据库，谁能修改数据库内容的权限，防止过多的人任意改变数据，造成记录重复、错误或遗漏。所有使用数据库的员工都应经过培训，掌握输入和导出数据的正确方法。

3. 内部进度报告与传播

今年到目前为止筹到的金额总数是多少？分别来自哪些捐赠渠道（个人、基金会、企业、政府还是其他）？接下来几个月预计能获得哪些捐赠？要达到财务年筹款目标还需要筹措多少资金？按现在的进度和可能捐赠者基础库的情况能够达成目标吗？这些对筹款管理人来说都是必须了解的有价值的信息。同时，筹款管理人将这些信息分享给筹款员工，汇报给理事会也十分重要，以此作为沟通和控制进程的管理工具。许多机构每周都会向适当的筹款员工分享筹款进度报告，至少应该做到一月一次，这样员工和志愿者才能根据进展规划和调整自己的工作重点。

无论机构大小，都应该有一个储存筹款活动和捐赠者信息的中央数据库系统。有关筹款进度的数据应该从同一数据库系统中导出。只有数据集中，才能防止员工和部门间分别使用各自不一致的数据，造成信息封闭、混乱、遗漏或外泄，而且能加快信息更新的速度。更重要的是，即便有一位筹款专员离开了机构，有关他接触过的工作对象的信息都能在中央系统中有所记录，这极大地有利于保证筹款工作的延续性。

4. 可能捐赠者研究

非营利机构需要有相对统一的捐赠者研究的文档格式，确定在研究中需要获取哪些信息、怎样保护捐赠者的隐私、信息存储在哪里、哪些人有权限查看信息、需要购买哪些有助于捐赠者研究的报纸杂志和专业数据库，以获得更完整更准确的信息，等等。如果技术上有条件的话，有关可能捐赠者的研究信息也应储存在同一中央数据库系统中。有时光靠合作发展办公室的人力还不够做大量的研究，那就需要决定是否雇用外部咨询公司提供可能捐赠者研究服务或捐赠人筛选服务。

5. 筹款材料与参考资料

一个完整的合作发展办公室需要为员工准备有价值的筹款参考材料。筹款管理人应牵头购买一些有用的筹款书籍和期刊供员工和志愿者参阅，并可以在办公室某处设置一小型的"阅览中心"。此外，筹款中常用的材料——筹款理由陈述书、机构年度报告、直邮样本、计划性捐赠宣传册子、项目介绍以及其他类似机构的参考材料也都可以

集中摆放在这一阅览中心，供员工和志愿者方便领取。

在信息时代，如何运用现代科技手段有效地组织、储存和使用信息是非营利筹款中的重要课题，影响着筹款工作的成败。在第二十章中，我们就将进一步探索非营利机构应该怎样在信息的海洋中有条理地管理好筹款和捐赠者数据，使用现代科技提高筹款能力，让技术为公益服务。

第二十章　信息管理

筹款是一个积累大量信息的过程。

首先，筹款者必须通过研究和与可能捐赠者的频繁接触来获取信息，在充分了解对方的前提下设计出符合可能捐赠者兴趣和利益的劝募方案。

其次，筹款的流程是对可能捐赠者的"移动管理"，要通过坚持不懈地"做工作"，把可能捐赠者从研究阶段"移动"到培养阶段，再"移动"到培养成熟可以开始介绍业务的阶段，接着"移动"到可以提出捐赠请求的阶段，然后进入签署合同，结束筹款的阶段，最后"移动"到认可和问责阶段，使之最终成为真正的捐赠者（第五章）。整个筹款流程是不断行动的过程，每一步骤都具有战略性和目的性，也需要有延续性，只有详尽的信息追踪和记录才能保证有条不紊、循环往复地推进机构与可能捐赠者的关系。

最后，筹款也是与财务和统计数据紧密挂钩的工作，准确的财务数据是任何非营利机构健康运作的必要条件，这来自于对捐赠信息及时、精确而忠实的记录。

仅仅靠筹到钱还不足以衡量一名筹款从业者的专业性程度，重要的是他为机构所留下的信息的数量和质量——捐赠者背景、与捐赠者发展关系的详细步骤、捐款是如何到位的、继续培养捐赠者的下一步计划等。缺乏详尽的记录会使得机构领导者误认为捐款"得来全不费工夫",对机构日后筹款工作的延续性产生不良的影响,造成机构以不专业的方式对待潜在的高额捐赠者。筹款从业者在加入一家新机构后,对他前任的最高评价莫过于此:"我的前任太棒了。我可以从他的文件中清晰地了解过去向高额捐赠者募款的步骤,有了这些信息,就完全可以在良好的基础上继续发展与捐赠者的关系。"为员工、志愿者和捐赠者过渡准备好充分的信息记录是每一位筹款从业者应具备的职业素质和责无旁贷的工作内容。

在现代社会,人们担心更多的并非是信息的缺乏,而是信息的泛滥。捐赠者也常常被多种信息困扰,难于进行集中地管理和正确地判断,让信息真正地体现出它们在公益慈善中的价值。非营利机构如何有效地使用信息来协助它与捐赠者建立和发展关系,决定着筹款工作的成败。

有效地管理和使用信息离不开现代技术的支持。从政治竞选、商业营销到体育竞技,以计算机技术为核心的大数据分析法极大地推动了社会各领域的飞速进步。这类技术也应当成为筹款工作有力的服务者,它是实现公益慈善目标的工具,并将这些目标传递给机构的关键支持者群体。"冰冷"的计算机技术可以用来深入分析捐赠市场的数据,在对支持者群体进行细分的基础上采取更具针对性的营销、传播和募款手法,从而协助筹款者与捐赠者建立起"温暖"的关系。非营利机构只有将技术融合于日常的筹款运作和发展捐赠者的工作之中,才能充分利用好公益事业这一忠实的仆人。

如何战略性地选择和运用信息为筹款服务,如何运用技术有效地储存、组织和管理信息,是本章讨论的内容。

一　战略性地收集信息

收集信息本身要花钱，而不能筹到钱，因此，单纯地为了得到信息而收集信息是舍本逐末、得不偿失的做法。有经验的筹款者明白，成功的秘诀在于抓住信息中的重点，并且根据这些重点行事。每一位筹款者都应该学会战略性地思考在发展捐赠者过程中需要多少信息，以及需要哪些类型的信息，将收集信息作为一种有明确回报期望值的投资行为。事实和数字本身并不存在价值，唯有战略性的信息才是有用的。

信息与行动同步

筹款成功的关键在于让机构与捐赠者建立良好的关系，收集信息则是在这种发展关系的过程中必不可少、同步进行的支持性工作。图 20 - 1 显示了收集信息与发展捐赠者关系之间相互依赖的联系。

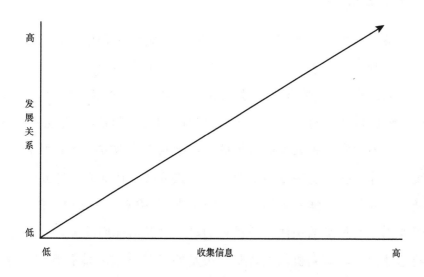

图 20 - 1　收集信息与发展捐赠者关系之间的联系

资料来源：于杰·登博尔编《在筹款中获得卓越》，2003，第 351 页。

图 20 - 1 告诉我们，非营利机构在信息收集上所花费的投资应该与机构发展捐赠者关系的能力成正比。倘若机构无法通过理事或其他支持者群体与全国最富有的家庭取得任何人际关联，那么即便收集到有关这一家族再详尽的信息也是纸上谈兵，毫无实际用处可言。

许多非营利机构经常容易陷入的误区就是将缺乏信息作为不采取行动的理由，"我们没有时间和资源做详尽的可能捐赠者研究，所以……"这一点仿佛成为人们挂在嘴上的借口。其实，筹款者不该认为在他们行动之前就必须要获得有关可能捐赠者的全部信息，这就如同一位销售人员，他有着清晰的潜在客户名单，但是却把他所有的时间花在润色名单的工作中，而不是去给潜在客户打一个营销电话介绍自己，这样的工作方式自然就看不到任何结果。筹款行业靠的是行动，靠的是围绕可能捐赠者这一中心把募款的流程管理计划操作化地得以实现。

抓住重点

在第三章中，我们提出了"捐赠金字塔"的原则：非营利机构的大部分资金来自于少部分人。提供高额捐赠的人在金字塔的顶部，屈指可数；多数人则提供较小的捐赠，集中在金字塔的底部。即80%的赠款可能来自于仅20%的捐赠者。非营利机构要挖掘筹款潜能，将有限的资源投入到能带来最大捐赠回报的地方，就必须学会抓住重点，即那些在金字塔顶部的人。筹款者必须将他们大部分的时间和精力投入到那些能提供80%~90%善款的10%~20%的捐赠者中，给予他们最大程度的关注，花最多的时间培养与他们的关系，永远不要疏远他们。非营利机构能否获得长足的发展（或者能否继续生存）取决于它们与那些最重要的捐赠者——既有能力又愿意为机构出力的人——建立和保持紧密关系的能力。

正因为绝大部分捐赠来自仅 10% ～20% 的捐赠者，筹款管理人在考虑信息搜集的前期投入时就必须具备准确的判断力，将精力花在点子上。尽管吸引各类额度的捐赠以及新捐赠者对机构而言也很重要，但是没有一家非营利机构有时间或资源可以针对每一位可能捐赠者都作出详尽的研究，做到"一视同仁"是不现实的。是否对某位捐赠者进行进一步详尽的信息收集，取决于这位捐赠者能够提供何种类型的捐赠（高额捐赠或其他）以及提出捐赠请求的方式（让机构领导者与他面谈或其他）。

筹款专员最重要的工作之一就是有效率地使用战略性的信息，并且知道何时付诸行动来接触和培养这些捐赠者。正如美国学者所提出的那样：

> 筹款不仅需要高强度的接触，而且需要高强度的文件记忆。可能捐赠者在为机构提供资金支持之前必须对机构、机构的项目和机构的人有着深入的了解，他们要知道机构是做什么的，为什么重要，项目的质量如何，能够为捐赠者和其他人做些什么，为什么需要他们的支持。同样，筹款者也需要深入了解可能捐赠者，以增加赢得捐赠的可能性。[①]

从根本上说，有的放矢地花成本收集信息是筹款专员的财务职责。筹款者应该尽量让自己所花的时间、精力和金钱为机构带来最大的投资回报。

---

① 保尔·威斯顿（Paul E. Wisdom）：《重审成本》（"Another Look at Costs"），詹姆斯·费雪、盖瑞·昆尔（James L. Fisher and Gary H. Quehl）编《总统与筹款》（*President and Fund Raising*），华盛顿特区，美国教育协会（American Council on Education），1989，第 148～149 页。

二　做一个有心的聆听者

对于高额捐赠的可能捐赠者及其他处于积极培养阶段中的可能捐赠者，筹款者光靠背景研究掌握一些有关对方的事实和数据是不够的，而是必须进一步了解对方的内心。他们为什么捐钱？他们愿意帮助机构实现怎样的公益梦想？哪种捐赠会为他们带来内心的满足感？机构可以提供给他们哪些其他的捐赠机遇？获得这些信息的最有可能也最可靠的渠道就是倾听捐赠者本人的想法。

从公开信息渠道或从他人口中收集到有关可能捐赠者的信息并非难事，然而筹款项目成败的根本区别在于筹款者倾听捐赠者的涵养和技能。任何出色的高额捐赠筹款专员必然是一个善于倾听的人，他永远不会打断可能捐赠者的话语，他能够体察对方内心的想法和意图，将可能捐赠者的需求放在首位，"投其所好"地在对方和机构需求之间找到完美的交集。在倾听的基础上，筹款专员才能够向可能捐赠者提出一个符合对方喜好、兴趣和价值观的捐赠请求和计划，甚至能够事先明白对方的捐赠额度及所希望获得的命名权等捐赠者认可内容。

在与筹款者的交流过程中，基金会的代表可能会告诉筹款者他的理事会目前的慈善重点和投资策略；负责企业捐赠项目的人员可能会告诉筹款者他所在的企业在通常情况下愿意提供的捐赠额度。在认真聆听的过程中，筹款者能够获得宝贵的战略性信息，这对培养捐赠者和日后提出捐赠请求大有裨益。

除了用心聆听之外，优秀的高额捐赠筹款专员也必定是一个善于提问的人。筹款者应该遵循"有疑问，直接问"的原则，在正式向基金会或企业递交申请材料之前问清对方的要求和偏好，提出的问题不要含糊。以下是一些妥当的提问例子：

"您希望我们送上正式的书面捐赠请求还是非正式的？"

"您希望我们只申请一个项目，还是若干个项目供理事会考虑选择？"

"我们是否可以呈交一份在 50 万～60 万资助请求之间的项目建议书？"

基金会的代表在交流过程中常常会吐露基金会的资助方式和偏好，比如是否愿意提供配套捐赠，是否热衷于资助资本筹款活动，等等。企业捐赠项目的负责人在把资助申请者的项目建议书送到地方和总部领导层批准之前，常常会帮助申请者为项目建议书提出修改意见。一旦对某一公益创议感兴趣了，基金会和企业捐赠的工作人员都能成为非营利机构的"同盟"和公益项目的积极推动者，而善于聆听、善于提问则是筹款者赢得这些战略同盟的秘诀。

三　技术服务于公益

现代技术在两个方面提高了成功筹款的潜力。一方面，技术将许多与机构支持者进行传播沟通的方式标准化了，这有助于加强传播工作的有效性。另一方面，技术能够支持发展捐赠者和劝募的流程管理，使其更为成熟和高效。

传播依靠技术

向潜在捐赠者、现有捐赠者、志愿者、理事会、管理层和员工进行传播是每一家非营利机构分享信息、劝募和建立与支持者关系的必经之路。以电脑、电话、网络和电子邮件为核心的现代技术为非营利机构带来的最大益处之一就是提供有效的信息传播途径。对技术的妥善使用有利于筹款项目的有效运作，也有利于在公众眼中树立起机构管理专业而现代化的形象。这种实际运作和公共认知对于成功筹款都至关重要。

有的非营利机构还运用细致的大数据统计分析法，根据可能捐赠者的特点、喜好和行为模式将潜在捐赠市场进行划分，因人而异地发送直邮、电邮和电话，通过反复测试可能捐赠者的反应情况（例如采取不同的电邮标题、发信人和内容），确定他们的"易说服程度"，为他们提供最能让他们产生兴趣和共鸣的机构项目的信息。通过大量的数据收集和分析，非营利机构甚至能够预测哪些人更可能提供网上捐赠，哪些人会对直邮有所反应，哪些人会对某位志愿者的电话募款作出回应。信息和数据使得筹款者不仅知道可能捐赠者是怎样的人，还知道该采取怎样的方式来影响和说服他们；不仅知道可能捐赠者的兴趣所在，还知道该怎样针对这种兴趣与他们加深联系。

筹款流程管理依靠技术

在现代筹款管理中，整个筹款流程依赖于电脑技术来储存、管理和输出捐赠者信息、捐赠记录、捐款使用情况、捐赠认可和捐赠者问责报告等一系列步骤。其中对数据库的使用大大提高了非营利机构的筹款流程管理效率。

在美国，大多数非营利机构都会使用数据库来储存和管理筹款信息，一般称为"捐赠数据库"（donation database）或"客户/联系人管理数据库"（client/contact management database），也可以理解为是一种"捐赠者移动管理系统"（moves management system）。数据库的功能可以很简单很基本，也可以十分复杂全面。在大中型非营利机构中比较普遍使用的数据库是一种叫做"筹款者优势"（Raiser's Edge）的应用软件（见图 20 - 2）。

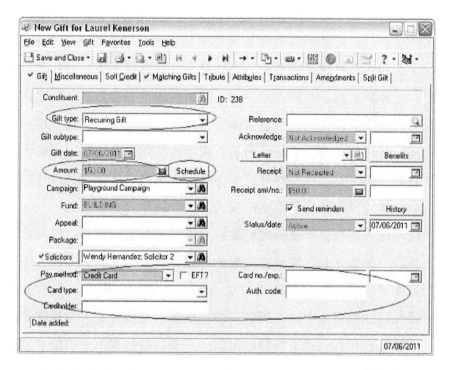

图 20 - 2　名为"筹款者优势"的筹款数据库界面示例：输入新赠款

来源：Blackbaud, 2014。

一个高度整合的中央数据库可以保证机构内部信息的一致性、准确性和顺畅流通。机构内部的全部筹款数据应该来自同一个共享的数据库，这包括用于内部预算和账务目的的数据、捐赠者背景信息及捐赠记录等。一位在某家为弱势群体提供健康服务的国际组织工作的合作发展主任这样评论道："我们很早就分析过，阻碍筹款项目顺利运作的最大隐患就是各个部门或各位筹款专员使用不同的数据库和记录方式来管理他们的联系人，而且更糟糕的是，这些部门和人员互相之间不交流。"

像"筹款者优势"之类的数据库软件可以用来计划和追踪潜在和现有捐赠者的情况，并管理所有的捐赠信息，让筹款者同时向他的可能捐赠者组合中的上百个联系人"做工作"成为可能。数据库最基本的功能包括记录捐赠者背景和捐赠历史、记录关键的筹款行动、生成潜在和现有捐赠者的名单、生成符合筹款管理人需要的各类捐赠报告、让筹款者能以不同方式排列和选择捐赠者、能和文字处理系统兼容生成大量个性化的捐赠者信函、打印信封地址和标签等。这一数据库还应与机构的会计系统、会员管理系统及其他系统相连,成为财务计划的一种工具,也是对外传播体系的有机组成部分。其设计也需要适应机构的成长和项目重点的变化。

使用统一的数据库来管理筹款流程应该成为机构中每一位筹款者的习惯。不少非营利机构设立这样的规定:如果一名联系人的名字不在数据库中,那么这个人就不在机构的"宇宙"中存在。筹款者应该养成及时在数据库中输入新的可能捐赠者,标明谁是可能捐赠者经理人,输入最新行动和更新筹款阶段的习惯,使数据库中的信息准确反映自己的可能捐赠者组合和工作进度。许多非营利机构会有筹款服务部的专人负责数据库的统一技术监控和管理,以及由支持性员工协助筹款专员输入和更新数据。

获取信息和掌握技术是非营利机构筹款成本的一部分。成功的筹款管理人懂得各种筹款项目和活动所需花费的成本及所能带来的益处,能够评估其中潜在的风险和回报。在第二十一章中,我们将进一步探讨非营利机构筹款和运作成本的概念,如何制定筹款预算,分析筹款成本,如何接受捐赠者的问责,使得非营利机构的管理成本投资能够真正地为实现公益目标而服务。

第二十一章　成本与成果

　　非营利机构维持日常运作和实现自我发展需要成本，管理和执行公益项目需要成本，筹措资金也需要成本，这是客观存在的需要，慈善捐赠则是满足这类资金需求的不可或缺的渠道，公众对此应当达成共识。从募款成本开始对非营利机构整个运行成本和绩效成果进行考量十分重要。

　　在美国，非营利机构没有"强行"收取一定比例"管理费"这样的概念和做法，但是与此类同的情况是，捐赠者明白自己的一部分捐款必然要用到行政成本中去，用于支付员工工资福利、筹款和行政办公支出等基本运行费用。有的捐赠者会愿意提供非指定性的善款，由机构来自主决定是否用这笔资金支持自身一般的日常运作。有的捐赠者则指明专项捐赠，不过捐赠额中会包括一部分运行管理费用，否则非营利机构接受了捐赠反而需要倒贴运行成本，这在市场制度的社会里明显是有违情理的。例如，资助学术研究项目的经费往往会包括主要研究人员的工资和项目开展过程中所需的行政办公支出，资助国际学生交流项目的经费往往会包括组织交流活动的人事和行政管理费用。非营利机构在提出专款专用的劝募数额时会将这些市场成本考虑进去，捐赠者在决定资助前也会明确资金的使用去向，了解为什么需要这些行政成本，在知情和达成共识的基础上与非营利机构进行合作。非营利机构在提供给捐赠者的财务报告中会指明定向捐赠中的行政管理支出部分。这在美国非营利部门已经形成了一套比较成熟的制度和合理的相互期待。

即便在慈善制度较为成熟的美国，公众也在高度关注着非营利机构运作的高效性和有效性，人们普遍要求非营利机构在管理上严格控制其行政成本，体现对公众和捐赠者的问责性。非营利机构的运作情况各不相同，即便是服务于同一公益领域的机构也会差异很大，因此目前为止还没有一个可以适用于所有非营利机构的行政成本合理范围的统一数字标准。

近年来，不少美国非营利机部门的学者和领导者向社会呼吁，尽管关注行政成本在保证非营利机构问责性和促进良好财务管理方面能起到一定的作用，但是将行政成本作为衡量机构表现的唯一标准是一种误解[①]。除了行政成本之外，非营利机构的表现好坏还体现在很多方面——透明度、治理、领导力和公益成果。行政成本包含着非营利机构提高服务水平所必须作出的一些投资，如筹款、培训、规划、评估及内部系统设置等，这些都是作为一家专业机构维持生存和发展的根本需要。如果一味地、盲目地或过分地强调降低行政成本，会在无形中阻碍许多非营利机构的成长，导致它们只顾着迎合捐赠者紧缩成本的要求而放弃了必要的管理建设，形成"非营利饥饿"的恶性循环，这在一定程度上反而抑制了公益机构服务社区、谋求发展的自由度[②]。

[①] 美国三大为公益慈善提供信息资源的机构 BBB 智慧捐赠联盟、指南星及慈善导航联名致捐赠者的信（BBB Wise Giving Alliance, GuideStar and Charity Navigator）：《行政成本的神话》（The Overhead Myth），2013 年 6 月。

[②] 《斯坦福社会创新评论》（Stanford Social Innovation Review）：《非营利的饥饿循环》（"The Nonprofit Starvation Cycle"），2009 年秋季刊。

本章从几个方面来讨论如何衡量非营利机构的表现，包括宗旨、治理、运作、战略规划、财务管理、预算分配及营销和传播等。同时，我们探讨如何在此基础上实现筹款工作的有效性和高效性。

筹款是一项复杂的任务，不是合作发展部主任一个人的事情，筹款的成功是机构管理各要素共同协作的结果，也与外界环境（经济趋势、私人财富、筹款历史、机构形象和声望）有关。筹款工作的顺利开展要求机构具有谨慎的规划和明确的重点，筹款要与这些规划和重点步调一致，与机构的营销和传播活动密切合作，拥有有能力的筹款引领者和提出捐赠请求的团队参与各个筹款项目，具备收益相对稳定的年度捐赠项目，为公众提供参与机构的多种渠道，以及拥有足够的筹款资源力量（专业人员、合理的预算和高效的管理体系）。在同时具备了这些有积极作用的元素之后，非营利机构才有可能回答并解决有关筹款问责性的问题。

一　公益机构的问责性

非营利机构如何使用公共捐赠实现它们的宗旨和目标？它所花去的资金创造了哪些公共福利？是否可以用量化的方法来具体衡量这些公共项目的成果？就像纳税人问责政府一样，公众对非营利机构的问责性提出了越来越高的要求，非营利机构必须认真评估和直面回答这些问题。然而，向公众体现问责性并非易事。与商业公司不同，非营利机构不能通过经济利润来衡量业绩水平，目前仍缺乏为社会和业内广泛认同的"底线"标准来比较其成就。非营利机构单凭做得好、做得多并不够，还需要善于把自己的业绩有效地传递给支持它工作的群体，摸索出一套能得到公众认可和赞誉的评估和汇报

体系。

  非营利机构的资产是一种公共信托，公众有权利知道非营利机构怎样使用了他们的捐款。作为对志愿性捐赠和各种政府扶持政策（如税收优惠政策）的回报，非营利机构有义务向社会完整地汇报它们工作的成果，也有义务体现出运作高质量的公共服务项目的能力。非营利机构需要有道德地维护其各类社会关系——与服务对象、理事会、员工、捐赠者和志愿者的关系，负责任地管理和使用慈善资产。因为如果丧失了这些社会群体的信任和支持，非营利机构就无法维持长远生存。问责性不是非营利机构领导者的一个选择，而是一份不可逃避的沉甸甸的义务。

  非营利机构的领导者应该从多方面来衡量其业绩水平。这包括机构是否忠于慈善性的目标，是否完成了递交年度报告的要求，是否进行负责任的财务管理，是否执行了严格的审计过程，是否提供了有价值、高质量的公共服务项目，是否尽力让更多的人能够享受到这些福利，是否提升了公众对机构公益目标的意识，是否鼓励了创新思想的诞生和成长，是否努力加强和发展领导力，机构的运行是否遵循一套书面的政策和程序，等等。

  非营利机构实现问责性首先是要在公众的视野中运行，要全然愿意公开它的所有活动，包括财务活动。其次，它必须致力于宗旨及为实现宗旨服务的各种机构目标和目的。再次，它应该在努力运行公益项目的同时也努力开展项目评估工作，公正而频繁地向公众汇报评估的结果。

  非营利组织属于私人机构（即不是政府部门），但是它的存在是为了服务于公共的利益，它的生存和发展依赖于公众的支持，因此，公益机构应当做到无处不"公"，不应该有什么"隐私"。在美国，非营利机构的财务报告（如年度审计报告和每年递交国税局的

IRS990 表）是完全公开的文件，任何人都可以从许多机构的网站上下载，也可以从指南星等行业信息网站上下载，更可以直接向机构提出参阅。人们可以从中看到机构财务运作的关键指标，了解机构在公益项目上的投入，在知情的基础上选择是否继续为机构提供资金支持。

消除美国饥饿组织是全国性的为美国贫困人群提供基本食品保障的慈善机构，它的网络遍布全国，为约3700万人提供食物和庇护所。以这一组织为例，在它的年度财务报告中，清晰地将财务支出部分划分为"项目服务"和"支持性服务"两大类，其中项目服务类支出包括会员服务、食品采购、公众意识教育、公共政策倡议和调查研究分析（占总支出的98.5%），支持性服务类支出包括一般的行政管理费用和筹款费用（占总支出的1.5%）。项目服务和支持性服务的支出中分别包含运作项目的员工和行政管理/筹款员工的工资福利，以及其他行政成本。也就是说，财务报告中对于指定用于项目的定向捐赠也列出了运行管理的费用。

除了基本的财务报告之外，非营利机构还应该更积极地向社会公开其他的治理和运作细节，并且尽可能地提供让人一目了然的量化结果。几乎所有的非营利机构都能举出自身服务于公益目的的一些事例，但是它们所缺乏的往往是详尽的、定期的数据报告，印证人们的生活如何因为机构的工作而发生了积极的改变。这一点在公众眼中特别重要，在未来也会不断地加以强调。如果非营利机构不全面公开它的成果，那么疑虑和不信任感将在社会上不可抑制地滋长，负面影响到支持者群体对机构的看法，不利于筹款工作的大环境。公益机构业绩的最终评判者是它"最好的朋友"——捐赠者和志愿者，他们在提供有力支持的同时不忘提出批评建议，社会部门正是在这样的互动和压力下获得不断地成长。

二　衡量公益成果

公益机构需要彰显它对所在社区产生的影响，以下列出的是一些常用的评估标准，这些标准都可以通过量化进行统计：

1. 提高目前正在运行的公益服务项目的质量，并且扩大受益者的范围。

2. 提高志愿者的支持率，增加捐赠者的数量，增加捐赠总额。

3. 计算可衡量的成果，并将其传达给理事会、捐赠者、志愿者、职工及公众。

4. 确认可以提供更有效的服务项目的领域，分析可行性和推广可能性，制定实施战略。

5. 发展新方法以应对社区需求和外部趋势的变化。

非营利机构运用评估标准衡量公益成果的过程必须严谨，必须得到领导层和管理人员的高度重视。这一任务应该交给理事会和指定的员工共同完成，注重捕捉关键信息的数据收集工作。这种评估不是针对任何工作人员或领导者个人，而是整个机构对其宗旨和公益项目执着敬业精神的体现。

非营利机构应该遵循"问责性的循环"。这一循环始于对社区需求的调查研究和分析评估，首先要保证机构的宗旨符合社区的特定需要。在此基础上，机构要准备战略计划，确定能够实现社区需求的服务项目及其预算。与此同时，机构也要制定筹款目标，借此邀请公众协助共同完成公益目标，通过积极地提出劝募请求及其他筹款活动，机构得以广泛地传播社区需求，赢得公众的参与和支持。在传播过程中，也让人们了解他们的捐款会用来创造哪些社会价值，是否回报了社区的公共生活。机构在此运作过程中，严格地管理团队和资产，将这些资源切实地用到公益服务项目中去。当财务年结束的时候，机构就能取得可衡量、可量化的公益成果汇报给公众，从而圆满地完成这一问责性的循环。

三 评估筹款预算和成本

制定筹款预算是筹款管理人重要的领导性任务。预算是评估和计划的工具，用于衡量筹款工作的财务表现。预算能用来控制筹款的花费，能作为把握筹款进度的参考体系，它迫使筹款管理人评估筹款项目过去的绩效，为未来的活动分配作出决定。预算并不是一个孤立的功能，而是必须建立在合理的机构计划之上，制定预算应该是一个思虑周全的过程，为未来的筹款努力形成财务行动计划[①]。

在确定筹款预算时，非营利机构应该意识到三大原则。

第一，筹款项目是为机构创造"利润"的中心部门，而不是另一个花费机构资源的成本消耗部门。捐赠者决定对机构进行公益投资，是期望机构及其服务对象能够因此受益。每一次劝募得到的赠款，可以认为是劝募投入的成本所得到的"利润"。筹款是机构的一种预算投资，其获得的"利润"可以用作支持机构运行项目的净收入。

第二，每种筹款项目或筹款方式尽管彼此关联，但是对它们有效性和高效性的要求各不相同（如直邮、高额捐赠、计划性捐赠和资本筹款活动等），在制定预算时应该将它们视为分开的财务组成部分。每种筹款项目都需要分别制定预算，包括各自的规划、运行的直

---

① 康纳尔（J. E. Connell）：《为筹款制定预算》（"Budgeting for Fund Raising"），詹姆斯·格林菲尔德（James M. Greenfield）编《非营利手册：筹款》（*The Nonprofit Handbook：Fundraising*），第三版，纽约，Willey 出版社，2001，第 53 页。

接成本、材料、捐赠处理、捐赠者认可、培训和评估等。每一筹款项目的预算都由直接的筹款成本和非直接的行政成本构成，在衡量其成果时要将这些成本都考虑进去，并与前几年的表现进行比较。

第三，制定预算兼具计划和管理的职能。它与财务计划的目标和目的相连，又能起到监督表现、控制进展、衡量结果的管理作用。

一个完整的合作发展办公室的筹款预算和一个小型机构的运行预算相似。职工的工资和福利（劳动力成本）可能会占据筹款成本预算的一半。筹款的直接支出包括一系列传统的条目，如办公用品、书籍报刊和其他资料的订购、捐赠者认可、印刷、邮寄、出差路费、设备租用、电话和上网费用等。在准备预算的过程中，最好让每一筹款项目的负责人各自起草有关劳动力成本、直接花费和非直接行政花费的预算，然后再整合成为全面的筹款预算计划。

在筹款预算中，有各种运行筹款项目的日常活动并不能直接创造捐赠收入，筹款管理人应该对这些支持性活动所消耗的资源有着明确的了解，从而对员工工资和筹款预算作出全面的估计。这些支持性的活动包括筹款规划和准备，输入数据，制作捐赠报告，捐款处理和管理，参加员工、筹款志愿者委员会和理事会会议，员工和志愿者培训，参加业内活动和评估成果等。这些不能直接看到成果的活动构成了非直接的行政支出，也要加在每个筹款项目的预算之中。只有将直接的筹款成本和非直接的行政支出包含在各个筹款项目的预算之内，才能对将来的筹款业绩作出精确的成本效益评估。

此外，大多数筹款项目需要三年以上的数据积累才能体现出它们的有效性和高效性。例如，某非营利机构去年花了 13 万美元筹得了 60 万美元（筹款成本是收益的 22%），但是去年的总收益中包括两笔总额达 8 万美元的计划性捐赠，这两笔高额捐赠不可能在第二年重复出现，所以在计算成本收益比例时，应该使用 52 万美元作为实际筹得款（筹款成本应该是收益的 25% ），这是一个用来制定今年预算的更为现实的基准。因此，光看表面上的成本收益比例来规划预算是不够的，应该综合分析实际的捐赠情形，筹款项目各自的特征，以及过去几年中的平均表现。

四　衡量筹款成果

要评估筹款业绩，非营利机构应该参考至少过去三年累计的表现。衡量筹款成果最基本的方法是观察每一种筹款方式或活动的成本收益比例。表 21 - 1 列出了一些常用筹款方式或活动在合理范围内所花费的成本，可以作为一般情况下的成本控制指南。

表 21 -1　各类筹款方式或活动的合理成本

筹款方式/活动	合理成本指南
直邮（获得新捐赠者）	花 1.25 ~ 1.5 美元筹得 1 美元
直邮（发展已有捐赠者）	花 0.2 ~ 0.25 美元筹得 1 美元
特别活动	花 0.5 美元筹得 1 美元 *
向基金会筹款	花 0.2 美元筹得 1 美元
向企业筹款	花 0.2 美元筹得 1 美元
资本筹款活动	花 0.1 ~ 0.2 美元筹得 1 美元
计划性捐赠	花 0.2 ~ 0.3 美元筹得 1 美元
会员会费	花 0.2 ~ 0.3 美元筹得 1 美元

* 特别活动的成本仅包括直接筹款支出。

资料来源：摘自詹姆斯·格林菲尔德编《筹款成本收益有效性：自我评估手册》（*Fund-Raising Cost Effectiveness：A Self-Assessment Workbook*），纽约，John Willey & Sons 出版社，1996，第 281 页。

如果想要更为深入地分析筹款业绩的话，那么除了统计捐赠总人数、捐赠总额和筹款支出之外，还要加入其他的指标。这些指标包括平均捐赠额（捐赠总额除以捐赠总人数）、捐赠者参与率（实际捐赠者人数除以被提出捐赠请求的总人数）、平均筹款成本（总筹款支出除以捐赠者人数）以及筹款回报率（筹款净收入除以支出的百分比）等。

从多方位来审视筹款业绩，就能根据不同筹款方式的特点来说明情况。例如，以获得新捐赠者和以发展原有捐赠者为目的的两种直邮方式的操作结果会有很大的不同，必须分开评估。在获得新的捐赠者的直邮中，关键的指标在于多少人作出捐赠回应（参与率），其次是他们的平均捐赠额。从美国的情况来看，如果回应率低于 0.05％，平均捐赠额少于 25 美元，那么这一项目的表现不佳，需要作出调整。在发展原有捐赠者的直邮中，除了回应率和平均捐赠额之外，另一重要的指标是多少捐赠者提升了他们的捐赠额度。如果回应率高于 50％，有 10％ 的捐赠者提高了捐赠额，使得平均捐赠额有所增长，那么可以认为这一项目表现良好。

对于特别筹款活动的收益也要进行综合分析。按照经验一般认为举办一场特别活动所筹得的资金中有一半用于成本属于合理范畴，但是这里的成本其实只能算是直接的筹款成本，如果加上所有的非直接的行政成本的话（如志愿者的时间、"全民动员"后很多员工的工资福利、与筹款委员会召开的一次次会议、项目策划管理、捐赠处理等），那么筹款活动为机构带来的净收入就显得微不足道了。

最后，评估筹款业绩还应衡量捐赠的"成长度"。筹款本质上是一项谋求机构发展的努力。每年，每一个筹款项目都应该可以在捐赠者人数、平均捐赠额和净收入上获得一定的增长，也应该增加捐赠者的回应率和参与率，减少获取每笔赠款所花费的成本。这些成长指标都是筹款成果和机构成熟度的体现。

五　捐赠统计

统计和诠释捐赠收入是非营利机构准备财务报告的需要，也能帮助机构的领导者、管理人、捐赠者和志愿者更好地理解筹款活动的"营利性"（即获得"利润"）以及不同筹款方式的表现特点，还有助于非营利机构制定来年的预算规划。

制作有用的捐赠报告的关键在于准备工作。这始于筹款者对每笔捐赠细致及时的记录。对于每笔捐赠，筹款数据库中都应记录其捐赠来源、提出捐赠请求的人、可能捐赠者经理人、捐赠数额、获得捐赠的日期、分期支付的时间表和捐赠目的等信息。

美国非营利机构在统计和报告捐赠情况时，最常见的方法是根据捐赠来源分类（个人、基金会、企业、理事会和员工等，并将遗赠分开列为一项）。这样的归类法便于比较各捐赠方式/项目在完成其各自筹款目标上的业绩，评估它们对预算的使用情况，以及分别衡量它们的成本收益状况。图21-1是消除美国饥饿组织2013年财务年的部分财务报表，其中捐赠统计按照资金来源分成来自个人、基金会和企业的捐赠，以及免费提供的实物产品和服务。

另一种比较常见的捐赠统计方法是根据捐赠目的进行分类（资本筹款活动、服务项目、教育培训、研究、人员等指定性的捐赠，以及非指定性的捐赠）。这种归类法突出了善款的去向和机构的战略重点，为未来筹款工作如何迎合捐赠者的潜在兴趣带来启发。

非营利机构还可以根据提出捐赠请求的方式来统计捐赠数据（由直邮、电话筹款、网络筹款、特别活动、会员会费、以志愿者为主导的劝募等方式组成的年度捐赠类项目，和来自个人、基金会、企业、资本筹款活动和遗赠等的高额捐赠类项目）。这种归类统计的方法可以结算和展现不同提出捐赠请求的方式所起到的效果。

在我们了解了如何组建和管理一个有效运作的筹款团队，以及怎样实现非营利机构在公益目标和筹款运作上的问责性之后，第六部分将进一步探讨赢得高额捐赠的策略和技巧。成功的高额捐赠项目能以最低的成本为机构筹措到最多的金额，高额捐赠对于提高任何公益机构筹款的有效性和高效性都具有重大的意义。

Statement of Activities (page 1 of 2)

Years ended June 30, 2013 and June 30, 2012

OPERATING ACTIVITIES [IN THOUSANDS]

Public Support and Revenue

PUBLIC SUPPORT	UNRESTRICTED	FY2013 TEMPORARILY RESTRICTED	PERMANENTLY RESTRICTED	TOTAL
Individual contributions	$ 28,813	1,378	—	$ 30,191
Corporate contributions	23,663	15,048	—	38,711
Foundations	2,247	507	—	2,754
Corporate promotions	14,652	1,765	—	16,417
TOTAL FUNDRAISING	69,375	18,698	—	88,073
Donated goods and services	1,784,017	—	—	1,784,017
TOTAL PUBLIC SUPPORT	1,853,392	18,698	—	1,872,090
REVENUE				
Member fees	2,970	—	—	2,970
Conference fees	996	—	—	996
Other revenue	2,317	—	—	2,317
Food procurement revenue	65,980	—	—	65,980
Investment income	83	—	—	83
Investment return designated for operations	—	—	—	—
Net assets released from restriction	13,689	(13,689)	—	—
TOTAL PUBLIC SUPPORT AND REVENUE	1,939,427	5,009	—	1,944,436

Expenses

PROGRAM SERVICES	UNRESTRICTED	TEMPORARILY RESTRICTED	PERMANENTLY RESTRICTED	TOTAL
Member services	34,151	—	—	34,151
Food procurement	1,864,444	—	—	1,864,444
Public awareness and education	3,769	—	—	3,769
Public programs and policy	3,639	—	—	3,639
Research and analysis	4,099	—	—	4,099
TOTAL PROGRAM SERVICES	1,910,102	—	—	1,910,102
SUPPORTING SERVICES				
Management and general	7,148	—	—	7,148
Fund development	22,143	—	—	22,143
TOTAL SUPPORTING SERVICES	29,291	—	—	29,291
TOTAL EXPENSES	1,939,393	—	—	1,939,393
INCREASE (DECREASE) IN NET ASSETS AS A RESULT OF OPERATIONS	34	5,009	—	5,043

NONOPERATING ACTIVITIES

	UNRESTRICTED	TEMPORARILY RESTRICTED	PERMANENTLY RESTRICTED	TOTAL
Wills and bequests	746	—	—	746
Individual contributions	—	—	4	4
Investment return	801	170	—	971
Other	(8)	(317)	5	(320)
Investment return designated for operations	—	—	—	—
Loss on disposition of furniture and equipment	(5)	—	—	(5)
CHANGES IN NET ASSETS	1,568	4,862	9	6,439
NET ASSETS AT BEGINNING OF YEAR	15,468	25,732	1,567	42,767
NET ASSETS AT END OF YEAR	$ 17,036	30,594	1,576	$ 49,206

图 21-1　消除美国饥饿组织部分财务表：捐赠统计（2013 财务年）

来源：消除美国饥饿组织 2013 年年度报告。

第六部分　赢得高额捐赠

第二十二章　激发高额捐赠

公益投资是捐赠者和社会部门需求交换的过程——不但接受捐赠的非营利机构有资金需要，对于捐赠者来说，他们也有回报社会、实现自我的需求。特别是对于能够提供大笔捐赠的人来说，在社会交往和精神上达到自我实现的需求是非常重要的。高额筹款就是激发和满足人们更高层面的需求的载体。

非营利机构要想在竞争激烈的捐赠市场中脱颖而出，赢得经验丰富、见多识广的高额捐赠者的青睐，最关键是要与他们建立和发展良好的关系。这种努力不仅包括对高额捐赠者进行长期不懈的培养和恰到好处地提出捐赠请求，还要求非营利机构首先做好两大基本功课，以激发人们对高额捐赠的兴趣——拥有具有说服力的筹款理由和有效的筹款理由传播计划，以及一套合理而完整的捐赠者认可项目体系。在我们深入探讨培养高额捐赠者（第二十三章）和向高额捐赠者提出捐赠请求（第二十四章）的技巧之前，将率先在本章重点关注如何设计和运用这两大激发高额捐赠的基本筹款工具。

非营利机构的"卖点"体现在筹款的理由中。筹款理由必须与众不同，语言中要传达出解决某一社会问题的紧迫感和高瞻远瞩的战略眼光，非营利机构还需要通过多种有效的传播手段将这些理由传达

到人们的手中和心中，将高额捐赠者吸引过来，激发起他们的社会责任感，这是走向获得捐赠的第一步。

非营利机构通过捐赠者认可项目为捐赠者所做的服务工作——提供捐赠者命名机会，建立捐赠圈或团体，以不同渠道表达对捐赠者的感谢和纪念，给予捐赠者一定的优待，也能起到吸引捐赠，增加赠款数额的作用。捐赠者认可项目更是机构接受捐赠者问责的重要领域，它的确立和落实过程体现着机构的专业性和对捐赠者的重视程度，深刻影响着捐赠者是否愿意与机构继续保持长期的关系，是高额捐赠筹款中不可或缺的结构基础。

一　为高额捐赠设计筹款理由

筹款的理由，即机构为何值得捐赠及捐赠所能产生的积极影响，是非营利机构成功筹款的四大基石之一（第三章）。对于多数捐赠者来说，筹款的理由不仅对于他们作出捐赠决定至关重要，而且影响着他们愿意提供的赠款的大小。许多捐赠者最初为机构提供捐助是因为他们认同机构的宗旨和目标，如果这位捐赠者具备提供高额捐赠的经济能力，那么非营利机构在继续与他发展关系时，其筹款的理由就不仅在于机构为何值得捐赠，而且还在于为何值得获得高额的赠款。

高收入群体和慈善家时时面对着各种各样的公益投资选择，非营利机构必须在激烈的竞争中塑造自己独一无二的形象，力争给他们留下深刻的印象。因此，非营利机构不仅需要确定针对高额捐赠者的具有强烈说服力和感召力的筹款理由，还需要善于营销和推广筹款理由，发展出一流的传播材料和策略，从而有效地融入、教育和激发高额捐赠者，这些是高额捐赠筹款项目十分重要的组成部分。

撰写筹款理由陈述书的要素

一份有效的筹款理由陈述书一般具备以下特点：

1. 有吸引力，有说服力，有紧迫感；

2. 语言简练，逻辑清晰，用事实和数字说话；

3. 语气积极，鼓舞人心；

4. 图文并茂，设计精美，令人喜闻乐见。

撰写筹款理由陈述书，首先需要收集潜在捐赠者可能想了解的有关机构的各类信息。这些背景信息和数据就构成了机构内部可以随时参考的筹款理由"资源库"。在内部信息完整的基础上，非营利机构可以进一步提炼出适合对外传播的、正式的筹款理由陈述材料。表22-1列出了筹款理由所通常包含的信息元素，以及这些信息元素在筹款中所应起到的作用。

表 22-1　清晰表达筹款理由以吸引捐赠者

筹款理由组成部分	需要表明什么
宗旨	机构存在的理由和价值观，即试图解决什么社会问题；建立人们对机构公益宗旨的意识。
目标	通过解决问题所希望达到的成就；战略远景。
目的	如何具体达成目标。
历史	彰显已经成功完成的目标和目的，树立机构的信用度。
项目	为公众提供的服务，人们如何从中获益。
财务	提供服务项目所需的资金，体现对筹款的需求。
治理结构	理事会、管理层及员工团队，展现机构的声望、质量与能力。
计划	项目和筹款计划，评估方式，体现机构的战略性、有效性和问责度。

筹款理由的形成是一个从专业人员到机构支持者通力合作的过程（图22-1）。这一过程是从合作发展主任及其团队开始的。筹款专业人士深知机构的情况，也经常与捐赠者接触，他们可以将机构的需求

同外部支持者的兴趣和想法结合起来，是起草筹款理由的最合适人
选。随后，执行总监应该过目修改，然后转交理事会中的发展委员
会，综合他们的意见，获得委员会的支持，接着获得整个理事会的同
意。机构还应尽可能多地征求其他支持者、捐赠者和可能捐赠者对筹
款理由的反馈。

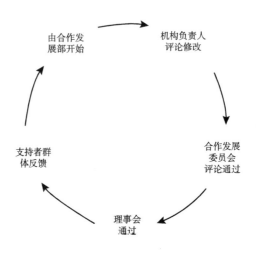

图 22 - 1　筹款理由的形成过程

　　这样广征意见的益处不仅在于使筹款理由日臻完美，更重要的这
也是接触和培养捐赠者的过程。业内有一句俗话："如果你开口要
钱，你就只能得到建议；如果你开口要建议，你就能拿到钱。"人都
是喜欢被聆听、被尊重的。当人们在欣然分享他们想法的同时，也
会为自己受邀参与这一重要过程而感到高兴。他们与机构的距离就
此拉近了，对机构更为了解了，他们会更愿意提供捐赠，也会更乐
意充当机构的"外交大使"，运用筹款理由来说服和争取到更多的
支持者。这不仅有助于赢得捐赠者的头脑（理性），也赢得他们的
心（感情）。

　　筹款理由陈述书不是一份静止不动的文件，因为社会环境和机构

的战略重点是不断变化的。通常每年都应调整更新，获得理事会的批准和机构内部的认同。

如何"出彩"

筹款理由陈述书得以吸引高额捐赠的关键在于突出机构工作及其成果独一无二的地方。关于机构基本事实的篇幅可以十分简练（宗旨、历史、治理结构、服务对象等），而是要用更多的笔墨着重渲染为什么这一机构能比其他类似组织更好地在同领域中提供服务。机构有无一些特别的项目？能否衡量和说明这些项目的成功之处？机构是否已经为提高社区的生活质量起到了作用？在这里，用一些生动的故事、实例和数字来说明项目的影响力往往能起到较好的效果。

针对高额捐赠的筹款理由必须清晰地说明更多的慈善资金能为公共服务带来怎样的影响。如果机构无法确定为什么需要更多的资金，那么向公众提出高额捐赠的请求就无从谈起。筹款者必须能够明确地表达将更多的资金投入到机构的项目、硬件建设或捐赠基金中所能带来的积极结果。筹款理由的撰写者应该对机构服务对象的特质和需求有充分的了解。是否正因为资金短缺才造成机构无法服务更多需要帮助的人？对这一公共服务的需求是否在不断增长？如果机构的宗旨是"消除饥饿"，那么在筹款理由中首先要说明饥饿问题的严重性，以及机构如何采取行动解决这一问题。为了突出这种社会需求，可以采用具体服务对象的例子，那位受援者是怎样背景的人？他如何获得了机构的帮助？他的人生如何因此而改变？实例、研究和数据是增强筹款理由说服力的法宝。

在筹款理由陈述书的创作中，确定一个鲜明的主题也很关键。好的主题代表机构的特质，具有感召力，并且说明机构满足了何种社会需求。例如，一家艺术博物馆历来以其宗旨作为筹款理由陈述书的主题，即推动艺术教育和领导力。然而，为了吸引更多的企业捐赠，这家艺术博物馆将筹款理由的主题改为博物馆为社区经济发展所带来的益处，并通过经济影响研究的结果来衡量博物馆对当地经济建设所产生的积极作用。这包括慕名前来参观博物馆的外来人口数目，这些旅游者在其他领域的消费情况，以及博物馆因此为整个社区所带动的总体经济效益。重新定位后的筹款理由成功地吸引了来自企业和个人的高额捐赠。

如同投资者在决定怎样运用他的财富去投资一样，高额捐赠者在作出捐赠决定的过程中也会考虑一系列的问题。以下是一些可能会影响到他们所考虑的捐赠额大小的因素：

1. 高额捐赠怎样使得机构提供更多或更好的社会服务？

2. 高额捐赠怎样对机构、社区和公益目标形成积极的影响？

3. 对捐赠者来说重要的人（配偶、家族、理事会、同行、友人和同等社经地位的人）会如何看待这一捐赠？

4. 为什么现在提供高额捐赠是最佳时机？

最后，筹款理由陈述书中必须说明捐赠的紧迫性，即为什么机构眼下就需要资金。这种紧迫感可以源于机构的工作本身，如对于扶贫组织来说，冬季的到来意味着更多无家可归的人将需要帮助。强调资本筹款活动的时间表和配套捐赠的期限亦有助于制造紧迫感。例如，在筹款理由中可以告诉可能捐赠者，如果资本筹款活动在年底顺利收尾的话，那么某基金会承诺提供 1 : 1 的配套捐赠。增强紧迫感有助于促动更多的可能捐赠者和志愿者有所作为，一鼓作气，让机构在有限的时间段内成功获得更多的高额捐赠。

筹款理由的传播

筹款理由陈述书是一切与筹款有关的传播、营销和公关材料的基础。根据可能捐赠者的特点和需要，筹款理由陈述书可以是制作精美的册子，可以是图文并茂的 PPT 文档，也可以是精简鲜明的一页纸。在筹款理由陈述书的基础上，非营利机构可以发展出与可能捐赠者进行传达和沟通的各种形式，如向基金会筹款时撰写的项目建议书、通过直邮分发的劝募信、针对高额捐赠者的个性化的信函、筹款的网页、电子期刊、演讲稿、新闻稿、面对面提出捐赠请求时的用语、带领可能捐赠者参观机构场所时使用的说明资料，等等。

在高额捐赠筹款中，非营利机构对传播载体的选择主要取决于可能捐赠者的特点，因地制宜，重在效果。印刷品和电子版材料各有千秋，应该根据实际需要结合使用。

大多数非营利机构在与高额捐赠者接触时广泛使用纸质的宣传册子、个性化的捐赠者信函、项目建议书和年度报告等，这些制作精美、图文并茂的印刷品能够在视觉和情感上给人们带来冲击，它仍然是非营利机构实行对外推广的不可或缺的标志性产品。尤其对于传统的、年龄较大的捐赠者而言（许多高额捐赠者属于这一群体），他们习惯阅读纸质的书籍、报纸和信件，因此更易于接受印刷品材料。

与印刷品相比，电子版材料则更适用于较为年轻的可能捐赠者，而且其制作、分发、更新信息和重新格式化的成本低廉，针对不同的可能捐赠者还可以方便地进行个性化，具备印刷品所缺乏的便捷性、互动性和时代气息。例如非营利机构制作动画来展示新场地和建筑项目，拍摄录像来介绍机构的工作，通过制作简便且图文并茂的 PPT 文档向可能捐赠者陈述筹款理由等，这些声像文档都可以在网上供公众方便地下载观摩。

以下列出的是一家非营利机构为高额捐赠筹款所准备的材料，体现了对各种传播媒介的综合运用：

1. 一份主要的陈述筹款理由的彩印宣传册子（20 ~ 30 页），在

与高额捐赠的可能捐赠者面谈时使用。

2. 一份陈述筹款理由的小册子（三面开）与主要宣传册子的设计元素保持一致，用于与可能捐赠者最初接触时的邮寄或分发。

3. 一部短片（5～6分钟）介绍机构服务对象的真实故事，用于机构活动或在会面后将DVD赠送给可能捐赠者。

4. 一份陈述筹款理由的PPT文档演讲（约10分钟），用于机构活动或与高额捐赠者的面谈。

5. 分别针对个人捐赠者、基金会和企业筹款的项目建议书模板。

6. 筹款网站，含有宣传册子和短片供捐赠者下载观摩。

7. 含有口袋的文件夹，可以置放各种材料和信息赠送给不同的可能捐赠者（如捐赠者信函、项目建议书、捐赠认可和命名机会、捐赠者名单、新闻稿等）。

确定筹款理由有助于非营利机构对内"统一思想"，对外树立品牌。无论采用多少种传播媒介，非营利机构需要注意的是传播的主题和基本视觉元素——机构的标志、色彩、设计思想和传递的关键讯息——应该贯穿始终，保持一致，让可能捐赠者一目了然这是哪家机构，筹款的理由是什么。

与此同时，非营利机构需要整合各个部门的资源，建立一套完整的对外传播战略。可能捐赠者对机构的了解不仅来自筹款材料，还来自机构的公关、传播和出版办公室等其他与外部受众联系的部门。合作发展办公室的人员可以控制筹款材料所包含的信息，但是必须与其他部门合作，才能有效传递筹款的理由。部门间相互协调的传播努力能够提升高额捐赠者从不同渠道获得机构信息的可能性，使他们所得到的信息是整合的、统一的、彼此强化的，这有助于筹款工作的顺利开展。

对可能捐赠者的深入研究可以帮助筹款者根据个体特点设计出能

够更好促动对方捐赠的方案。计算机技术的发展使得研究与营销进一步结合起来，这已经广泛应用于政治筹款和竞选、商业领域甚至体育领域。非营利机构同样能够采用计算机技术分析捐赠市场的大数据，在对支持者群体进行细分的基础上采取更具针对性、个性化的营销和传播手法，使筹款的理由更为深入人心（第十五章、第二十章）。

　　机构在选择筹款理由的传播媒介和制作筹款材料时，也应充分考虑到对成本的控制。尽管对筹款理由的推广和传播是高额捐赠筹款中不可或缺的组成部分，然而归根结底，人们事实上是冲着代表公益事业的人捐钱。可能捐赠者更在乎的是谁给他们打了电话，谁拜访了他们，为什么向这一机构进行投资是明智的抉择，赠款能为公益项目带来多大的益处，很少有人会因为筹款者留下的一本宣传册子而作出捐赠决定，或改变捐赠决定。因此，筹款材料固然重要，非营利机构却不可全然指望材料本身来影响捐赠者的想法，而花费过多的财力和人力于制作材料。非营利机构必须铭记筹款工作的本质核心，那便是建立和发展人与人之间的关系，筹款材料只是这一过程中体现机构专业性和帮助机构与可能捐赠者进行沟通的支持性工具。

二　为高额捐赠设计认可项目

　　长久以来，为捐赠者提供命名和其他认可机遇是非营利机构激发高额捐赠的常用策略。为了便于全面了解各种捐赠者认可方式之间的联系，我们可以将其分为四种类型，每种类型都服务于不同的目的。

　　首先是对年度捐赠的感谢和认可，以促动捐赠者每年为机构的年度基金提供赠款（第六章）。

　　第二种类型是命名机会（naming opportunities），用以认可高额捐赠，多出现于资本筹款活动之中，如对建筑物的命名和对捐赠基金的

命名。这是本章介绍的重点。

第三种类型是对计划性捐赠的认可（"遗风社区"），这种方法不仅表达对捐赠者的感谢和问责性，而且可以鼓励更多的捐赠者告知机构他们提供遗赠的计划（第八章）。

最后是对长期支持机构的捐赠者的认可，许多机构为此设立一个"终身捐赠社区"（Lifetime Giving Council），所认可的捐赠者或为机构提供了很多次小笔的捐赠，或为机构提供了大笔捐赠。这种认可有利于鼓励捐赠者将总捐赠额累积到较大数量，从一位年度基金的捐赠者上升为高额捐赠者，最终将遗产捐献给机构。

捐赠者认可的作用

非营利机构的捐赠者认可项目以一种有意义、有能见度、经常是永久性的形式来感谢捐赠者的支持，并接受他们的问责。

对于捐赠者而言，通过拥有命名权和认可机会，自己的名字与有声望的公益机构联系起来，善举长久地保存下来，能提升他们的社会地位和慈善行为的公共认知度，为自我形象带来积极的影响，体现着一种支持社会事业的自豪感。他们也能因为所奉献的高额捐赠而享受到深入、高层次参与机构的特殊机遇。

对于公益机构来说，为捐赠者提供命名权和认可机会能将机构的支持者公布于众，提升社会对机构及其筹款理由的认知度，体现了机构的影响力和自信心，为低额捐赠者和潜在支持者群体树立榜样，鼓励他们参与捐赠，提升捐赠额度和公益视野，也为机构员工和参观者创造了一种公益文化氛围。

公益机构需要为捐赠者提供多少认可和益处才算足够呢？这里的答案必须建立在对捐赠者了解的基础上。有的捐赠者或许"好大喜功"，指望用金钱换来许多直接的名气和利益，机构应该坚守原则，在尽力满足捐赠者需求的同时，保证他们所资助的硬件或项目遵从的是机构的公益需求，而非捐赠者的私利。有的捐赠者则或许希望保持极端的低调，以匿名捐赠。了解捐赠者需求的最好办法就是筹款者在提出捐赠请求的过程中或会面一结束后就与捐赠者就认可问题达成共识。

非营利机构应该事先制定一套正式的、由理事会通过的捐赠者认可计划，把统一的"定价"标准告知所有的捐赠者，公平对待他们的奉献。也就是说，提供不同资助额的捐赠者将荣获不同级别的认可，获得不同程度的益处。如果有个别捐赠者希望对认可内容有改动的话，筹款者应该征求理事会或合作发展委员会（或其他领导筹款的委员会）的意见。图 22 - 2 展示的是美国支持联合国儿童基金会工作的非营利组织"美国联合国儿童基金会"（U.S. Fund for UNICEF）所制作的捐赠者认可手册的封面及目录。根据不同级别的赠款，美国联合国儿童基金会将捐赠者归为不同名称的捐赠团体，最高级别捐赠者的称号是

Donor Recognition Handbook

June 23, 2004

U.S. Fund for UNICEF
333 East 38ᵗʰ Street
New York, NY 10016

**图 22 - 2　捐赠者认可计划举例：美国联合国儿童基金会的
捐赠者认可手册封面及目录**

"儿童的全球大使"，一般级别的捐赠者称号是"儿童的全球支持者"。

命名机会

捐赠者命名机会是将捐赠者的名字授予非营利机构的建筑物、设施、学院、研究所、中心、项目或其他产业和功能领域。非营利机构赋予捐赠者命名权，意味着不仅尊重和感谢他们的善举，而且要让社会世代记住他们或他们以所爱的人的名义作出的慷慨捐赠。有些命名权是永久性的。

筹款工作的创造性充分体现在对捐赠者命名权和认可计划的设计之中。可以用来命名的机会五花八门，从筹款理由中可以找到不少灵感。常用的包括：

1. 整幢建筑物（已有的或计划中的）

2. 建筑物内部的地方：教室、体育馆、实验室、办公室、会议室、功能房、大堂、门厅、侧厅、走廊、楼梯、画廊、套房、宿舍和单元等

3. 建筑物外部的地方：操场、广场、花园、后院、小路、长凳、桥等

4. 捐赠基金，或捐赠基金中的部分资产（通常反映的是赠款的使用领域，如项目和职位等）

5. 项目

6. 活动

7. 奖学金、教授职位、系主任、访问学者或其他学术职位（多用于教育和医疗机构）；乐队的指挥或音乐家；部门主任或其他岗位

8. 年度奖项

9. 配套捐赠

10. 捐赠圈或团体

非营利机构经常会为捐赠者同时提供捐赠基金和建筑物相结合的命名机会。例如，许多大学把学院及学院所在的大楼同时作为可以命名的对象。获得学院命名权的捐赠者通常将赠款指定为捐赠基金，用于支持学院的师资、项目和奖学金；而获得学院大楼命名权的捐赠者则通常将赠款指定用于修建大楼。有时同一位捐赠者也会同时资助捐赠基金和建筑物，获得双重命名权。例如在给某一社区服务中心1亿美元的捐赠中，5000万赠款投入机构的捐赠基金用于支持项目，另外5000万赠款则用于支持机构新楼的建设。捐赠基金所支持的项目以捐赠者的名字命名，捐赠者的名字也将印刻在新楼上。

表22-2是美国某医科大学癌症中心在资本筹款活动中所采取的命名计划，体现了捐赠基金和建筑物相结合的命名机会。

表 22-2　捐赠者命名机会举例：美国某医科大学癌症中心

命名机会	捐赠额
癌症中心	1亿美元
研究中心	1500万美元/家
生物医学楼	1000万美元
实验室	500万美元/个
教授	200万美元/位
研究/临床学者奖	100万美元/位
科研实验项目资金	100万美元/项
访问学者	50万美元/位
讲师	10万美元/位

其他捐赠益处

和对年度捐赠者的认可一样，对高额捐赠者的认可也要设置一个清晰、可行、吸引人的捐赠分级制度，对待每种级别的捐赠者都要有一套系统性的认可标准。在这套认可标准体系中，除了给予高额捐赠者以命名权机会之外，非营利机构还能为他们提供其他的捐赠益处。

非营利机构所提供的捐赠认可和益处应该符合机构本身的风格和文化精神，也要符合法律规定。美国国税局要求非营利机构声明所有超出最低金额的为捐赠者提供的物品和服务的市场价格，这些价值将从捐赠额中扣除，不能享受免税待遇。例如，捐赠者花费 3000 美元参加非营利机构的筹款晚宴，其中晚宴饭菜的市场价格是 100 美元，那么这 100 美元就要从 3000 美元中扣除，不作为赠款计算。因此，非营利机构为捐赠者所提供的认可大多是"精神上"和"名义上"的益处，为捐赠者带来一定的归属感、知名度和纪念意义，而非金钱交换的物质利益。

以下是非营利机构经常为高额捐赠者提供的益处：

1. 成为顾问委员会的委员、名誉委员或其他志愿性领导团体的成员。

2. 与机构领导层和/或专家见面的机会。

3. 与机构重要的利益相关群体互动和见面的机会。

4. 机构在重大活动中宣布或陈列捐赠者的名字，或为捐赠者颁奖。

5. 获得特别邀请参加机构的活动（如晚宴、招待会和高额捐赠者聚会等）。

6. 参加特别为捐赠者和重要客人安排的内部参观行。

7. 免费或优惠使用机构的某些设施。

8. 名字列在机构的网站和出版物上。

9. 名字印刻在机构大堂的捐赠墙上。

10. 物美价廉的纪念品：小匾牌、胸针、挂历、笔、书籍、唱片、杯子、T恤衫、领带和围巾等。

命名和认可机会的定价

认可级别的划分和定价应该在机构捐赠列表的基础上建立起来（第六章、第十章），要根据捐赠列表中的捐赠额度及每一捐赠额度所需的捐赠者人数制定认可计划。对价位的选择取决于可能捐赠者基础库的捐赠能力、机构的资金需求以及认可机遇的社会影响价值。例如，如果建立一座新楼的成本是 400 万美元，新楼命名权的价格被定为 200 万美元，而机构最大的捐赠者只能资助 100 万美元，那么资本筹款活动就会陷入困境。在定价过程中，确定最高级别的几个命名价位最为重要，它们自上而下地影响着整个捐赠者认可计划。

非营利机构应该参考社区里近期类似机构建筑和项目的命名价格，了解什么是合理的市场价位。

在起草认可计划之后，非营利机构应该进一步确定和研究可能捐赠者，分析他们的捐赠行为能否符合计划中的捐赠额及数量，寻求理事会成员、志愿者和主要可能捐赠者的反馈，并根据筹款最初的进展状况检验计划的可行性，随后根据实际情形加以调整。

在制定建筑物命名价格的时候，建筑物不同地方的命名价格不必与它的建筑成本一一对应。建筑物中那些能见度最高、外观最吸引人的地方应该赋予最高的命名价格。捐赠者并不是在购买建筑面积，而是影响力和能见度，因此一个坐落在底楼 100 平方米的主会议室的价格可以远远高于一个三楼 400 平方米的会议室。

一般而言，命名权的总价格应比建筑物的总成本高出 5% ~ 10%，因为机构通常无法"卖掉"所有的命名机会。

捐赠者认可政策

非营利机构在制定捐赠者认可计划时，还需要考虑到制定一些相关政策。捐赠者认可政策要解决这些问题：机构需要多少赠款现金到位后才能正式兑现捐赠者的命名权；命名权是永久性的还是有时间限定的（这一般根据捐赠额的多少而定）；在何种情况下可以取消命名权；设备如果转换地方或进行装修，命名权是否改变，等等。非营利机构应该参考社会上目前有关捐赠者命名权和认可的惯例和操作方法。这些政策都应该获得理事会或合作发展委员会（或其他领导筹款的委员会）的批准和支持。

在介绍了筹款理由和捐赠者认可项目这两大激发高额筹款的基本工具之后，第二十三章将深入讨论赢得高额筹款的关键过程——对高额捐赠者进行耕耘培养的战略技巧。

第二十三章　培养高额捐赠者

从对潜在捐赠者的研究，到确定筹款的目标对象，开始接触和培养捐赠者；从培养成熟并开始介绍业务，到正式提出捐赠请求，直至获得赠款后对捐赠者加以认可，接受问责，整个筹款的过程都是围绕着可能捐赠者展开的。筹款者的一切工作核心就是要了解可能捐赠者，在了解的基础上采取系统步骤，让他们与机构培养感情，建立关系，在关系的不断推进中将可能捐赠者"移动"起来，从最初的研究和确认阶段"移动"到认可和问责阶段，接着再度循环进入培养阶段，争取今后更多的捐助，把一般的捐赠者培养为高额捐赠者和终身捐赠者。对捐赠者的耕耘培养是筹款过程中的关键环节，是提出捐赠请求的必要前提，如果培养不充分、不到位或不妥当，那么筹款成功的可能性几乎为零。

对高额捐赠者的培养必须是高度关注式的、个性化设计且充满创意的。实质上，培养捐赠者和培养人与人之间的友谊是一样的道理：两者需要的都是时间、头脑、精力、关注、理解、善意和谅解，讲究的是关注的质量、频率和连续性。正如同培养个人关系一样，身心投入得越多，所收获的成效也往往越大。

筹款者应该将整个高额捐赠者培养过程视为系统性的工程，有目标、有计划、有步骤地引领捐赠者和机构愈走愈近，组织管理他们与机构的互动和交往，同时建立起自身与捐赠者之间坦诚互信的关系，为提出捐赠请求做好准备。

本章重点帮助读者了解如何接触和培养高额捐赠者，探讨各种常用的与捐赠者建立和发展关系的方法和策略，以及如何计划、管理和执行捐赠者培养的工作过程。

一 "精耕细作"是筹款的必经之路

对高额捐赠者的培养是采取一系列有意义、有策略、有计划、有系统、协调性的步骤将捐赠者融入到机构的工作中来，使捐赠者对机构产生信任、忠诚和承诺的行为。要实现这一切必须要"精耕细作"，花费时间和精力向可能捐赠者"做工作"。

然而，捐赠者培养不能成为拖延提出筹款请求的"代名词"。如果非营利机构已经花了大量的时间和精力与可能捐赠者培养感情，对方也已然对机构十分了解，满怀热情和感动并进入了培养成熟的阶段，那么机构就应该把握良好时机提出适当的募款请求（第二章、第十七章）。筹款者应该时时为提出捐赠请求做好准备。

美国银行对高收入群体慈善行为的调查显示，大多数高额捐赠者（58%）决定终止对某一非营利机构资助的首要原因是他们感觉自己与那家机构已经失去了紧密的联系，可见捐赠者是多么需要得到机构持之以恒的关注和培养[1]。捐赠者培养的重要意义不仅在于加强和发展与捐赠者的关系，让他们更深入地融入机构的工作，最终作出捐赠决定，其意义还在于让机构始终以公益目标为中心，与支持者群体分

---

① 《2008 年美国银行高收入群体慈善研究》。

享它的宗旨和远见，时时展现当前的社区需求和机构的新项目、新对策。捐赠者培养的价值还体现在机构很好地接受捐赠者的问责，向捐赠者兑现各种命名和认可承诺，向捐赠者呈现他们的赠款的积极影响。高度的问责性是培养长期捐赠者，维系与捐赠者关系的核心基础。

成功的捐赠者培养将达到如下效果：

1. 增进可能捐赠者对机构的了解程度。

2. 让捐赠者感受到机构的诚意、谢意和对他们的高度重视。

3. 树立捐赠者对机构的好感和忠诚度。

4. 传递机构对未来发展的战略眼光，并让捐赠者有所共鸣，鼓励捐赠者向这一目标进行投资。

5. 介绍新项目、新创议、新想法，开阔捐赠者的公益眼界。

6. 发展捐赠者与劝募人之间的关系。

7. 让捐赠者明白机构的筹款意图，知道"我们还想继续与您深入交谈！"

二　如何"开启大门"？

与捐赠者面对面的交流是高额捐赠筹款的必要步骤，而筹款者最大的挑战之一就是在不认识对方的情况下要寻找和创造机会，真正见到名单上的潜在捐赠者本人。怎样才能开启大门，获得与高额捐赠可能捐赠者最初见面和交谈的机会呢？

最好的方法是通过认识那位可能捐赠者的人进行引荐，在引荐的基础上与对方预约通话或会面的时间。这么做不仅能够突破富人身边"守门人"（如工作人员）的重重"阻挠"，而且人际关系提供了一种彼此信任，大大缩短了社会距离和沟通成本，令可能捐赠者难以拒

绝希望交谈的请求。

　　机构还可以通过组织外联活动认识和接触到更多的潜在捐赠者。例如，由现有的高额捐赠者或理事在他们的家中为机构主办招待会或小型晚餐会，邀请他们的友人参加，为这些可能会对机构感兴趣的朋友创造了解机构的机会。再如，机构可以在理事或其他支持者的引荐下邀请一些潜在捐赠者到机构参观，与机构的服务对象直接交流，亲身体验机构的重要工作。在获得了最初的认识机会之后，筹款人员的跟进工作十分关键，一定要与这些新结识的潜在捐赠者保持联络，否则会前功尽弃。

　　此外，邀请潜在捐赠者担任机构顾问委员会或其他志愿性领导团体的成员也是接触潜在捐赠者的有效方法。"如果你开口要建议，你就能拿到钱。"关系的建立要从分享、聆听和征询对方的建议开始。当人们与机构的距离拉近了，并且建立了一种参与感、归属感和拥有感，他们就会更愿意考虑提供资金支持。

　　如果筹款者通过对可能捐赠者研究发现某些富人很有可能对机构感兴趣，却苦于机构目前完全没有现成的社会关系与他们取得联系，那么应该考虑采取"冷"接触的方法。例如，可以以执行总监或其他负责人的名义向这些潜在支持者发信，信中的内容并不涉及筹款，而是希望与对方建立联系，请求会面，介绍机构的工作和计划，听取对方的建议。信函寄出之后若干天，筹款人员应该与对方联络，如果对方有兴趣的话确定见面时间，这就走出了建立关系的第一步。如果在几次尝试之后都无法得到对方的回应，那么筹款者也不必浪费时间，而要继续把努力转向其他的潜在支持者。

　　机构的领导者、筹款专员和其他管理人应该多参加一些易于认识富人和慈善家的业内活动或社交活动，并且时时将筹款任务放在心上，抓住机遇认识更多的潜在支持者，帮助机构扩大社交网络，而且要与新结识的朋友跟进并建立联系。

与高额捐赠者最初的接触也很有可能来自捐赠方的主动要求。很少有人给机构的第一笔捐赠就是高额捐赠，最有可能捐钱的人是曾经给机构捐过钱的人。在明确了现有捐赠者基础库中那些有能力提供高额捐赠的群体之后，筹款者的目标是进一步拉近他们与机构的距离，获得他们的回应，与他们交流，了解他们的兴趣、习惯和捐赠模式。在已经认识对方的基础上，筹款者应该寻找一切机会拜访他们，时不时与他们通一次问候的电话，邀请他们参加机构的活动，问他们是否愿意参与志愿服务，或者至少通过发送电子期刊等与他们保持联络。

表 23－1 列出了一些与可能捐赠者发起最初接触的常用方法。

表 23－1　认识和接触可能捐赠者的方法

1. 邀请可能捐赠者接受采访或完成调查问卷（如参与机构资本筹款活动的可行性研究）。

2. 邀请可能捐赠者为机构的出版物（如筹款理由陈述书）或网站提供反馈意见。

3. 邀请可能捐赠者成为机构顾问委员会或其他志愿性领导团体的成员。

4. 让机构现有捐赠者邀请可能捐赠者作为客人参加机构活动。

5. 邀请可能捐赠者参观机构场地。

6. 邀请可能捐赠者参与志愿服务活动。

7. 邀请可能捐赠者在机构的重大活动上做主题发言，或为他授予奖项。

三　常用培养方法和策略

在高额捐赠筹款中，培养捐赠者所采用的具体方式方法和所花的时间长短因人而异，必须根据可能捐赠者的个性、特点和喜好区别对待，度身定做，制订出适用于对方的战略步骤及时间表，创造符合他们兴趣的机会，将对方的融入度扩大到极致。在有目标、有计划的基础上，"行动"是培养高额捐赠者的关键，而且这样的行动必须是有规律且有连续性的。唯有行动，才有可能认识可能捐赠者，然后与他们保持接触、互动和沟通，直至把他们"移动"到可以提出捐赠请求的阶段。

捐赠者培养行动总体分为两大类型。一是背景行为，包括给可能捐赠者发送电子邮件、期刊、生日贺卡和节日祝福等。对于高额捐赠者而言，这些背景行为方式不足以建立起私人关系，应当作为补充和辅助手段使用。二是前台行为，是针对提出捐赠请求的有目的、个性化、连续统一的行动。筹款者应该将背景行为与前台行为有机地结合起来，并综合运用面谈、电话、书面传播等多种形式与捐赠者进行接触和沟通。

具体而言，捐赠者培养的行动包括感受现场、顾问机会、面谈和活动四大常用方法。

（1）感受现场：非营利机构可以邀请可能捐赠者到机构现场进行参观（如参观校园和博物馆等），为可能捐赠者创造和机构服务对象互动的机会（如与学生或受助群体见面）。如果可能捐赠者有兴趣的话，可以安排他们参加一些志愿活动，亲身体验与服务对象交流的过程。机构可以安排可能捐赠者与机构领导层见面的机会（总裁、校长等）。如果机构正在为新建筑进行资本筹款活动，可以带领可能捐赠者参观建筑场地。参观前后可以共进早餐、午餐或晚餐。

（2）顾问机会：邀请可能捐赠者加入理事会或顾问委员会，也可邀请他们参加理事会会议。如果机构正在进行资本筹款活动的可行性研究，那么可以以此为契机邀请对方成为受访者。机构管理人也可以通过电话或拜访征求可能捐赠者对机构发展的建议。总之要创造机会让可能捐赠者发表意见，以融入机构的高层管理工作之中。

（3）面谈：机构可以安排可能捐赠者与机构领导人的私人会面和会餐。在面谈中，机构代表可以向可能捐赠者介绍机构的最新动向，汇报项目的进展情况，如果对方曾经给机构提供过捐赠，则要表达感谢，并汇报善款的使用情况。面对面的会谈是了解对方、增进感情、建立个人关系的最佳方式，面谈之后要以电话和感谢信等辅助方式跟进。

（4）活动：机构可以邀请可能捐赠者免费参加现有的活动（如年度晚宴、运动会、艺术展等），或者参加为捐赠者特别设计的活动（如捐赠者特别招待会、理事或高额捐赠者在他们家中为捐赠者特地组织的晚餐会等）。邀请的方式最好是个人化的，而非统发的邀请函，比如可以让认识这位可能捐赠者的理事直接邀请。在活动上可以专门宣布对方的名字，对他的光临表示感谢。活动中可以安排一段时间专门向来宾介绍机构及其最新项目，还应该特别安排机构领导层（负责人、理事和热情的捐赠者）与这位可能捐赠者见面。活动结束后一定要跟进，向可能捐赠者送去感谢信，与他们确定下次会面的时间。如果这一活动是专门为高额捐赠者准备的，那么在对方参加完活动之后，机构可以考虑邀请他参与捐赠。

对高额捐赠者的培养是一项循序渐进、连续统一的系统工程。美国对资深筹款专员及筹款顾问的一项调查显示，在向人们提出高额捐赠请求之前，机构对他们平均要采取九次不同形式的培养行动①。

例如，一家名人故居博物馆在获得高额捐赠之前采取了三个阶段的可能捐赠者培养过程。

首先是"介绍阶段"。博物馆的合作发展主任确认了100名有能力提供1万美元以上赠款的可能捐赠者。她和馆长又共同确认了一些博物馆现有的捐赠者，这些捐赠者愿意在他们的家中为博物馆组织小型晚餐会，并支付晚餐的全部费用。在晚餐会上，馆长简短地介绍了

---

① 詹姆斯·费雪、盖瑞·昆尔编《总统与筹款》，1989。

博物馆的现状、发展计划和新的筹款创议，主办人发表了支持性的演讲，并且陈列出即将开展的新展品，供客人欣赏。

其次进入"接触阶段"。晚餐会后，几位筹款人员分别跟进这些潜在支持者，拜访他们或者与他们通电话，进一步了解他们的兴趣和意图，制定各自适合他们的培养计划。此外，机构邀请这些潜在支持者提供 1000 美元的捐赠，这样即可成为年度捐赠的引领性团体"博物馆合作伙伴"的成员。加入这一团体之后，这些支持者就能享受到进一步接触机构的待遇，包括参加年度晚宴和展览开幕式等。

最后进入"准备提出捐赠请求的阶段"。每一位可能捐赠者除了有其经理人管理筹款过程之外，还有一名筹款志愿者负责提出捐赠请求。筹款志愿者包括理事长和合作发展委员会主任等。每一位筹款志愿者大约负责五位可能捐赠者，他们邀请可能捐赠者在故居博物馆的花园餐厅共进午餐，向对方介绍机构项目和筹款进展。到这个时候，对可能捐赠者的培养已经进入了成熟阶段，机构随后安排志愿者及筹款专员组成劝募团队，与对方会面，正式提出高额捐赠的请求。最后，在这 100 位潜在支持中，有超过半数为机构提供了 1 万美元以上的捐赠，其中一些人提供了 10 万及百万美元以上的高额捐赠，为机构创造了良好的筹款业绩。

这些连续性的培养行为遵循着共同的技巧原则。一般要先从邀请可能捐赠者参加"非威胁性"的集体活动发展到高度个人化的接触方式。筹款者知道每一步的目的，明白最终目标是什么，安排谁代表机构去与可能捐赠者接触是关键点。筹款者还需本着"抓大放小"原则，合理分配时间，将更多的精力花在首要劝募对象上。当时机成熟的时候，就要果断提出捐赠请求。表 23 - 2 总结了培养高额捐赠者的一些秘诀。

表 23 – 2　培养高额捐赠者的秘诀

1. 从"非威胁性"的集体活动发展到个人化的接触方式。
2. 有计划的、战略性的、个性化的接触是关键。
3. 知道每一步的目的,明白最终目标是什么。
4. 谁去接触是关键。
5. 注重倾听捐赠者的想法。
6. "抓大放小":合理分配时间,将更多的精力花在首要劝募对象上。
7. 随时准备好提出捐赠请求。

四　管理捐赠者培养的过程

在前面的章节中已经反复强调,在合作发展办公室内要建立明确的责任制,即哪位筹款专员联系和管理哪位可能捐赠者。每一位活跃在一线的筹款专员都是可能捐赠者的经理人,他们负责维系和发展机构与指定可能捐赠者之间的关系,管理与之相关的筹款步骤,包括对可能捐赠者的培养。

可能捐赠者的经理人不一定亲身参与同自己所管理的可能捐赠者发生的每一次互动,但是他必须知道过去发生了哪些沟通,将来打算采取什么行动。他有责任推动下一步骤如期进行,组织和协调机构对这位可能捐赠者的培养和提出捐赠请求的全过程。

培养高额捐赠者包括四个关键组成部分:制定捐赠者培养战略、筹款专员之间的协调、管理筹款志愿者,以及跟踪和汇总信息。

(1)制定捐赠者培养战略:筹款者应在详尽研究和深入了解可能捐赠者的基础上制定培养这位捐赠者的战略,这包括确认提出捐赠请求的金额目标及其时间表,所需要采取的培养计划,并把它们都以备忘录的形式写下来，与相关工作人员、筹款志愿者和理事会成员协调，为筹款志愿者的参与提供支持。在每一次行动之后要评估效果，汇报并记录下行动的结果，根据进展情况对原有的战略加以调整。

（2）筹款专员之间的协调：合作发展办公室内部必须存在开放的沟通渠道，让每一位筹款专员都知道谁在负责哪一位可能捐赠者，可能捐赠者目前所处的状态，所打算采取的下一步骤是什么。定期召开可能捐赠者管理/战略会议对此会很有帮助。在会议中，可能捐赠者经理人相互汇报并讨论对每一位可能捐赠者的战略，报告并分析进度，明确并调整各自的下一步工作及时间表。

（3）管理筹款志愿者：在很多情况下，参与捐赠者培养的不仅是筹款专员本人，还包括筹款志愿者，如理事会成员。这些筹款志愿者往往与可能捐赠者存在个人关系，而且社会经济地位显赫，由他们与可能捐赠者沟通和互动能产生更好的培养效果。管理和支持筹款志愿者的工作是筹款专员的职责。在志愿者采取培养行动之前，筹款专员应该保证他们拥有必要的可能捐赠者信息，知道这一行动的目的是什么，最终目标是什么，可能捐赠者或许会提出哪些问题，帮助志愿者做好一切准备工作。在志愿者与可能捐赠者见面之后，筹款专员必须从志愿者那里了解到见面结果，分析和明确下一步骤，并记录下行动的成果。

（4）跟踪和汇总信息：一位筹款者需要同时管理很多可能捐赠者，非营利机构一般有一套追踪和管理捐赠者的集中统一的系统，用来记录对正在培养中的可能捐赠者所采取的关键行动。随时跟踪和汇总信息有利于筹款者进一步发展对捐赠者因人而异的培养计划，时时关注筹款的进度，促动筹款团队采取行动。筹款者需要决定追踪哪些信息（如可能捐赠者目前在筹款过程中所处的阶段、员工和志愿者的筹款任务、捐赠能力评估、提出捐赠请求的目标金额、过去的行动、下一步行动、谁行动以及行动的日期等），无论采取哪种形式的捐赠者管理系统，筹款者要保证只使用一个系统，并且记录方法连贯一致。

经过非营利机构的努力，可能捐赠者进入了培养成熟阶段，这便是可以向他们正式提出高额捐赠请求的时候了。提出捐赠请求是一种"问"的艺术，第二十四章将深入探讨其中的技巧和秘诀。

第二十四章 "问"的艺术

经过非营利机构努力地耕耘培养，终于"火候"已到，进入了可以向可能捐赠者提出高额捐赠请求的阶段。提出高额捐赠请求必须通过个人关系进行劝募面谈。劝募面谈在筹款过程中的重要性不言而喻，在与可能捐赠者短暂而珍贵的面对面的交流中，劝募人的表现直接影响到筹款的结果。

在第十七章中，我们介绍了劝募面谈的准备工作和基本流程。劝募面谈的时间安排分为四部分：（1）开场寒暄；（2）提出捐赠请求；（3）可能捐赠者的反馈；（4）结束语和确定跟进步骤。在这一章中，我们将深入探讨第二步和第三步的方法和技巧，即如何在面谈中提出高额捐赠的请求，以及如何应对可能捐赠者对此作出的种种反应。我们还将回顾在提出捐赠请求后的跟进工作，如何采取完成募款的策略，获得可能捐赠者肯定的答复。

提出捐赠请求是真诚地传递机构对公益事业的热情和执着，是邀请对方加入成功者的行列，共同实现公益梦想。提出捐赠请求是一门艺术——它遵循基本的原则，在长期积累的经验中可以找到许多战略技巧，同时更充满着无限的发挥空间。

一 如何有效提出高额捐赠的请求

提出捐赠请求的过程包括几个重要的组成部分（见表 24 - 1）。在劝募会议前准备好"讲话稿"是帮助筹款者提升信心、理清思路的有效方法，在讲话稿中要列出涉及这些组成部分的关键言辞。讲话稿是供会面前"排练"使用的，在面谈中筹款者当然不可能照章宣读，但是有了事先的充分准备，就能大大提升现场的表现和筹款的成功率。

表 24 - 1　提出捐赠请求的重要组成部分

1. 有说服力地陈述筹款理由,为什么机构需要捐赠。
2. 运用过渡用语,具体提及对方的兴趣或/和过去对机构的支持,转向涉及捐赠额的核心部分。
3. 提出具体的捐赠额及资助目的。
4. 阐明捐赠能为公益事业带来的积极影响以及为捐赠者带来的益处。
5. 保持沉默,聆听对方的反应。

陈述筹款的理由

筹款者或筹款团队需要做的第一件事是陈述具有说服力的筹款理由。这可以将面谈拉入主题，再度点燃可能捐赠者的兴趣和热情（别指望可能捐赠者会记住过去对话中的所有细节）。筹款的理由说明机构为何现在需要资金支持，需要多大规模的资金支持，筹款者特别要强调为什么机构眼下需要资金。

在陈述筹款理由时，劝募人的言语应该直截了当，表述机构大环境的变化和需求，这样能为可能捐赠者提供空间，让他们揣摩自己在机构大计划中的角色。表述中要用"我们"，不要用"我"，要让可能捐赠者感到自己是成功团体的一分子，这一团体勇往直前，不断进步，已经获得了其他引领者的大力支持，如果现在不加入投资的话就会错失良机。筹款者不能像讲课那样"冲着"对方说话，而要像对待自己敬重的朋友那样和对方一起说话。

以下举例说明如何有说服力地表述筹款理由，为读者提供一些思路。

举例1："赵先生，我们的大学刚被《新闻杂志》评为全国性价比最好的高等学府之一，我们感到现在是启动资本筹款活动的最佳时机。让我们告诉您有关这次筹款活动的目标。"

举例2："钱女士，我们的生化研究中心刚完成了五年战略计划，这一计划是由来自全球20位专家共同制定而成的。要实现计划需要从政府和民间筹得150万元，计划的重点之一是增强我们的捐赠基金，保证重要的研究工作能够得到维持和再发展。"

举例3："孙总，从我们以前的交流中我们知道加强我们音乐学院捐赠基金的重要性。雄厚的捐赠基金能够让整个学院登上崭新的高度——使我们能够为学生提供更多的奖学金，从国际上招聘一流的师资，孕育新项目，提高学院课程的总体质量。您作为顶尖的金融分析家一定了解保证机构在财务上健康运作的必要性。我们对全国类似学院做了比较研究，发现我们目前的捐赠基金规模属于最低端。我们相信如果能够得到您和其他商业领袖的帮助，我们完全有能力改变这一局面。在接下来5年时间内，我们需要20位捐赠者各提供50万或更多的捐款，以实现我们的目标。这些引领性捐赠将大大提升捐赠基金的规模，保证我们学院未来的财务健康，对学院的再发展起到根本性的积极作用。"

举例4："李太太，您知道我们的歌剧院在过去几年中经历了不少挑战——场地的租用问题、劳工纠纷，以及理事会的口舌纷争被媒体引用。相信我们已经经受住了这些考验，在风雨中变得更加强大，并且已经准备好让我们心爱的歌剧院重新走上正轨。这也是我们与您见面的原因。"

举例 5："周先生，我们相信您会赞同我们对水族馆有着相当宏伟的计划。我们希望在两年内全面建成热带鱼展馆，这是我们长久的梦想，非常令人兴奋。新的热带鱼展馆预计能使我们的会员人数增加25%，参观者人数增加35%。您知道，其他类似城市的水族馆都有扩建计划，我们必须迎头赶上，才能在竞争中立于不败之地。"

举例 6："吴先生和吴太太，从我们先前的交流中你们已经知道，我们正着手为几个建设工程进行募款——装修我们的候诊室，以及增加放射科的规模和改善其设备。我们做了很多研究，发现大部分病人在这两个地方待的时间最长，这两大场所急需改建和扩建，以满足病人的需求。"

举例 7："郑女士，我们真要感谢您和其他忠实的支持者，使我们的话剧团在短时期内成为社区中的明星。今年几乎每场演出都销售一空，相信您也很高兴地看到媒体对我们的高度评价。我们计划启动新剧本系列项目，我们会组建一个委员会，专门审核、挑选和制作新剧本在剧院上演。您以前提到过，发展这样的项目能让我们如虎添翼。和所有的新创议一样，这一项目的开展需要启动资金，以及制作新剧目的资金，这些成本在我给您的材料中有详细的描述，您如果能够成为这一创议的核心支持者之一对我们来说太重要了。"

举例 8："王先生，我们相信您跟我们一样为光明国际论坛的新方向和新领导力感到高兴。去年我们迎来了一位新总裁，她为提升我们在国际上的知名度做了杰出的工作。她的新战略计划之一是邀请更多各领域的世界领袖来参加论坛，去年因为资金有限，我们不得不限制邀请范围。但是您知道，人们越来越依赖我们的论坛来获得国际事务的多元视角和平衡观点，不提升论坛的规模、层次和包容性就是没有满足大家的需求。我们论坛面临着关键的成长机遇，希望您和您的家族能成为我们成功发展史上的重要推动者。"

过渡用语

在陈述了筹款理由之后，筹款者需要运用过渡语句，突出可能捐赠者对机构的主要兴趣点，进一步个性化，从而抓住对方的全部注意力。这样的语句能使筹款者从陈述筹款理由自然地转向提出捐赠金额。过渡语句能让可能捐赠者感到，机构确实认真做了"功课"，仔细聆听了他的想法，并且用心将他的慈善兴趣与适当的捐赠机会结合起来。此时此刻，可能捐赠者会全神贯注，满心希望知道机构期待他做什么，这正为接下来提出具体的捐赠金额做好了铺垫。

以下是一些过渡用语的例子。

举例 1："冯女士，您是我们机构最重要的捐赠者之一，您的捐赠曾激励了很多人来支持我们，我们怎么感谢您都不为过。上次我们见面的时候，您提起有兴趣协助我们为农民工子女开设舞蹈培训班，我们现在正有实现这一想法的机会，想跟您进一步讨论合作的可能性。"

举例 2："陈先生，您担任我们的理事已经很多年了，这些年来您帮助我们取得了许多可喜的成绩，但还有许多工作有待我们去完成。您说得很对，我们为无家可归者提供的住宿场地实在太小，远远无法满足社区的需求。因此我们率先来拜访您，想跟您讨论我们的扩建计划。"

举例 3："沈女士，您对我们青年职业生涯辅导项目的支持成效显著，它已经成为了本地的模范公益项目。现在我们有计划将这一试点项目逐渐扩大到全国范围，让我与您讨论一下怎样才能让这一梦想变为现实。"

举例4："杨先生，志愿者是我们最好的宣传家，没有您的帮助我们无法取得今天的成绩，我们真心感谢您为我们机构所付出的一切。您曾经提到，如果我们能够提供慈善年金的话，您有可能会考虑为我们提供计划性捐赠，现在我们有了这样的机会，希望邀请您的加入，帮助我们加强和扩展公益项目的范围，为更多残障人士带来帮助。"

提出具体的捐赠额及其目的

筹款者要简短、清晰、干脆、真诚地提出具体的捐赠数额及资助目的（或者若干个供选择的方案）。这种直接明了的方式有利于筹款者掌握一定的主导权，可能捐赠者也能清晰地了解机构希望他如何参与。如果在这一点上含糊不清，任对方凭空"猜测"，对方说出来的数字可能会远远低于机构的实际期望值，从而造成不必要的混淆和尴尬。

以下是一些例子。

举例1："朱先生、朱太太，我们希望您能考虑为学校扶贫奖学金的捐赠基金提供100万元的捐款，这样可以获得15年的奖学金命名权，在15年内总共资助30名品学兼优的贫困学生。"

举例2："秦先生，我们邀请您加入其他的引领性捐赠者，为我们投资50万元，支持新教学楼的建设工程。"

举例3："许女士，我们只对最高级别的捐赠者提出这样的请求。我们希望您能考虑为我们的资本筹款活动提供25万元的战略性捐赠。这笔赠款既可用于支持我们新启动的国际论坛，也可用于支持在全国范围内扩展培训计划。我们可以一起讨论具体的使用和命名方式。"

阐明捐赠的益处

现在筹款者可以进一步阐述捐赠的益处。这里的益处不是指捐赠能为机构带来的财务收益，而是捐赠所能创造的社会价值。例如，如果提出的是提供奖学金的请求，那么需要强调学生对资助的迫切需要，以及增加奖学金捐赠基金的重要性。让可能捐赠者了解多少人会因此得到益处，对他们的人生轨迹将产生怎样的积极影响。即便是用于建设新楼的资金，最终也是为人服务，需要突出对人们生活的改变。

捐赠益处也是"双行道"，不仅能帮助受赠者，也能满足捐赠者的兴趣和需求。如果赠款有利于捐赠者安排家庭财务计划，如计划性捐赠项目所能带来的益处，应该向捐赠者强调这一点。另外可以提及捐赠所带来的命名权和认可机会。

保持沉默

在提出捐赠请求后的黄金原则是学会"闭嘴"，保持沉默，接下来先开口的只能是可能捐赠者。如果此刻筹款者还在滔滔不绝地讲话，其实就是在妄自猜测对方的反馈，丧失了得到对方真实反应的契机。只有根据可能捐赠者第一时间的反应，才能最准确地判断下一步的策略。沉默是金，而且是此时此刻必需的步骤。

更多地倾听可能捐赠者的想法，意味着可能捐赠者也会更多地倾听机构的需求①。保持沉默并不是失去控制，相反，片刻的沉默是增

---

① 杰瑞德·帕内斯（Jerold Panas）：《教会理事会、志愿者和员工赢得捐赠的59分钟指南》（*A 59-Minute Guide to Everything Board Members, Volunteers, and Staff Must Know to Secure the Gift*），麻省州曼菲尔德市，Emerson & Church 出版社，2004，第81页。

强对会议控制力的最佳方式之一。有控制的沉默和倾听能够使筹款者了解可能捐赠者的真实想法，他们的担忧，是什么阻碍了他们作出捐赠决定。

二　如何妥善应对可能捐赠者的反馈

不同的捐赠者对募款请求会有不同的反应，如何应对这些反馈关系到能否保留这一筹款机会，让对话和"谈判"继续下去。有经验的筹款者会用心聆听对方的每一句话，注意可能捐赠者的语气和肢体语言，在回答问题的时候不过于积极进取，不会"辩论"式地急于说服对方，他们相信自信、热情、耐心和积极的态度最终能够带来筹款的胜利。

要做到对可能捐赠者的反馈应对自如，唯一的办法就是事先作好应答准备。筹款者或筹款团队在面谈之前应该认真考虑对方可能会产生的反应，针对或许会出现的各种场景准备好自己的回答。

关键的一点是在劝募会议的过程中，筹款者不要因为捐赠者的态度和意见而轻易"降价"，轻易降价意味着随意贬低了捐赠及其相应的认可和益处的价值。筹款者应该首先附和可能捐赠者认为"要得太多"的反馈，承认这确实是机构不常有的高额捐赠机会。然后强调为什么希望对方捐出这一金额，为什么这是项目所需要的资金，为什么达到这一额度才能符合捐赠者的利益、兴趣和身份。筹款者应该向可能捐赠者提出，希望他们进一步考虑再作出最后的决定。

总体而言，可能捐赠者的反馈多数集中在四种大致情形：（1）同意所提出的捐赠额；（2）认为所提出的捐赠额太高；（3）需要更多的时间考虑；（4）时机不好。下面是对筹款者应答的一些建议。

1. "好，我同意捐赠"

毋庸置疑，这是皆大欢喜的反馈。筹款者应该感谢捐赠者，请捐赠者在捐赠意向信或捐赠承诺表上签字，或者在会后跟进，商议和签署合同。

2. "这对我来说金额太高了"

"是的，这次资本筹款活动是百年一次的创议，我们的目标确实雄心壮志，不同于平日里一般的筹款。我们只向最重要最亲密的支持者提供这样难得的捐赠机会，希望您能成为这一令人振奋的创议的引领人之一。"

"我们邀请机构每一位忠实的支持者提供尽己所能的捐赠。您自然不必今天就作出决定，我们只是希望您能花些时间给予这一捐赠机会慎重的考虑。我们可以讨论一下怎样更好地分配和规划您的捐赠，比如分期付款的方式以及将部分赠款作为计划性捐赠，这样可以使您的总体捐赠体现出它的意义和重要性。"

3. "我需要更多的时间考虑"

"那是自然，这样重要的决定当然需要时间。我们很高兴您能慎重考虑这一捐赠机会。"

"在您决定的过程中需要我们的协助吗？是否需要我们提供更多的信息？"

"您看我们能否两周后再联系？如果您需要更多的时间我们也完全理解，我们只是希望在您考虑这一捐赠机会时倾听您的想法并且回答您的任何问题。5月20日是新教学楼的奠基典礼，届时我们将向媒体和公众宣布主要捐赠者的名单。"

4. "公司目前经营情况不容乐观，不是我提供大笔捐赠的时候"

"我们完全理解，很感谢您在这样的情况下花时间了解我们的项目。我们的资本筹款活动将持续几年，对我们来说，现在最重要的是知道您有兴趣在条件允许的时候为我们提供支持。"

"当时机成熟的时候，我们可以再度讨论这一捐赠机会。让我们继续保持联系。如果您需要我们这边为您的业务提供任何帮助的话，也请随时告知。"

捐赠者的反馈千变万化，表24-2列出了更多有可能会遇到的情形，以及对筹款者应答的建议。

表24-2 应对捐赠者的各种反馈

捐赠者说：	筹款者可以说：
1."是什么让你们觉得我能捐那么多钱？"	"我们希望您能够考虑这一捐赠，因为我们知道您跟我们一样对这一新项目充满热情，项目要获得成功也必须拥有资金支持。没有人能够确切地知道捐赠者愿意捐多少钱。您是我们机构具有战略眼光的领导者之一，也是长期的志愿者和慷慨的捐赠人，我们首先想到的是寻求您的帮助，这样我们可以共同为了我们所服务的弱势群体将机构提升到一个新的高度。"
2."我已经向很多慈善组织承诺了捐赠，我只能和过去一样为你们提供年度捐赠。"	"太感谢您了，您的捐赠对我们维持运行目前的项目十分重要。我们今天有关资本筹款活动的请求关系到机构的未来，我们邀请每一位支持者提升他们平常的捐赠额度，这样我们可以为更多需要帮助的人提供服务。如果您有兴趣成为其中的一员，我们可以将您的年度捐赠算在您给资本筹款活动提供的赠款总额之中。"
3."我已经想过了……这是2万元的支票。"	"非常感谢您的慷慨捐赠。如果您能够再度考虑一下提供5万元的捐赠，那就太好了。5万元的捐赠不仅能够获得这一项目的命名权，满足项目的资金需求，而且能够提升其他捐赠者的公益眼界，激励他们同样提供高额捐赠。我们可以将这2万元作为您的总捐赠额的首笔支付。"
4."我对于支持研究项目更有兴趣，而不是机构的捐赠基金。"	"我们会尽可能地满足捐赠者的慈善兴趣。其实许多捐赠者对捐赠基金很有兴趣，因为这可以保证我们长久维持和再发展目前的研究项目，为我们的服务提供雄厚的财务支持。您是否愿意考虑，将您的捐赠一部分投入于研究项目，另一部分投入于捐赠基金的建设？"

续表

捐赠者说：	筹款者可以说：
5."你们是否最近换了领导？我想看看他有什么新举措再作决定。"	"是的,我们的新总裁将带领机构继续我们目前的重要工作。关键是我们需要继续为那么多人提供服务,他们的需求刻不容缓。新总裁是一位很棒的领导者,这里是有关他的介绍,我们将很荣幸安排您与他会面。"
6."我需要跟我的太太/律师/会计师讨论一下。"	"这太好了。请仔细跟他们研究一下,希望他们也能体会到这一捐赠机会的难得,并帮助您实现它。如果需要我们这边的协助,我将很乐意一同参加会议,为你们解答问题,或者电话或电邮交谈。"

三 如何有策略地跟进并完成募款

如果没有跟进，面谈便如同空谈。离开会场之后，筹款者应该抓紧采取跟进步骤。距离会面所拖的时间越长，成功完成募款的可能性就越小。

表 24 - 3 列出了面谈后所必须的跟进事项，筹款者要让自己或其他相关人员与可能捐赠者保持不中断的沟通，这样才能最终得到对方的明确答复，真正完成募款。在完全被拒绝之前，总是有办法作出进一步努力的。

表 24 - 3 劝募面谈之后的跟进事项

1. 向可能捐赠者寄出书面感谢信(24 小时之内)。

2. 向可能捐赠者强调捐赠的重要性和紧迫性。

3. 确定继续讨论捐赠的时间和地点。

4. 尽快为可能捐赠者送去他在面谈中希望得到的信息。

5. 为可能捐赠者提供更多的专业帮助，或者与可能捐赠者的家庭成员或法律/财务顾问通话。

6. 根据可能捐赠者的要求修改或澄清项目建议书中的内容。

7. 继续与可能捐赠者见面和通电话。如果他需要更多时间考虑，或者他认为提出的捐赠额过高的话，为他寄去相关材料、文章和宣传册子。

8. 每隔一段时间向可能捐赠者汇报筹款的进展,特别是机构近期获得的类似金额的其他捐赠,向可能捐赠者强调他并非唯一的支持者,而是加入一支成功且不断进步的团队。
9. 如果可能捐赠者表达了对机构某些做法的不赞同,或者过去不愉快的捐赠经历,应尽量将此淡化和中和,把精力和注意力放在目前的捐赠机会上。
10. 在跟进过程中保持积极的态度,仿佛对方已经提供了捐赠一般对待每一位可能捐赠者。

来源:劳拉·弗雷德里克(Laura Fredricks),《问:怎样向任何人为任何目的提出任何捐赠请求》(The Ask: How to Ask Anyone for Any Amount for Any Purpose),旧金山,Jossey-Bass 出版社,2006,第 207 页。

有的可能捐赠者确实需要很长时间才能作出捐赠决定,有的可能捐赠者目前只愿意提供低于所请求金额的捐赠。无论怎样,关键在于继续培养可能捐赠者,用各种方式与他们保持活跃的接触,至少每个月都要让他们听到来自机构的消息,最好能够与他们每月通话或见面一次。筹款者可以采用一些"触发"日期来强化捐赠请求的急迫性,比如下一次资本筹款活动领导委员会会议、下一次理事会会议、重要的项目进展日期、特别活动、财务年年底等。

在所有与可能捐赠者跟进沟通的工作中,筹款者对待他们的态度要如同他们已经答应了捐赠(或者马上要答应捐赠)一般,即便对方并没有给出任何积极的回应。这需要筹款者具备良好的专业素养和高度细致的关注能力,体现的是周到的客户服务和对公益事业的强烈责任心。这一切最终会得到回报。

在第七部分,也是本书的最后一部分中,有关周到客户服务和对公益事业强烈责任心的讨论将继续下去,并得以全面的延伸和扩展。我们将分析接受捐赠者的问责在筹款中的角色,非营利机构该如何承担、孕育和分享对于公共资源的社会责任——这是公益慈善的灵魂和心脏。我们还将从道德领域和技术领域双方面探讨筹款的行业规范,以提升公众对筹款和公益机构的信任。

第七部分　金钱与道德

第二十五章　接受捐赠者的问责

在循环流动的筹款过程中，认可捐赠者并接受捐赠者的问责是赢得捐赠承诺之后的重要步骤，也是新一轮捐赠者培养阶段的开端。

从筹款工作的管理角度来讲，非营利机构接受捐赠者的问责，是培养长期捐赠者、维持与捐赠者关系的核心基础。问责性意味着要履行对捐赠者的承诺，尊重捐赠方的慈善意图，将善款用到实处，是感谢捐赠者、兑现捐赠命名和认可内容的管理过程。问责性也表现在机构设有捐赠资产投资、财务和人事管理的规章制度，在机构治理和财务报告等方面向捐赠者和公众保持透明度。

然而，接受捐赠者的问责并不是指这些行政管理的细节问题，尽管这些细节至关重要。

从公益慈善事业更深层的涵义来理解，非营利机构一旦将自己放在为公共利益和公共资源担责的社会角色之中，便接受了问责性这一神圣的信托。非营利机构要为它们的宗旨负责，为它们的所作所为负责，为它们所拥有的人力、物力和财力资源负责。

非营利机构的问责性关系到公益慈善的核心价值。问责性在本质上要求个人和机构不仅要顾着自身的需求和利益，而且要悲天悯人，关注他人的福祉，为我们共同所生活的世界而负责。捐赠是为了广阔的社会利益——相信个人的分享和给予能够改变世界，在成功履行机构公益宗旨的进程中为自己创造真正的幸福满足感。通过专业筹款，我们公开邀请彼此参与到公益事业中来，分享我们各自的资源，并努力将它们用到社会最需要的地方中去。接受、孕育和分享对于公共利益和公共资源的深重责任，这是问责性的精神概念所在。问责性是公益慈善的灵魂和心脏。

在这一章中，我们将分别从管理和精神领域分析公益机构的问责性。

一 何谓"接受捐赠者的问责"

在英语中，表达问责性的原词是"stewardship"，字典中对这一单词的解释是"小心而负责任地管理托付给某人的东西"（the careful and responsible management of something entrusted to one's care）。这一定义显示了问责性的两层重要含义，一是对有价值的东西负责任，二是这东西并不属于管理者本人，而是一种"信托代管"的关系。也就是说，问责性是代表其他人负责管理有价值的东西，非营利机构是捐赠者的"受托人"。

问责性是一系列与筹款有关的管理职能——确认收到赠款、捐赠者认可、谨慎地进行捐赠资产投资、认真地统计等。问责性固然包括这一切管理职能，但是也意味着更多——它是一种更深层次的信任和责任。问责性代表着个人和机构为公共利益所分担的责任，它是提供捐赠的根本动机，也是使用赠款时的责任心。信任和责任是良好问责性的基本元素，也是筹款道德规范中的核心概念。

在每一家非营利机构的灵魂深处，必须有一种意识，那便是它在接受赠款的同时，也就接受了捐赠者服务于公共利益的神圣信托。这应该成为促使机构认可捐赠者，将他们的赠款用到实处的真正动因。向捐赠者表达感谢不仅为了赠款的金钱价值，更为了感谢捐赠者的参与和他们对公益宗旨的人文关怀。作为公共利益的代理者，非营利机构具有明智而透明地使用受托资源的特殊义务，履行这一义务是实现问责性的根本精神涵义。

二　问责之管理

问责性是一种信仰，一种心态，一种传播工具，也是非营利机构在获得目前的捐赠和赢得下一次捐赠的时间段中与捐赠者互动的哲学底蕴。

发展一个综合全面的捐赠者问责项目是每一家非营利机构走向健康未来的明智投资。有效的问责性能够帮助机构加强与捐赠者的纽带，能够把目前的捐赠者当作未来的潜在捐赠者，使得筹款过程循环往复地流动起来，捐赠者在这一过程中与机构的距离越来越近，越来越忠诚，变得愈加了解机构，愈多参与机构的活动，他们支持的程度最终会由小变大，形成一个自我更新的筹款过程。"如果要年年获得良好的筹款业绩，就必须科学系统地管理与捐赠者之间的关系，这要求筹款者坚持不懈地辛勤工作"①。最有可能捐钱的人是曾经给机构捐过钱的人。对捐赠者问责项目的资源投入或许不能立刻为机构收获看得见的捐赠收益，但是这种投资会培养出更加理解机构，与机构同心同德的捐赠者，为机构节省寻找新捐赠者的时间和精力，最终将带来更多的资金支持。

---

① 凯瑟琳·凯里：《有效的筹款管理》，新泽西马哈瓦市，Erlbaum 出版社，1998，第 387 页。

从管理层面上来讲，有效的捐赠者问责项目能为机构达到以下目的：

1. 向捐赠者表达谢意。

2. 兑现捐赠者认可计划。

3. 资助机构的重点领域。

4. 体恤捐赠者的兴趣。

5. 展现赠款的积极影响。

6. 树立机构的良好声誉。

7. 促动平时的一般捐赠。

8. 鼓励力所能及的捐赠。

9. 鼓励人们成为机构的终生捐赠者。

10. 鼓励更多捐赠者的参与。

11. 培养下一次高额捐赠。

形式

接受捐赠者问责的具体形式和做法有很多。最常见的包括：向捐赠者致电表示感谢和问候；拜访捐赠者；寄去感谢信；面向公众和媒体公开感谢捐赠者；节日/生日/纪念日的问候；提供捐赠合同及对捐款分期支付的提醒；仔细地记录捐赠信息和财务支出情况；向捐赠者递交年度报告；向捐赠者递交财务报告；向捐赠者寄去特别信函，分享机构的内部信息；与机构领导层会面；参与机构内部讨论的机会；邀请捐赠者参加特别活动（如为捐赠者与受赠者安排见面的招待会，与所资助的新建筑楼有关的重大活动）；命名机会的兑现；提供捐赠圈或团体会员所能享受到的认可和益处，等等。

许多非营利机构都会出版年度报告，详述一年来所取得的工作进展。这是能够提供给捐赠者的合适材料，如果针对高额捐赠者进行个性化，那就更显得专业而周到。图 25 - 1 展示的是美国纽约市立大学工程学院为一位捐赠人提供的年度报告封面及总结信。

图 25 - 1　非营利机构捐赠者年度报告示例：纽约市立大学工程学院（2008 年）

　　财务报告是体现良好问责性的基石。财务报告不仅包括机构的总体财务状况，还应提供有关高额捐赠者各自赠款使用情况的个人化的报告，反映机构对他们的赠款及机构资源的有效分配。筹款人员因此也应该与机构的财务人员建立良好的合作关系。图 25 - 2 展示的是某捐赠基金的财务报告。

　　对捐赠者问责还可以体现在其他各种富有创意的方法之中。例如，有的机构在知名的媒体上刊登广而告之，宣布高额捐赠者的名单；有的机构制作精美的"茶几书籍"，刊登捐赠者的照片，放在会客室供人们阅览；有的机构在出版物中刊登捐赠者的专访或特写；有的大学设立"校长圈"，为高额捐赠者提供能够与校长和其他领导会面的特殊机会，等等。可以用来表达谢意，增进与捐赠者关系

Endowed Fund Report

	2006	2007	2008	2009	2010
PRINCIPAL ENDOWED FUND					
Book value of endowment					
Balance as of July 1st (first day of fiscal year)	0	$400,000.00	$800,000.00	$1,200,000.00	$1,600,000.00
Gifts	$400,000.00	$400,000.00	$400,000.00	$400,000.00	$400,000.00
Balance as of June 30th (close of fiscal year)	$400,000.00	$800,000.00	$1,200,000.00	$1,600,000.00	$2,000,000.00
Market Value as of June 30th	$405,530.00	$859,108.00	$1,163,756.00	$1,198,068.00	$1,399,887.00
SPENDING FUND					
Funds available for spending					
Spendable Balance carried forward from prior fiscal year	$0.00	$12,805.00	$39,387.00	$80,098.00	$29,570.00
Spendable investment income earned	$12,805.00	$26,582.00	$45,294.00	$0.00	$0.00
Total Spendable Income Available	$12,805.00	$39,387.00	$84,681.00	$80,098.00	$29,570.00
Expenses (See Details Below)	$0.00	$0.00	$4,583.00	$50,528.00	$9,287.00
Spendable Balance remaining	$12,805.00	$39,387.00	$80,098.00	$29,570.00	$20,283.00

Expenses Details	2006	2007	2008	2009	2010
Conference Fees			$3,776.00	$4,356.00	$1,000.00
Supplies			$807.00	$26,184.00	$2,249.00
Faculty Honorarium				$2,500.00	
FT Staff Honorarium				$100.00	
PT Staff Honorarium				$1,975.00	
PT Student Wages					$2,500.00
Employee Benefits				$350.00	$180.00
Library Services				$4,614.00	
Transportation Airlines/Trains				$2,416.00	$388.00
Transportation Car/Taxis				$508.00	$34.00
Transportation Car Rental					$270.00
Transportation Gas/Tolls					$109.00
Lodging				$1,179.00	$1,362.00
Meals				$5,506.00	$1,173.00
Publications					$22.00
Professional Fees				$590.00	
Membership Fees				$250.00	
Total Expenses	$0.00	$0.00	$4,583.00	$50,528.00	$9,287.00

图 25 - 2　非营利机构捐赠者财务报告示例：捐赠基金

的方法形式多样，这些创意对于非营利机构而言是非常值得花心思去做的。

原则

问责性是公共信托，对捐赠者问责项目的有效管理直接源于这一信念。非营利机构需要拥有有效的治理和管理过程，负责任地发展和使用它的人力、物力和财力资源。

在实际操作中，对捐赠者的问责工作存在不少挑战。例如，这些工作容易被忽略，工作做得不够及时，不够持久，不够统一，缺乏计划，形式不恰当，不妥善使用赠款，或者项目的执行力有问题，等等。问责性差会造成严重的后果，包括得罪和惹怒捐赠者，破坏与捐赠者的关系，使未来捐赠再无可能，捐赠者拒绝支付赠款（余款），影响机构声誉，波及其他支持者，甚至使得机构官司缠身。

有效的捐赠者问责应该遵循以下原则：及时、持续、仔细、专业、个人化、恰如其分、突出捐赠的积极影响。

三　问责之精神

如果说问责性是小心而负责任地管理托付给某人的东西，那么问责之精神就在于如何履行这种为他人代管的工作。

任何想要体现问责性的机构应该反映出它们对公益组织本质的理解，即公益组织是公共信托的服务者，它们必须负责任地履行这种神圣的委托。对公共信托的深刻尊重是蕴含于机构公益宗旨的根本元素。机构具备问责性是因为它们透明而负责地执行宗旨，因为它们审慎地使用托付给它们的人力、物力和财力资源。

这绝不是一件轻而易举的事情。但是那些有着公共信托意识的机构能够更有效地筹款，更有效地忠于和实现它们的宗旨和目标。

公益机构问责性的标准包括法律、道德和财务方面的要求。今天，社会要求所有的非营利机构显示出问责性，谨慎地确认它们的宗旨和目的，设定透明的项目、政策和程序，遵循业内的最佳治理和管理实践经验，在市场竞争中突出自己的公信力。

感恩

向捐赠者表达谢意不只是出于礼节，也不只是为了获得持续捐赠和更高额度捐赠而使用的技术手段。感谢捐赠者的动因是非营利机构接受了来自捐赠者的神圣信托，是承认那些为机构提供公益投资的个人、基金会和企业在为社会做贡献。认可捐赠者也远远不只是意味着礼貌或培养与捐赠者的关系，而是认可捐赠者与机构之间所存在的坚强纽带，他们共同履行公益目的，接受公众的信托。

当筹款者向捐赠者道一声简单的"谢谢你"的时候，正是机构向自由选择支持各种公益宗旨的人们进行沟通的重要机遇。感恩是充满力量的情感，当人们表达发自肺腑的谢意时，便是打破了人与人之间的分隔线，创造了连结机构和捐赠者之间的纽带。

来自非营利机构真诚的感谢往往能唤起捐赠方更为强烈的感谢之情，因为那些真心奉献社会的人为能够得到参与这一公益事业的机会而感恩。"用我们内心的喜乐来捐赠才是真正的公益慈善。每当我们促动可能捐赠者用心奉献的时候，我们在教育他们如何体会捐赠的愉悦和问责性的真正涵义。"[①]

对公共信托的意识要求非营利机构认真地对待对捐赠者的感谢和认可，也要求机构以适当方式慷慨地分享这种感谢和认可。机构不能局限于以"交易"原则为捐赠者提供认可：你给了我某一级别的赠款，所以你会得到这一级别的认可和益处。正式规范的捐赠者认可项目固然必不可少，但在此基础上，机构还应该给予捐赠者更多自发的、个人化的感谢。其实，没有比直接通话、亲笔便笺和登门拜访更好的感谢方式了。机构的每一个人——理事、员工和志愿者都应该具有向捐赠者表达感谢的责任和习惯。倘若机构不以真诚的态度和适当

---

① 丹尼尔·康威、塞西利·普拉斯（Daniel Conway and Cecelia H. Price）编《在宗教筹款中履行问责性》（*The Practice of Stewardship in Religious Fundraising*），旧金山，Jossey-Bass 出版社，1998，第 15 页。

的方式向捐赠者表达感谢，就很可能会严重影响到机构的问责性和名誉，甚至波及整个支持者群体对机构的看法。

责任心

同感恩之心一样，机构的责任心来自对神圣公共信托的意识。机构的责任心体现在它是否忠于宗旨，是否具备强有力的领导力，以及是否提供了高质量的服务。

非营利机构必须忠于宗旨，以正直的人格来执行它的公益目标。明晰的目标是服务于公共信托的基础。非营利机构人员应该对自我宗旨和机构性质有着深刻的理解，并能清楚地传递给他人。如果连这一点都做不到，体现问责性就会十分困难。宗旨并不是永远静止不变的，机构要与时俱进，要有能力根据公众和社会的需求有效地调整宗旨和目标。

非营利机构的理事会是代表公共利益的机构领导层，它具有监管机构的职责，对机构的公益资源问责。理事会成员应该致力于提高社会福祉，促进理事会组成结构的包容性和多样化，对己对机构都要有高标准的期望值。

非营利机构为社区提供高质量的服务也是体现问责性的组成部分。机构要努力寻求进步，在机构管理的各方面追求卓越，不时评估机构运作及其成果的有效性和高效性，不断提高项目、政策和程序。对质量的高要求同样源于机构的公共意识，即它的所作所为都是为了推动人类社会的进步和公众的福祉。

公正

非营利机构的问责性是一个有关权利和公正的问题。那些为机构宗旨提供奉献的人，那些因机构项目和活动受益的人，以及整个社会

都具备行使和享用公共服务的权利，这些权利必须得到公益机构的充分尊重。

非营利机构靠的是志愿性的支持，这种支持无外力可以强制实现，唯有依赖于机构和支持者之间的互信关系。如果捐赠者的权利和对机构的信任基础遭到了破坏，那么受伤害的不仅是机构本身，还有整个公益慈善事业的灵魂。

接受捐赠者的问责建立在社会公共价值观体系的基础之上，而筹款行业的道德规范则进一步彰显了这些价值观。专业、有道德的筹款支持并提高非营利机构履行问责性的能力。这是下一章要介绍的内容。

第二十六章　筹款道德规范

先举三个例子，分别说明的是美国非营利机构的非法案例、不道德行为和道德困境。

非法案例：一位国会议员候选人在竞选期间日常使用某一家获得免税待遇的公共慈善机构的打印机和传真机为竞选服务。这在美国是非法的行为，法律规定获得免税待遇的公共慈善机构不得参与或干涉（包括出版或传播文件）任何候选人的政治竞选活动。

不道德行为：某位资深的筹款专员要求他的年收入按照筹款收益的百分比计算。这在美国被认为是不道德的行为，因为这么做会激励筹款者将捐赠者的兴趣转化为自身的利益，造成急功近利，扭曲初衷，弄虚作假，最终损害非营利机构与捐赠者的关系，以及整个公益慈善部门的纯洁性。

道德困境：一位慈善家有兴趣提供高额捐赠，以他的名字来命名某医院的康复中心大楼。但是 15 年前，这位慈善家因为经济犯罪而入狱。有些理事会成员反对他的捐赠，认为这会影响机构的形象。这时，机构是否应该接受他的捐赠？是否有两全其美的办法？

本章分析的就是这些筹款行业的道德问题。筹款道德直接影响到公众对非营利机构的信任和信心，对于筹款工作的进一步专业化和公益慈善事业的健康发展至关重要。

道德规范是使得公益筹款成为一个专业领域的根本基础之一。专业领域是建立在服务他人和行业信誉的概念之上的，这种行业信誉来自于把客户的利益放在第一位——置于自我利益之上。作为一门专业工作，筹款必须致力于服务公共利益，从业者不仅要掌握这一领域娴熟的技能，还要熟知其中的道德准则，具备在两难的道德困境中作出正确抉择的能力，两者同等重要，两样兼备才能保证行业的公信力。正如美国非营利机构的行业组织独立部门所提出的那样："那些服务于公共利益的人必须承担起公众的信托。"①

筹款者不仅要为自己的行为负责，还要为他们所工作的机构的行为负责，这包括很好地接受捐赠者的问责和保护捐赠者隐私等各方面的职责。"不计一切代价赢得成功"的理念或许有时适用于商业部门，却往往不适用于非营利部门。公众对于非营利机构的公信力有着很高的要求，跟商业部门相比，非营利部门的从业者更需要向社会尽责。

一　捐赠收入的不可分配性

非营利机构是服务行业，在美国，一方面，多数非营利机构都通过市场经营创造利润，经营所得的收入是它们主要的经费来源（见图 11-1）。另一方面，非营利机构通过筹款获得经费，它们可以将慈善捐赠的盈余储蓄起来，也可以在资本市场上投资，将投资所得的收益作为继续运作的经费。

非营利机构与商业公司的本质区别并不在于它们是否有能力获

---

① 独立部门和城市研究所：《非营利部门新年鉴与参考手册》，华盛顿特区，2002，第 11 页。

取利润，而是在于它们对待利润的不同分配方式：商业机构可以决定是否将它的利润分配给所有者、股东、管理者或员工，而非营利机构不存在所有者或股东的概念，只有创始人和捐赠者的概念，它的资产为社会所有，它不可以将经营和筹款所得的收入分配给领导者、管理人或员工。财务盈余只能用到机构自身的活动和发展中去。

因此，市场化经营和公共筹款并不意味着非营利机构变得"商业化"，因为机构所获得的财务盈余不是为了让经营者本人牟利，而是为了能让机构具备更多的资源，进一步提高服务水平，更好地实现宗旨，用于"再发展"，用于"越做越大"。

美国国税局对能够有资格享有免税优待、能够进行公共筹款的非营利机构性质作出了明确的规定，这些机构属于税号为 501（c）（3）的公共慈善机构。概括而言，这样的机构必须符合四大基本要求：（1）机构的存在是为了实现公共目标，包括慈善、宗教、教育、科学、文学、促进国家及国际业余体育竞赛以及保护儿童和动物的目标。（2）机构不得将政治宣传和影响立法作为其主要活动内容。（3）机构不得参与或干扰政治竞选活动。（4）任何私人股东或个人不能从机构的净收入中得益（收入不可分配性）。

美国国税局对非营利机构收入不可分配性的规定要求机构及其工作人员致力于公共利益，这是建立起捐赠者和机构之间彼此信任的核心基础。作为专业筹款人员，我们有法律和道德义务来保证自己，以及其他与机构有关的人员不能从慈善捐赠中获得任何个人利益。这并不是说专业筹款人员不能获得公正而合理的工资报酬，但是这确实意味着筹款者不应当从赠款中提成，筹款者的收入要符合公众的期待值，非营利机构的理事会成员没有获得与机构有关的商业业务的优先权。

二　筹款的职业道德框架

在慈善制度发展比较成熟的美国，有一系列行业内制定的筹款道德准则，能够帮助非营利机构的从业者遵循一定的规范。然而，大多数道德问题不是一连串简单的"要"与"不要"，可以供人们背诵之后统一应用，作出非黑即白的判断。许多道德问题需要从两种益处中进行艰难的取舍。"世上没有对道德的回答，只有有关道德的疑问"①。筹款者应该学会自我教育，在一个讲究职业道德的环境中工作，时时警醒要让自己的行为符合公众的需求和社会对筹款职业的期望值。

独立部门总结出九条建议非营利部门遵循的道德原则②。筹款者应该将这些原则融入日常的工作实践中去。

1. 致力于超越自身利益之外的公共利益是公民社会的核心价值观。

2. 遵守法律（包括监管享受国家免税待遇的公共慈善机构的法律），是接受捐赠者问责的根本义务。

3. 致力于法律之外的无形的道德原则，是公益慈善界领导者更高层面的义务。

4. 致力于公共利益要求那些服务于公共利益的人必须承担起公众的信托。

5. 尊重个人的价值和尊严是公益慈善界领导者的特殊职责。

6. 宽容、多元和社会公正反映了社会部门的深厚传统和得以维系的根基。

---

① 罗伯特·佩通（Robert L. Payton）：《公益：为了公共利益的志愿行为》（*Philanthropy: Voluntary Action for the Public Good*），纽约，美国教育协会/Macmillan 出版社，1988，第74页。

② 独立部门：《非营利机构新年鉴和案头参考》，2002。

7. 接受公众的问责是公共慈善机构的根本义务。

8. 在报告、筹款和发展与支持者关系上保持公开和诚实是寻求政府和民间资助，为公共目的服务的机构的基本行为。

9. 负责任地管理和使用公共资源是拥有公信力的共同产物。

筹款者必须诚实地面对机构和捐赠者，遵守向捐赠者许下的承诺。我们的行为必须让人们可以信任和依靠。筹款者应该在工作中代表机构和机构人员的最佳形象，赢得捐赠者的尊重。我们与捐赠者的商议谈判对于机构和捐赠者来说应该都是公平的。我们必须为捐赠者给予真诚的关怀和尊重。筹款专业人员不仅要遵纪守法，还应展示出我们的公民和公益责任。

当陷入难以两全其美的道德困境的时候，筹款者可以参考以下三个步骤来考虑如何解决冲突[①]：

1. 所有的决定必须考虑到并反映出对所有利益相关者利益和福祉的关切。

2. 道德价值观和原则永远高于不道德的想法。

3. 只有一种情况能够有道德地、合理地违反一项道德原则，那就是当决策者凭借良心认为显然必须推崇另一项真正的道德原则的时候，因为这么做从长远看能够创造利益的最大平衡。

图 26－1 勾勒出思考解决道德困境的框架。首先是认识到一个道德问题，然后搜集事实信息协助判断，接着根据各种方法来评估不同的行动。这些方法包括：（1）效益主义——哪种选择能够带来最大的益处，并将损害减少到最低程度？（2）权利考虑——即便不能让每个人都如愿以偿，他们的权利和尊严能得到尊重吗？（3）公正考虑——

---

① 迈克·琼斯弗森（Michael S. Josephson）：《作出有道德的决策》（*Making Ethical Decisions*），加利福尼亚马瑞纳，琼斯弗森道德研究所出版，2002。

哪种选择对所有的利益相关者而言都比较公正？（4）公共利益考虑——哪种选择能更好地帮助所有参与者共同的生活？（5）美德考虑——你是否想成为做这样事情的人？随后要作出决定，并测试这个决定的反馈效果如何。最后就是采取行动，在行动后要善于反思。

图 26 - 1　道德框架

三　行业标准

在美国，对社会管理和公益领域的开放促成行业内部建立起了良性的竞争监督机制，除了非营利机构内部的治理和政府的监管之外，民间行业组织对非营利部门也起到了重要的第三方监督作用。这些为非营利部门提供评估、信息、咨询和培训服务的机构通常被称为是非营利机构的支持性组织，它们为非营利机构的成长提供服务，同时也对这些机构的健康发展起到良好的监护作用。这些支持性组织虽然都是民间机构，却在一定程度上代替或协助政府对非营利部门进行组织、沟通和监督，同时还提高了公众意识，增进人们对这一部门的了解。因此可以认为，支持性组织的完善程度是衡量社会部门发展成熟的重要标志。

随着公益慈善的蓬勃发展，美国出现了大型的资本筹款活动，系统性地提出捐赠请求，专业复杂的筹款项目，详尽的捐赠者信息收集，以及筹款行业内对善款的激烈竞争。于是，在这种大环境下，许多民间行业组织纷纷出台了各种相关道德准则，以指导包括筹款在内的公益慈善领域的工作。这些行业标准虽然无法回答筹款中所有的道德问题，但至少定义了一些显然是不道德的行为，为有道德的实践工作建立了良好的基础。

下面我们就逐一介绍一些较有影响力的道德准则。

美国捐赠研究所：《实践标准和道德准则》（1935年）

美国捐赠研究所（Giving Institute）在1935年率先起草了针对筹款顾问和筹款咨询公司的《实践标准和道德准则》（*Standards of Practice and Code of Ethics*），成为被筹款管理咨询行业广泛接受的模范专业道德准则。

这一文件指出了作为筹款顾问和筹款咨询公司所应当遵循的职业操守。例如，非营利机构客户的捐赠者名单、捐赠者信息和机构内部的事务拥有隐私权，筹款顾问应该加以保护；筹款顾问所收取的费用根据所提供的专业服务而定，而不能根据筹款所得提成；筹款咨询公司不得故意夸大或编造公司、员工或客户过去的筹款业绩；筹款咨询公司不应承诺筹款结果，不应承诺动用目前或过去客户所拥有的捐赠者关系，或者使用其他容易令人误解的营销手段来赢得客户，等等。

美国教育促进与支持委员会：《道德声明》（1982年）

美国教育促进与支持委员会（Council of Advancement and Support of Education，CASE）于1982年由理事会通过了《道德声明》（*Statement of Ethics*），旨在指导和加强筹款领域的专业行为，并且加强业内对道德问题的意识，激发讨论。

声明中强调职业筹款人代表机构，他们的言语和行动体现对事实、公正、自由提问和他人意见的尊重，对他人不存有种族或其他歧视，保护捐赠者的隐私，他们不能为自己的利益而接受捐赠方的帮助，也不能以破坏公共利益为代价而代表机构提出或接受不正当的恩惠，他们避免利益冲突，并积极鼓励业内人士共同遵守道德法规。

《捐赠者权利》（1993 年）

捐赠者与机构的关系创造彼此之间的期待值，如果筹款者要建立公信，成为专业人员，就必须有一套保护捐赠者权益的基本标准，以提醒自己尊重捐赠方和向捐赠方尽责的重要性。

《捐赠者权利》（Donor Bill of Rights）是由多家行业组织于 1993 年共同完成的，被整个筹款业接受，是任何筹款者必须遵守的规定。《捐赠者权利》旨在保证公益慈善能够获得公众的尊重和信任，捐赠者和可能捐赠者能够对非营利机构及他们所支持的公益宗旨充满信心。表 26 - 1 列出了这一文件的所有内容。

表 26 - 1　捐赠者权利

公益慈善是基于为实现共同利益而努力的志愿行为。捐赠与分享的传统对于我们的生活质量十分重要。为了保证公益慈善能够获得公众的尊重和信任，捐赠者和可能捐赠者能够对非营利机构及他们所支持的公益宗旨充满信心，我们宣布捐赠者的权利如下：

1. 被告知机构的宗旨，机构希望如何使用捐赠资源，以及机构为了所期待的目标有效使用赠款的能力。
2. 被告知机构理事会成员是谁，期待理事会能够在履行问责时采取审慎的判断力。
3. 能够拿到机构最新的财务报告。
4. 被保证他们的捐赠将被用于所承诺的目的。
5. 获得适当的感谢和认可。
6. 被保证有关他们捐赠的信息按照法律的规定在处理过程中获得尊重和保密。
7. 期待和所有代表机构的人员所建立的关系本质上都是专业的。
8. 被告知筹款者是机构的志愿者、员工还是雇用的人员。
9. 有机会将他们的名字从机构希望对外分享的邮寄名单上删除。
10. 在捐赠时能够自由地提出疑问，并很快获得真实坦诚的回答。

　*《捐赠者权利》由美国筹款职业人联合会（AFP）、美国医疗保健公益联合会（AHP）、美国教育促进与支持委员会（CASE）和美国捐赠研究所于 1993 年共同制定，得到了众多机构的支持。原文见：www.afpnet.org/files/ContentDocuments/Donor_ Bill_ of_ Rights.pdf。AFP 等机构 2013 年版权所有。

美国公益计划合作会：《慈善捐赠计划者的模范实践标准》(1991 年、1999 年)

美国公益计划合作会（Partnership for Philanthropic Planning）是一家服务于计划性捐赠及其筹款者的国际组织。这份《慈善捐赠计划者的模范实践标准》（*Model Standards of Practice for the Charitable Gift Planner*）是计划性捐赠全国委员会（National Committee on Planned Giving）和美国慈善年金协会（American Council on Gift Annuities）的理事会于 1991 年共同批准，并于 1999 年再度修订的，目的在于鼓励有责任地从事计划性捐赠，激发在这一领域的专业活动中有关道德伦理问题的意识和讨论。

美国筹款职业人联合会：《AFP 道德准则》(1964 年、2007 年、2009 年)

美国筹款职业人联合会（Association of Fundraising Professionals，简称 AFP）于 1964 年发布了《AFP 道德准则》（*Code of Ethical Principles and Standards*），并分别于 2007 年和 2009 年进行修改和更新，所有的联合会成员（个人和机构）都接受这一准则，这包括认可两方面的职责：确保努力而有道德地为机构拓展资源，以及诚实地实现捐赠者的意图。

概括而言，《AFP 道德准则》从四个方面为筹款从业者提供道德指南。一是 AFP 会员的义务，会员不应从事任何伤害会员机构、客户或整个行业的活动。二是提出捐赠请求和对捐赠财产的使用，会员应努力保证根据捐赠者的意图使用赠款。三是信息管理，会员不应该向未授权方披露内部或保密的信息。四是报酬及合同，会员不得为了影响对产品或服务的选择而提供或接受钱款或特殊恩惠。

除了出台行业标准为非营利部门从业者提供道德指南之外，有些行业支持性组织还为从业者提供自我评估的工具。如美国筹款职业人联合会与2011年发起了网上调研，其会员可以匿名进行自我测试，评估自己、所工作的机构以及其他会员的道德表现，从而促进他们了解筹款业内新近的最佳实践经验和遵守《AFP道德准则》中的内容。

有些行业支持性组织为非营利部门进行外部评估和监督，如慈善导航、指南星、好好捐赠（GiveWell）和更好业务部门（Better Business Bureau）等。这些机构能够研究和评价非营利机构的效能和问责性，进行建设性的批评，并为捐赠者和公众提供相关信息，帮助他们选择对哪家非营利机构给予资金支持，它们的工作极大提升了非营利部门的透明度和问责性。

四　筹款中的道德实践

在实际工作中，筹款管理人经常会面临着道义上的抉择。

筹款管理人首先需要调和的道德张力来自个人和机构之间。他们必须时时检验自己的行为动机，确保行为不是出于个人私利，而是为机构的利益而服务。

与此同时，筹款管理人有权期待机构以对待专业人士的态度来对待他们，诸如收入等问题便是在这一张力中产生的。筹款管理人有权利要求获得公正而足够的人力资本回报，与机构同等职位的人和其他类似机构的薪酬相当。但是筹款管理人不应根据捐赠收益抽成，因为这会促动他们为个人收益而工作，而非代表机构的利益筹款。

筹款管理人所面对的另一种张力是平衡好自己所服务的对象——谁是我的客户？是我所工作的机构，还是捐赠者？机构和捐赠者的利益、要求和想法在许多时候是不一致的，甚至会存在冲突，在机构和捐赠者之间协调中和两者关系是筹款管理人必须担当的，也是最为困难的角色。

首先，成为筹款职业人的关键步骤是理解这种张力是必然存在的，理解机构和捐赠者各自具有权利、利益和兴趣，并且将自己置于道德价值观中处理问题。筹款管理人需要了解什么是机构的底线，什么是捐赠方的底线，在处理两者关系中坚守诚实，告诉他们什么是可以争取的，什么是不可能实现的，只有在坦诚的基础上才有可能信守承诺，保持筹款者自身人格的方正。

其次，筹款管理人在谈论筹款过程和公益慈善时所运用的措辞和提法反映出他们个人的素养和职业的尊严。捐赠者不该被称为"目标"，邀请人们参与捐赠的过程不是"讨钱"或"索求恩惠"。所制作的筹款材料也应正确地反映机构的宗旨、目的和意图。

再次，筹款的过程是建立和发展与捐赠者关系的过程，筹款管理人必须清楚地明白"谁拥有这些关系？"我们必须明确，筹款者与捐赠者之间的关系之所以存在，是因为机构的缘故。非营利机构拥有与所有捐赠者的关系。筹款者应该时时扪心自问，谁从这些关系中获益？获益的只能是机构，而非个人。捐赠者必须相信筹款者不会从中谋取私利，机构也必须相信，即便这位筹款专员离开了机构，机构仍然拥有与捐赠者的关系。这是一个根本的信任问题。

最后，保密性是机构和捐赠者之间维系信任的、不可或缺的职业道德操守。在信息技术高度发达的今天，筹款者几乎有能力找到所有有关捐赠者的信息，捐赠者也会在筹款过程中分享一些个人的隐私。筹款者必须在收集和保存捐赠者档案的工作中坚持十分严格的道德准则。

保存具有大量信息的捐赠者文档并不一定会造成对个人隐私的侵犯，关键在于这些材料中不存在让对方难堪的内容。一个有用的检验标准是，假设这位捐赠人就站在旁边，看到筹款者写的材料，他是否会感到不快？"如果他感到不快，那么说明所收集的信息有不恰当的地方，就不应该在任何时候任何地方加以记录。"①

以上在实际工作中所遇到的各种情形，都是对筹款者职业素养的考验。专业的筹款者应该在经验的积累和人格的锤炼中培养出在道德困境中作出明智选择的能力，这种能力与筹款技能同等重要，反映的是社会的公共价值观和公益慈善的精神实质。

---

① 汉克·罗索（Henry A. Rosso）：《罗索关于筹款的想法：一位大师一生经验的总结》（*Rosso on Fund Raising：Lessons from a Master's Lifetime Experience*），旧金山，Jossey-Bass 出版社，1996，第 65 页。

后记　社会部门的职业人

　　中国改革开放 30 多年来，一个与现代生产力发展相适应的市场经济制度得以确立，随之，一个与政府行政管理相平行的、以公益为导向的社会部门（即非营利部门）也正在逐步形成。经济发展的现代化必然会伴随着社会组织方式的现代化，非营利机构有望在人们的政治、经济、社会和文化生活中发挥中流砥柱的作用，成为分离于政府和商业之外的"第三力量"。这一力量不以政府强权和市场私权为机制，而是独立地组织社会资源，致力于公共服务和公共管理。它虽然伴随私权而生，却具有公共的诉求与权威。它充满公益精神，并且运作系统化，体现着人性的完整。

　　中国的公益机构要证明其社会价值，树立公信力，形成一个真正的行业体系，就必须在承认私人价值的基础上提高公益事业的专业化管理水平，建立起属于社会部门的职业群体和职业精神。现代公益事业不仅停留在做善事、行义举的层面上，而且将慈善行为制度化和专业化，使之成为一种现代社会服务形式，以科学系统的方式来满足公共需求。公益事业需要由专业机构和专业人士来开展，募集资金是其中一项核心的专业化任务，是公益机构必须具备的发展能力。

　　服务于公共利益是社会部门职业者区别于其他行业从业者的根本

特性。服务于公共利益的人应当承担起公众的信托，要承担起公众的信托就必须对自我的专业行为和道德准则提出更高的要求。这是社会对包括筹款人员在内的社会部门职业人的普遍期望。

一 "公益消费"时代

随着社会财富的不断积累，如今全世界最富有的1%的人口控制着将近一半的全球财富。在市场制度相对成熟，财富"取之有道"的大环境下，对于高收入的人们来说，什么是体现他们社会价值的标志呢？是豪宅、名车、名表、游艇、私人飞机、钻石珠宝和奢侈皮包吗？也许是，然而这远远不够全面和完善。在市场经济最发达，制度也相对成熟的西方国家，富人们的共同点就是走向乐善好施，他们不约而同地在公益慈善领域投入了大量的时间和金钱。普通的工薪阶层同样如此，在达到"小康"生活水平和国家提供基本福利保障的制度下，捐赠已成为他们的生活方式和消费习惯。

正确地花钱同取之有道地赚钱一样，需要过人的智慧与技能。一百多年前，美国石油大王约翰·洛克菲勒（John D. Rockefeller）就面临着如何把钱捐到点子上的难题，从而促使他创办了洛克菲勒基金会，雇用了美国首位慈善资金的专业管理人，负责评估申请资助的项目，决定赠款的去向，开拓了以公益基金会为代表的有组织、成系统的"科学捐助"方式。正如俗话所说的那样，"有钱不会用等于没有钱"。

市场经济制度成熟以后，市场在资源配置方面的合理性意义得到普遍认同，并广为延伸到人类其他交换活动中去，社会演变为一个市场机制无处不在、无孔不入的"市场社会"，社会行为也被市场机制所渗透，要求其在配置社会资源中同样发挥基础性的作用。同时，现代社会已经从生产型社会（即生产方做主的"卖方市场"）逐步转型过渡到消费型社会（即消费者做主的"买方市场"），在这两种形态的社会中，人们的需求和贫富的概念是不一样的。在过去传统的生产型社会里，贫困指的是物资上的匮乏，社会注重的是扩大生产，创造物质财富，满足人们的基本物质需求。而进入 20 世纪 60 年代之后，全球工业社会的到来开启了大众消费的时代。在消费型的社会，贫困不再局限于物资上的短缺，也包括拥有财富的人们在消费上是否成熟。许多人不是没有钱消费，而是没有时间，不会选择，缺乏品味，这在本质上其实等同于穷人，是一种物质匮乏之外的精神上的贫穷。所以，消费型的社会还需要关注如何来满足人们对非物质精神兴趣的追求。

捐赠是一种高尚的"消费"行为。通过捐赠，人们在帮助社会的同时，获得社会交往和实现自我的非物质回报。捐赠是对财富的有效使用，是对社会资源的再分配，是消费的艺术和享受，所以它也需要理性的盘算。

进入 20 世纪 90 年代之后，全球经济壁垒被打破，技术、劳动力、消费者的国际界限被打破，全球各种经济要素一体化流动，全球化和区域化协调发展，许多地区性问题变成了国际问题，公共议题越来越纷杂。如今的公益需求不仅仅是物质上的"救急、救穷"，还有对"维系公平正义""可持续发展"等社会问题的诉求，这些都是全人类发展意义上的精神需求。对大多数公共议题的讨论和解决都是人类在社会发展经验中不断习得的，需要通过非营利性的方式来运行，"帮助社会、实现自我"成为了一个宏观链接微观的需求，一个大众化与分众化的捐赠市场正在形成，并走向发育成熟。而非营利机构正是满足这种"公益消费"需求的专业服务机构，它们也需要用市场的方式来配置资源，获得公众的信任和承认，将消费者（即捐赠者）

的利益放在首位，帮助人们去实现他们对解决社会问题、贡献公益的宏大需求。

筹款是汇集和整合分散的社会资金，打理心灵需求，为公益指明道路的过程，这是一种值得尊敬、富有自豪感的专业服务行为。专业筹款者为他们的公益消费者或客户提供参与慈善事业的机会，协助他们作出符合个人兴趣的公益投资决定，引导他们体会公益消费的乐趣，获得公益消费所能带来的自我实现的满足感和社会价值的最大化。

二 专业筹款者：角色与使命

筹款不仅是一份工作，更承载着一份特殊的使命感。每位专业筹款者都应当扪心自问：我为什么要从事这份职业？我是在为公益工作，还是想从公益中获取私利？我是否努力在帮助捐赠者通过慈善行为实现他们生命的意义？

专业筹款者不是在推销一样商品，他们是在推广非营利机构在社会公共领域中的领导力和战略性眼光，以及推动社会进步的可能性。他们的终极目标不仅在于要为机构争取足够的资金资源，以满足公益项目运作和发展的需要，还在于帮助捐赠者和志愿者实现他们个人的愿望和梦想，所以他们同时在为满足受助者和捐助者的需求而努力。社会部门的职业人正是从事着如此崇高而重要的工作。

当一个社会普遍解决温饱，变得小康和日益富裕起来的时候，许多人虽然知道如何赚钱和积累财富，却并不一定懂得花钱之道，不懂得如何才能使他们的生命充满意义。专业筹款者是在协助那些捐赠者共同寻找生命意义的人，这种意义能够通过从事公益活动而彰显出来。专业筹款者是"道德培训师"①，也是现代公民的"助产士"。他们鼓励人们行善做公益，为捐赠者提供有关公益的教育、引导、咨询和服务，坚持维护公益机构的社会问责性，让捐赠者在善行中获得内心的愉悦，激发更多公民反馈社会的公益行为（civil behavior）。归根结底，人们之所以捐钱是因为他们有奉献社会、实现自我的需求，也是因为筹款人员在以专业的方式帮助他们实现他们想要做的这些事情。

在非营利机构内部的管理过程中，专业筹款者担当着举足轻重的管理职能。他们好比是交响乐团的指挥，理事会成员、筹款志愿者、执行总监和其他机构员工则是募集资金这一交响乐的演奏者。在运作成熟有效的机构中，这些演奏者明白各自的角色和任务，以及相互协作的重要性。筹款管理人是他们一切募款行为背后的策划者、推动者、鼓励者和"默默无闻的引领者"。在机构的科层制中，他们的地位虽然并非在顶部，但是位于圆圈的中央，至关重要。他受到所有筹款参与者（理事会成员、筹款志愿者、执行总监、其他机构员工和捐赠者）的尊重和信任，指引每一位参与者实现各自的目标，共同奏响华美的公益乐章。

三　培养专业素质，建立职业尊严

当我们称某一份工作属于某一"行业"的时候，就意味着这份工作不仅服务于特定的客户群，而且具备着一些鲜明的行业特征。一方面，从业者必须具备专业的资质才能胜任这份工作，并且能够将这

----

① 迈克·奥内尔（Michael O'Neill）：《筹款作为一种道德行为》（"Fund Raising as an Ethical Act"），《推动公益》（*Advancing Philanthropy*），1993，第一卷，第30~35页。

份工作作为他们一辈子的职业生涯来规划。另一方面，从业者必须遵循行业内对专业上和道德上的行为准则。如果给出一些参数，就能够比较理性地预测出工作的成果。有了职业特质，筹款才可算得上是一个正式的行当。

筹款人员需要具备专业素质，才能建立起筹款职业的尊严，赢得社会的信任、认可和尊重，维护并提升公益机构在社会服务市场中的地位。

首先，筹款人员最为重要的职业素养表现在他们对所工作机构的宗旨存有强烈的热忱和责任感。专业筹款者必须深刻地理解并认同机构宗旨的内涵，也应清楚地了解整个公益慈善在社会中的角色，明白公益机构所处的大环境，从而能够从捐赠者的角度思考问题。在美国和西方大多数国家，非营利机构是现代产业分类中的一种行业类别，从业人员从事的是社会分工中的一份职业。联合国等国际组织统计中也将公益机构列为"社会经济部门"，就像"农业部门""制造业部门"的门类一样。作为在社会经济部门就业的职业行为必然需要有合理的工资报酬，但是促使专业筹款者选择这一行业的根本原因不是金钱回馈，而是服务公益所带来的发自内心的职业成就感。只有拥有了这一强大动力，筹款人员才能充满信心地担当起公益领域引领者和公益机构管理人的重要角色，代表机构帮助人们通过捐赠实现他们的公益兴趣和梦想。

其次，专业筹款者还必须具备领导者的素质。这包括：值得信赖，言行一致，谨从道德，公正无私，充满自信，尊重和关心他人，善于倾听，确保与机构各层面交流沟通无阻，制定清晰的工作目标，协助人们共事，提供认可和反馈，鼓舞他人的创意和乐观态度，为自己所从事的筹款和公益工作倍感自豪。

最后，专业筹款者是出色的管理人，他们既善于解决问题，也会鼓励周围的人（包括志愿者）为机构出力。成功的筹款管理是良好的人际关系与良好的商务操作实践的结合。在此，筹款管理的关键词是"发展关系"。如果缺乏建立和培养与捐赠者关系的能力，即便是最专业的企业管理手段也无法在募款中起到良好的效果。同样，如果缺乏战略性的商务计划和严谨的执行过程，即便拥有最热忱的捐赠者和志愿者，也无法充分发挥他们的潜力。人们对公益机构的效能和问责性提出了愈来愈高的要求，捐赠者对公益投资的预期回报也愈来愈高，社会部门的职业人必须顺应公众和捐赠者的要求，将发展人脉关系与高效率的企业管理实践结合起来，进一步将筹款这一行业的造血系统和命脉机制变得理性化、可预测化。

有学者曾指出，任何工作要发展成为一门被社会所承认的专业领域，都应当具备六大基本标准：（1）独立性；（2）系统性的知识结构；（3）自我监管的能力；（4）从业者的认同感和敬业心；（5）不受干扰的无私性，服务意识高于一切；（6）道德准则[①]。这些标准同样适用于筹款行业。专业领域是建立在服务他人和行业信誉的基础之上的。筹款在中国要成为一个正式行业，就必须注重服务于公共利益，必须具备专业的知识体系和符合公共价值观的道德约束。只有满足了这些条件，募款工作才能博得公众的信任和尊重，才能有助于推动整个公益慈善事业的进步和发展。服务于公共利益，承担起公众委托，做好公益消费的专业服务人，帮助有着共同价值观和公益兴趣的机构和捐赠者携手实现公共目标，是所有社会部门职业人的最根本任务。

---

① 罗伯特·卡本（Robert F. Carbone）：《筹款作为一种行业》（*Fund Raising as a Profession*），马里兰州学院市，克里赫斯筹款研究中心（Clearinghouse for Research on Fund Raising），1989。

Synopsis

When Yong Lu's *The Third Force* was published in 2011, it was the first Chinese-language book to provide a systematic, comprehensive, and cutting-edge analysis of America's nonprofit sector based on both extensive research and firsthand professional experience. This book, *Fundraising for a Cause*, is a continuation of Lu's important work to introduce the modern nonprofit system to the Chinese audience, with a focus on philanthropic fundraising.

China is widely reported to be second only to the United States in the number of billionaires, and the rapid emergence and explosive growth of China's middle class have enormous consequences for the nation's political, economic, and social sectors. Its wealthy class has arisen almost wholly over the past 30 years, so private philanthropic practices that are entrenched in Western culture are new to both Chinese donors and charities.

Chinese social institutions are traditionally affiliated with the government and supported by government fundings. In recent years, a great variety of new social organizations have been registered in China; many of them are quasi-state institutions or business in nature. They are trying to respond to the public aspirations for participation as well as society's need for services. They are also struggling to reestablish their reputation and credibility by increasing transparency and professionalizing practices. However, the concept and operation of a modern nonprofit organization are not adequately understood in China. The Chinese nonprofit world is not yet an independent "sector" and fundraising is not yet an established "profession." People who want to give often find it difficult to identify an appropriate or trustworthy channel to contribute. At the same time, people who want to raise funds for a meaningful cause do not have a clearly defined set of technical and ethical standards to conform to.

The purpose of the book is to help Chinese social institutions adopt professional management methods, and to help develop a new generation of Chinese professionals dedicated to serving the public good. The book is a holistic work. It provides a panorama view of the process for all who take part in fundraising—practitioners, volunteers, donors, and others. It is structured to introduce every aspect of a fully developed fundraising program, the internal and external environment for program operation, and the professional management of the program integrated with the nonprofit organization's other management functions.

The twenty-six chapters in this book are organized into seven sections. Part I presents an overview of fundraising fundamentals. Chapter 1 explores the critical roles that philanthropy plays in a civil society and the motivations behind the act of giving. Chapter 2 discusses the goal of fundraising and the need for fundraising professionals to substitute pride for apology in their work. Chapter 3 defines the four building blocks for any successful fundraising initiative. Chapter 4 emphasizes that fundraising must be part of an organization's management system and must be participated by all stakeholders. Chapter 5 introduces the moves management system and donor pyramid of fundraising strategies.

Part II offers information on establishing, maintaining, and expanding a successful fundraising program. The annual fund, the topic of Chapter 6, is the base for all fundraising. Chapter 7 describes the essential components for building a major gift program. Chapter 8 discusses the structure and technical infrastructure needed to organize an effective planned giving program. Chapter 9 is devoted to endowment building, including the process of investing and managing nonprofit assets. Chapter 10 focuses on capital campaigns—their unique characteristics, planning process, leadership structure, and keys to successful execution.

Part III provides insights into the various sources of philanthropic support available to nonprofit organizations. Chapter 11 highlights the need for every organization to create a base of philanthropic funds that includes diverse sources of support. Chapter 12 reviews the background, elements, principles, and trends of individual giving. Chapter 13 examines types and characteristics of foundation support and the process of securing foundation grants. Chapter 14 details the rationale of corporate giving, and how nonprofits can forge innovative partnerships with corporations that will advance social progress.

The chapters in Part IV discuss special fundraising strategies and approaches. The direct response program, the topic of Chapter 15 , is generally an effective and efficient way to build a donor base. It also outlines how the Internet and social media can be used at different levels of fundraising. Chapter 16 provides guidance for creating successful special events. Chapter 17 addresses the most important method in major gift fundraising—face-to-face solicitation. It shows every step that is needed before, during, and after a solicitation meeting.

Part V covers the various aspects of managing the fundraising program. Chapter 18 explains how to develop a fundraising board and volunteer leadership. Chapter 19 deals with management of the fundraising process, including development office organization, staff responsibilities, polices, and procedures. Chapter 20 explores how nonprofits should organize and manage fundraising information to support relationship building with donors. Chapter 21 provides guidance in developing fundraising budgets and analyzing costs. The issues of nonprofit accountability and measuring outcomes are explored.

Part VI looks closely at major gift strategies. Chapter 22 discusses how to motivate donors through developing a compelling case for support and through a sophisticated donor recognition program. Chapter 23 examines a range of approaches and strategies to engage and cultivate major gift prospects. Chapter 24 gives tips, techniques, and sample dialogues on how to ask for a significant gift as well as gift closing strategies.

Part VII tackles stewardship and ethics issues. Chapter 25 argues that donor stewardship is not simply a series of management functions, but also implies a profound awareness of public trust and responsibility. Chapter 26 analyzes American industry standards in terms of ethical conduct. It also offers frameworks for nonprofit leaders to solve real-life ethical dilemmas.

The epilogue concludes the book by further clarifying the social roles and responsibilities of fundraising professionals. Nonprofit organizations not only provide services to meet social needs, but also provide the essential channel for people to fulfill their nonmaterial interests and realize their philanthropic dreams. Lu prompts readers to understand fundraising as the enabler and activator to a philanthropic investment, guiding donors to make the kind of gift that will meet their own special needs and add greater meaning to their lives. In the final analysis, what fundraisers seek to accomplish is no other than the advancement of humanity itself.

Contents

Part I   Starting from the Fundamentals

Part II   Establishing Professional Fundraising Programs

Part III   Where Is the Funding Coming From?

371

图书在版编目（CIP）数据

公益筹款/卢咏著.—北京：社会科学文献出版社，2014.10
（2020.2 重印）
ISBN 978 - 7 - 5097 - 6379 - 7

Ⅰ.①公⋯　Ⅱ.①卢⋯　Ⅲ.①慈善事业 - 筹资 - 研究 - 中国
Ⅳ.①D632.1

中国版本图书馆 CIP 数据核字（2014）第 186849 号

公益筹款

著　　者/卢　咏

出 版 人/谢寿光
项目统筹/祝得彬
责任编辑/仇　扬　徐　瑞

出　　版/社会科学文献出版社·当代世界出版分社（010）59367004
　　　　　地址：北京市北三环中路甲 29 号院华龙大厦　邮编：100029
　　　　　网址：www. ssap. com. cn
发　　行/市场营销中心（010）59367081　59367083
印　　装/北京虎彩文化传播有限公司

规　　格/开　本：787mm×1092mm　1/16
　　　　　印　张：24　字　数：309 千字
版　　次/2014 年 10 月第 1 版　2020 年 2 月第 2 次印刷
书　　号/ISBN 978 - 7 - 5097 - 6379 - 7
定　　价/79.00 元